藤原式家官人の考察

【新装復刊】

木本好信【著】
Yoshinobu Kimoto

岩田書院

太政官符神祇官
應奉幣帛神社事
右得武藏國司去年九月廿五日解偁、以今月十七日
正倉四宇着火所焼糒穀惣壹萬伍伯壹拾参斛
百姓十人忽臥重病頓死二人、仍卜占在郡家西北角神
出雲伊波比神祟云、我常受給 朝庭幣帛、而頃年
給、因茲引率郡家内外所有雷神、發此火災者、仍勘
入大初位下小長谷部廣麻呂申云、實常班奉 朝庭幣
也、而頃年之間不爲給下者、仍檢案内、太政官去天平
寶七年十二月二日符偁、武藏國預幣帛社四處、多磨
野社、加美郡今城青八尺稲實社、横見郡高負比古
間郡出雲伊波比社者、官符灼然、而時々班奉幣帛
右大臣宣、奉 勅、依例施行者、官宜承知、准 勅
符到奉行
百川
寶龜三年十二月十九日

百川自署　宝亀三年十二月十九日　太政官符(弘文荘待賈目録第三十号)

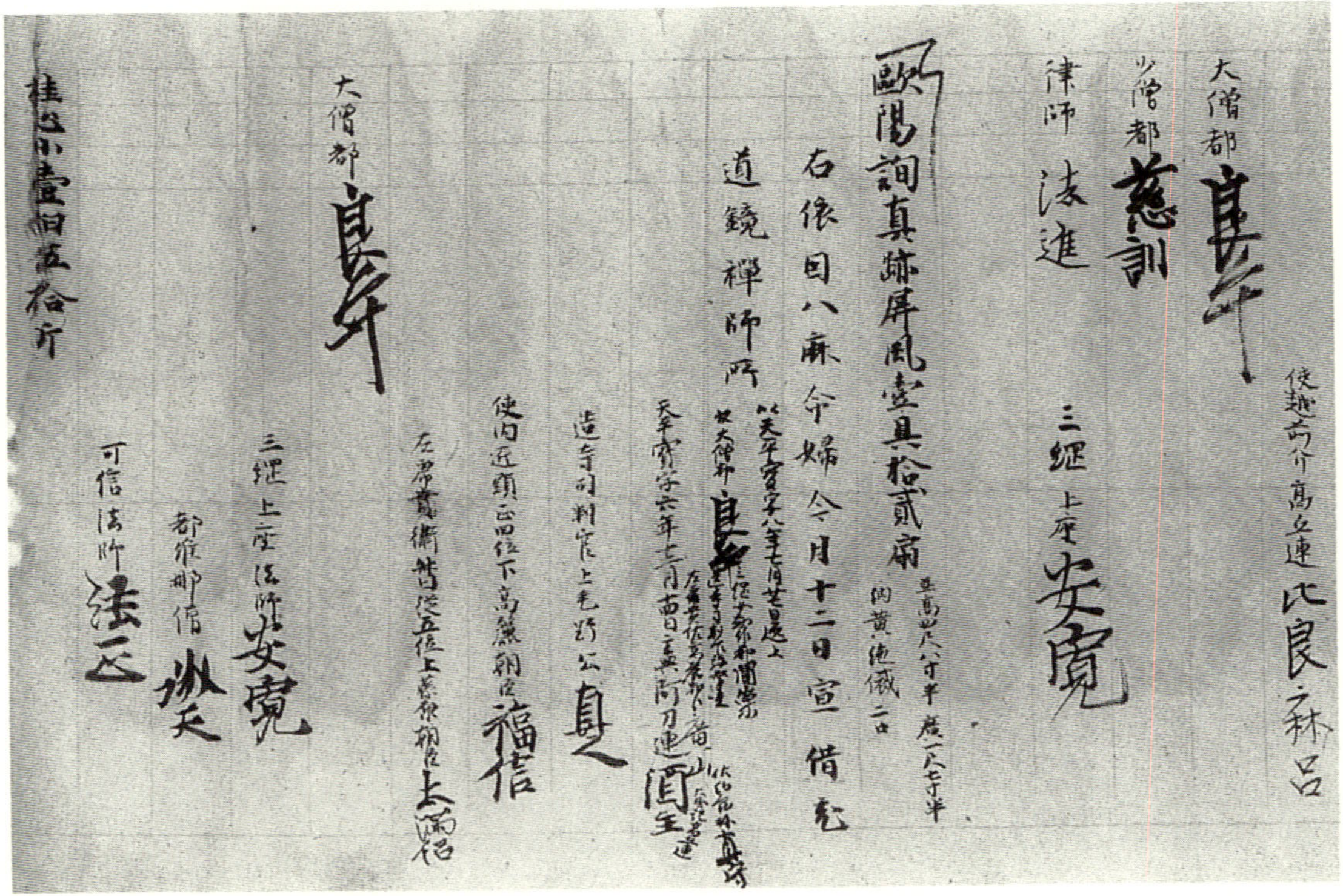

田麻呂（太満侶）自署　天平宝字六年十二月十四日　雙倉北雑物出用帳（正倉院宝物）

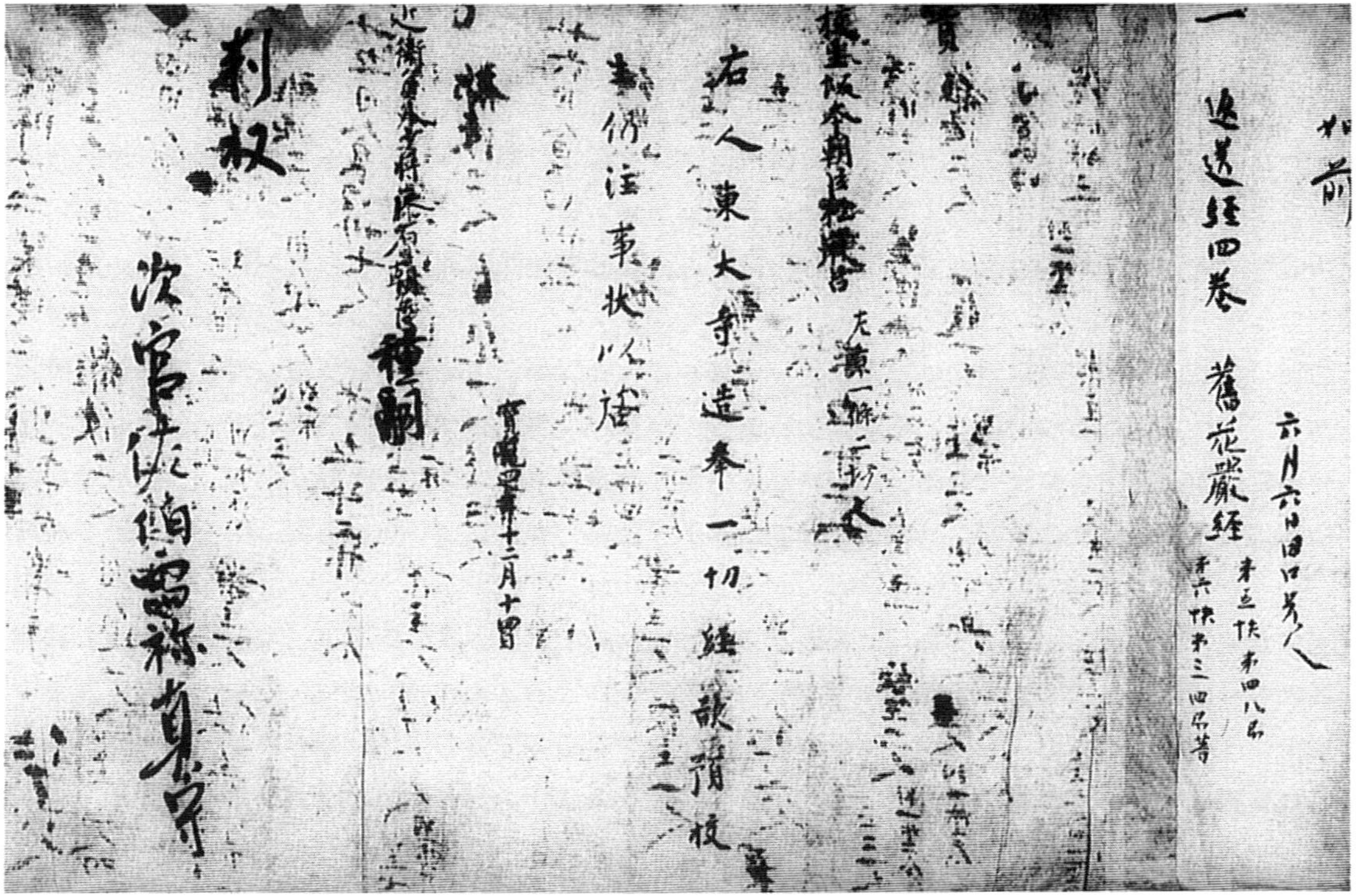

種嗣自署　宝亀四年十二月十四日　藤原種嗣校生貢進啓(正倉院宝物)

序

本書の著者木本好信氏は、平安時代の公卿の日記その他の文献の研究に多くの業績を挙げておられるが、奈良時代政治史の研究においても広く知られている。まとまった著作には一九八一年に刊行された『藤原仲麻呂政権の研究』をはじめとして、九五年の『奈良朝政治と皇位継承』に至るまで、すでに四冊の労作がある。この方面の研究の第一人者といっても過褒ではなかろう。

その練達の木本氏が想を新たにしてまとめられたのが本書で、奈良時代史研究の第五冊目となる。氏の勉勵に驚くが、内容は前著に劣らず堅実緻密な考証に満ちており、期待にそむかない。堅実な考証というと、平板乾燥の論述を連想しやすいが、著者が取りあげたテーマは表題に明らかなように、藤原不比等の三男宇合にはじまる式家の歴史を主要な人物を中心に解明することにあり、激動する奈良時代中・後期の政治の実態に迫って、読む者を飽かさせない。

私が雑誌『続日本紀研究』の刊行にかかわり、奈良時代史の研究をはじめた一九五〇年代は、学界の関心は主として律令体制が成立・成熟して行く奈良時代前期から中期にあった。その傾向は『続日本紀研究』の目次にもあらわれており、藤原不比等から聖武天皇の時代が中心である。それから三、四十年を経た現在では、政治史の分野に限れば、研究の対象は律令体制の成熟が進み、新しい展開ないし変質のはじまる奈良時代中・後期に移っているのではなかろうか。本書が取扱う藤原式家は、まさにその時期を代表する氏族である。その点本書は学界の要求に的確に応える業績といってよいであろう。

従来式家は、不比等の長男武智麻呂にはじまる南家や次男房前にはじまる北家にくらべると、政治の主役として注目されることは比較的少なかった。しかし本書によれば、武智麻呂・房前対立期に宇合の果した脇役の意義は大きいという。宇合の死後、長子の広嗣の反乱が失敗して、式家はしばらく雌伏の時をすごすが、広嗣の弟良継・田麻呂を先頭として孝謙・称徳朝の政界に復活して徐々に地歩を固め、蔵下麻呂の軍事上の功績と百川の皇位問題における活動が加わって、光仁朝には式家が政界の中心を占める。けれども盛者必衰の運命は避けることができない。光仁朝の末年から桓武朝の初年にかけて、式家の主要人物は良継をはじめつぎつぎと死去し、残された式家三代目の種継は長岡京遷都を推進して将来を期するが、暗殺に斃れて式家復興は挫折に終る。

以上が私の理解する本書の概要である。さらに要約すれば、いままで詳しく論じられることの少なかった式家を正面に据え、奈良時代政治史における役割を明らかにした力作といえよう。もちろん残された問題も多いが、奈良時代政治史の研究が本書によって一段と深まることは疑いがない。

本書刊行のよろこびを述べて序文とする。

一九九八年七月二十二日

直木孝次郎

藤原式家官人の考察　目次

第一章　藤原宇合

はじめに

宇合についての研究は、その文学面や『風土記』撰進にかかるものを除けば、殆どといってもよいほどない。そして文学面研究の中での宇合は、「我弱冠王事に従ひしより、風塵歳月曾て休まず。帷を褰げて独り坐る辺亭の夕、榻を懸けて長く悲しぶ揺落の秋」と不遇を悲しみ嘆き、[1] はたまた常陸や西海道諸国の『風土記』撰進によって「父不比等の功業を顕然化し」ようとした子としての存在であったり、[2] 高橋虫麻呂や大和長岡とは水魚のごとき親交をむすぶ友情あつい人物であったりする。[3]

しかし、政治家宇合が身を置いた長屋王の変後の政治体制は、その実態が兄武智麻呂による主導体制であって、その成立には宇合の果たした政治的軍事的役割が、欠くことのできない絶対的要件であったことを思うとき、宇合は八世紀政治史の中でも注目すべき存在であることに気づく。

そして奈良朝末期から平安朝初期、称徳女帝の後継に白壁王を擁立し、さらに桓武天皇を皇儲に決めるなど、良継・百川を中心とする式家の活躍も、もとを辿れば宇合の官人社会に築いた政治的基盤より派生しているものと思われる。すなわち宇合は、当時の政治に果たした役割も多大であったが、その後の政治に与えた影響こそ政治史上、それ以上に多大であったといわねばならない。一体どうしてなのか。宇合のどこにその理由が求められるのか。以下、このようなことを念頭にして、宇合の実像をその政治的動向のなかにみていくことにする。

一　宇合の出自と出身以後

宇合が不比等の三男[4]として生まれたのは、持統天皇八年(六九四)のことである。[5]これには沢瀉久孝[6]・金井清一[7]・伊藤博氏[8]らの天武天皇十三年(六八四)出生説もあるが、詳しくは本章の「付」に編述したので、ここでは宇合の生母の存在のこととともに省略する。

さて、宇合の生まれた持統天皇八年というと、父の不比等は三十六歳であって、持統天皇三年二月に任じられた判事の職にひきつづいてあり、直広肆[9]の位に留まっていたようで[10]、文武朝にみられるような権力とは程遠いところにおり、鎌足の子であっても当時の政界にあっては中堅官人としての域を大きくでるものではなかった。しかし、二年後の同十年十月には、直広弐で、資人を五十人賜っているなど、徐々に頭角を現しはじめていたのであり、どちらかといえば横田健一氏もいわれるように、「次代に羽ばたくべき潜勢力をたくわえていた」[11]時期といえるであろう。

宇合が、「大行天皇、難波の宮に幸しし時の歌」として、「玉藻刈る沖へは漕がじ敷栲の枕辺の人忘れかねつも」と歌ったのは、慶雲三年(七〇六)のことで、「式部卿」の職にあったと『万葉集』巻一は伝えている。慶雲三年というと、宇合はいまだ十三歳であり、『日本古代人名辞典』が「時に廿三歳位であり」とするのは間違いであるにしても、つづいて「式部卿は後の官職を掲げたものであろう」というように、この時に式部卿の任にあったというわけではない。が、文武天皇の行幸に追従し、上記の歌を作っていることは早くも宇合の詩文の才能をうかがわせるものとして注目される。

宇合が『大宝選任令』の規定によって出身したのは、霊亀元年(七一五)のことであったと思われる。利光三津夫氏は、和銅八年(霊亀元年)九月の瑞亀による霊亀改元に際しては、二十歳に達した蔭子孫にはすべてに叙位すると した恩詔が出され、宇合もこの恩詔に該当し、蔭位にあずかったことは疑いなく、『選任令』の規定に従って一位の庶孫に与えられる正六位下に叙されたといわれる。(12)

『続日本紀』霊亀二年八月癸亥条には、「正六位下藤原朝臣馬養を副使と為す」とあって、翌年八月の第八次遣唐副使に任命されたとき、正六位下であったことが確認されるから、官位のうえでは矛盾しない。

同月二十六日には、二階昇叙して従五位下に叙されているが、(13)これは遣唐副使補任に伴う叙位であろう。この第八次遣唐使節では、押使の多治比県守が従四位下を帯びていることは当然であるにしても、阿倍安麻呂に代わって新たに大使となった大伴山守は従五位下にあり、宇合とは同位である。副使が大使と官位を等しくするのは珍しく、宇合の官位が副使拝命直後の二階昇叙、すなわち宇合だけの特別の叙位であったことを思うとき、そこに不比等の力の働いたことは認めざるをえないように思われる。

この入唐が契機となって宇合は、大和長岡と深い親交を結ぶようになる。大和長岡は、後に養老律令の編纂に功があり、この時請益生としてこれに加わっているから律令編纂にかかる目的をもって入唐したことはもちろんであるが、宇合にも按察使など唐の政治制度に関する調査とともに長岡らへの督励など、律令についても不比等の大きな期待があったものと推察される。宇合が用語に習熟するなどして律令に詳しかったことは、小島憲之氏以来指摘され、(14)実証されてきている。(15)

武智麻呂は、この時には従四位上の位にあり[16]、十月には式部大輔への補任[17]を控えて、官僚体制の中枢に加わることが予定されており、房前も従四位下にあり、翌年の養老元年十月には「参議朝政」となるのであって、いずれも三十代半ばの壮年に達し、絶対的権力を有する父の不比等を助けて、廟堂に重き存在としてあった。

ゆえに、これらの兄二人を除いて宇合の遣唐副使の任命があったとするのを、宇合入唐の主なる理由として考えると、それは大変な間違いなのであって、利光氏も「宇合は、懐風藻所蔵の漢詩よりみても、万葉集所蔵よりみても、不比等の四人の子息の中、最も文才のあった人である[18]」といわれるように、才能もありかつ後に持節大将軍として東北にあっては蝦夷の制圧に、かえして西海道節度使、大宰帥として九州に治績を残していることを思えば、武智麻呂と違って健康にもめぐまれ、知力、体力を具備した二十歳をやっと過ぎたばかりの意気軒昂なところに、父不比等の多大な期待があったものと考えられるのである。

入唐した宇合は、『旧唐書』日本伝に、「開元初、また使を遣はして来朝す。儒士経を授かることを請ふにより て、四門助教の趙玄黙に詔して、鴻臚寺に就きてこれを教ふ」とあるから、儒士らとともに趙玄黙から経学を授かる熱心さをみせたかもしれない。そして、名前を「馬養」から「宇合」へとかえたのも、入唐が契機となったのかもしれない。

利光氏は、「続紀霊亀二年八月の条には、『藤原馬養』とみえ、養老三年七月の条には、『藤原宇合』とみえる。従って尊卑分脉の編者が考証した如く、彼の改名は、霊亀、養老年中、遣唐使として入唐した時に行われたと考えられる。『馬養』なる称は、ともすれば唐人より賤民と見做される危険性がある。故に、宇合は、馬養なる字と同訓の賀字『宇合』を用いるに至ったものと推察しうる[19]」と述べられている。

たしかに入唐直前である『続日本紀』霊亀二年八月癸亥・己巳両条には「馬養」とみえ、帰朝後の養老三年七月庚子条には「宇合」とあるのは、利光氏のいわれるごとくであるが、帰朝直後の養老三年正月壬寅条には「馬養」とみえ、それから二年後の同五年正月壬子条にも「馬養」とみえている。『続日本紀』が、宇合の生存係年中に以後変わらず「宇合」と統一して記すのは、神亀元年四月丙申条以降のことである。利光氏のいわれるのと違って入唐をはさんで截然と「馬養」と「宇合」とは使いわけられてはいないようである。たしかに改名の契機は、唐での出来事にあったのかもしれないが、在唐中に直ちに改名したと解釈するのには、なお慎重であるべきであろう。

帰朝直後の養老三年正月、宇合は正五位下から正五位上に昇叙している。[20] しかし、入唐に際しては正六位下から二階昇って従五位下になっていたはずである。それにもかかわらず、帰朝一か月後の叙位で、正五位下から正五位上に昇叙したのである。大使の山守も入唐前は従五位下でありながら、[21] やはりこの時には宇合と同じく正五位下から正五位上に進んでいる。この間に宇合も山守もすでに従五位下から正五位下に二階昇っていたことになる。養老元年正月の叙位でさらに昇叙して正五位下で入唐した可能性もあるが、そうすると宇合の正六位下から従五位下への昇叙の意味がわからなくなる。

たぶん、帰朝して県守が節刀を進めるなど、帰朝報告をした同二年十二月十五日[22]に、その功を賞して大使、副使の山守と宇合に従五位下から正五位下への叙位があったのであろう。そして、さらにこの二人は翌三年正月の定例の叙位でも一階昇って正五位上になったのである。つまり、宇合は入唐前に二階、帰朝直後の復命時に二階、定例で一階、都合五階の昇叙にあずかったのであるが、ここに機会をみては宇合を昇叙させようとする不比等の思惑をみてとることができる。

正五位上となって、その後宇合は常陸守に任じたようで、養老三年七月には併せて安房、上総、下総三国を管する按察使にも任じられている。[23] おそらくは、常陸守には正五位上昇叙後遠くない頃に、石川難波麻呂を襲って任じたものと思われる。常陸守時代の宇合についての、詳細なことはわからない。ただ『常陸国風土記』の編纂について、小島憲之、秋本吉郎氏らの先学の業績[24]に立脚して、宇合が「藤原氏や中臣氏を宣揚することで、父不比等の功業を顕然化し、律令政治の完遂の一翼を荷わんとした目的」で撰述したことが、井上辰雄氏によって明らかにされているだけである。[25]

また、宇合自身も任じた按察使の創設であるが、これには深く関与していたものと思われる。遣唐押使だった武蔵守多治比県守が相模・上野・下野の、大使だった遠江守大伴山守が駿河・伊豆・甲斐の、宇合が安房・上総・下総の按察使となっているから、これは宇合らが唐で見聞した政制を導入したものであることは論をまたない。[26]

唐に按察使が創設されたのは、『旧唐書』巻七本紀、『新唐書』巻四十九下、『通典』巻三十二などによれば景雲二年(七一一)閏六月のことで、『文献通考』巻六十一では景龍二年(七〇八)、『唐会要』巻七十七によれば景龍三年との説もある。今は通説に従って景雲二年としておくが、『唐会要』には「開元八年五月にまた十道に按察使を置く」とあり、開元元年(七一三)十二月に礼部侍郎張庭が上疏して復置を願い、同八年五月に復置されたようにもみえる。しかし、『旧唐書』巻八本紀には開元二年閏二月丁卯条に「また十道に按察使を置く」とあり、同八年五月を待たず、同二年閏二月には復置されたことがみえており、その時のものと思われる開元二年閏二月七日付の「遣三陸象先等依二前按察使一」とする制文が『唐大詔令集』巻一〇四にみえている。開元八年は日本の養老四年、開元二年は和銅七年である。遣唐使が在唐したのは、開元五年から六年にかけてであるから、宇合らがもっとも身近に参考とした按察使の制は、開元二年復置の時のものであろう。

按察使の目的は、『続日本紀』にも「国司、若し非違にして百姓を侵漁すこと有らば、按察使親自ら巡りみて状を量りて黜陟せよ」とあり、七月十九日制定の「按察使訪察事状事」[27]や『続日本紀』養老五年六月乙酉条などの条々にも示され、また坂元義種氏らも説いているごとく[28]、当時の地方官人のあまりにも乱れた施政を粛正することにあった。これは律令による国家体制の整備を目指していた不比等にとっても大きな課題であって、その対策は当然模索されていた。按察使が、その不比等の要請に応えるためのものであったことは明らかであって、不比等が宇合を入唐させた目的もまさにここにあるのであった。

死期を間近にした不比等が、自分の最後の力をふりしぼって挑んだ律令国家の整備、そのための政治体制の改革の具体的な政策について、唐制を見聞することが宇合入唐の真の目的ではなかったか。そして導入実施されたのが、按察使の創置ということではなかったか。

按察使が、帰朝後半年をもって創設されたのには、不比等の並々ならぬ決断があった。というのも、創設にあっては入唐した三人、宇合の常陸守、山守の遠江守、県守の武蔵守補任は勿論のこと、従来より美濃守の任にあった笠麻呂を除いては、伊勢守門部王(管伊賀、志摩)、越前守多治比広成(管能登、越中、越後)、丹波守小野馬養(管丹後、但馬、因幡)、出雲守息長臣足(管伯耆、石見)、播磨守鴨吉備麻呂(管備前、美作、備中、淡路)、伊予守高安王(管阿波、讃岐、土左)、備後守大伴宿奈麻呂(管安芸、周防)らは[29]、すべてこの按察使として近隣国司の「親自ら巡りみて状を量りて黜陟」するために、新たに国司に補任されたものであったらしいのである。

丹波守、伊予守、備後守、出雲守の前任者は、それぞれ榎井広国、当麻大名、巨勢安麻呂、船秦勝で、ともに霊亀二年四月二十七日の補任で、補任後三年である。交替年限の六年に満ちてはいないし、船秦勝一人を除いては前任者よりも按察使兼任国司の方に上位官人が任じられている。

補任国についても、播磨、丹波、越前、美濃、伊勢という三関国を含み、ぐるりと畿内を包囲する枢要国があげられ、その国々を中心にその周辺の二〜三か国を管する形式のブロック制がとられている。そこに意中の官人を、意中の国守に据えるという意図がみえている。帰朝後半年間、そこに宇合らの創意工夫のあとが感じられる。

その後、宇合は養老五年正月には正四位上に昇っている。一挙に四階の昇叙である。霊亀二年から養老三年正月にかけても五階昇叙しているが、これは入唐にかかるものであって理由ははっきりしている。今回昇叙した官人のうち『続日本紀』に記載のあるのは十七人だが、そのうち正四位下から正四位上に昇った多治比県守、多治比三宅麻呂をはじめとして一階の昇叙が十一人、巨勢祖父、大伴旅人、武智麻呂の三人が正四位下から従三位に二階昇叙、房前が従四位上から従三位に三階昇叙、麻呂は従五位下から従四位上への五階昇叙である。

この一連の叙位で特に注目されるのは、宇合の四階、麻呂の五階昇叙で、それぞれ正四位上、従四位上に昇叙してきていることであり、ここに不比等の薨去後ではあるものの、その余韻を残しつつ四兄弟が昇進している事実が認められることである。これは不比等を亡くしたあと、長屋王を中心に藤原四兄弟を加えた新しい政治体制を構成し、かつ安定させようとする元明太上天皇、元正天皇の意志の現れであると考えるべきであろう。

政治状況などの相違はあるものと思われるが、宇合は正四位上に昇るまでに七年、麻呂は十一年、武智麻呂は二十一年、房前は二十年を費やしている。武智麻呂は正四位下から、房前は従四位上からともに従三位への昇叙で、正四位上には止まってはいなかったが、麻呂に比べても四年ほど早い。これは遣唐使としての昇叙に負うところが大きいが、その入唐に際しての昇叙も宇合にだけ行われているから、やはり不比等の期待は大きいものがあったといわなければならない。

神亀元年(七二四)四月、宇合は「海道の蝦夷を征する」ための持節大将軍に任じられている。『続日本紀』の記事によれば、時に「式部卿正四位上」(30)とある。宇合が、いつ式部卿に補任したのかは『続日本紀』には明記されてはいないが、史料で確認される前任者は養老二年九月に就いた武智麻呂であった(31)。

武智麻呂は、その後同三年七月に東宮傅に任じられ[32]、同五年正月従三位に昇って、参議を経ずして中納言に昇任している[33]。この間に式部卿が誰かを経由して宇合へと引き継がれたことも考慮すべきであろうが、この頃から藤原氏が政権獲得のうえからも人事権を握り、文官の考選を掌る式部卿の職に固執しはじめたことを考えると、武智麻呂から宇合へと直接委譲されたことは間違いないものと思う。そうすると、武智麻呂が東宮傅に任じた時かとも考えられるが、兼官の可能性もあり、そこはやはり武智麻呂の中納言昇任時とするのがより妥当であろう。よって、常陸守、按察使の任から式部卿に移り、神亀元年四月時点で宇合の式部卿在任は、すでに三年を経過していたと考えるべきであろう。中川収氏は、この宇合の式部卿補任を、藤原氏の勢力伸張を期す意図のもとになされたものであり、それだけに勢力構成上重要な位置を占めていたとされる[34]が、その通りであろう。

さて、宇合が持節大将軍に任じたことであるが、ことは三年半前の養老四年九月の間のことに遡る。同年八月、政府は大黒柱の不比等の薨逝によって安定を失うこととなった。直ちに舎人親王を知太政官事に、新田部親王を知五衛及授刀舎人事に任命し、新体制の確立をはかったが、不比等を失った動揺は蔽うべくもなかったに違いない。十月九日に発令された左右大弁を中心とした弁官局、そして大輔、少輔にわたる一連の異動はそれに対処するものであったことは明らかである。

その政府の動揺が敏感に地方にも広がり露呈したのが、九月二十八日の陸奥国奏言にみられる蝦夷の反乱であり、按察使上毛野広人の殺害であった。そこで政府は、多治比県守を持節征夷将軍、下毛野石代を副将軍に、阿倍駿河を持節鎮狄将軍に任じて、これを制圧しようとした。翌年四月には県守も駿河もともに帰還したことが『続日本紀』にみえている[35]から、半年くらいで一応の制圧に成功したものとみてよかろうと思うし、十月に柴田郡内の二郷を割いて苅田郡を新たに置いたことなども[36]、その成果とみることができよう。

そして、その結果を受けてとられたのが、『続日本紀』同六年閏四月乙丑条にみえる庸調の免除、農耕と養蚕の勧行などの施策であり、ひいては良田百万町歩開墾計画であった。同六年八月には、諸国司が簡點した柵戸千人を陸奥鎮所に入植させ、そのための穀物確保を郡司や豪族らの私穀献上[37]に頼ろうとしたのであるが、やはり無理があったとみえて、神亀元年三月には陸奥大掾佐伯児屋麻呂が海道の蝦夷に殺害されるに至った。そこで、再度の制圧を委ねられたのが、宇合であったわけである。

この時、宇合が持節大将軍に任じられたのは、考えようによっては一番妥当な人事であったといえよう。『続日本紀』神亀二年三月庚子条には「常陸国の百姓、俘賊に焼かれ、財物を損失す。九分已上ならば、復三年を給ふ。四分ならば二年。二分ならば一年」とあるように、常陸国が直接侵害されており、また海道の蝦夷の鎮圧ともなれば、その兵站としての主的な役割を果たすのは常陸国をおいてほかにはない。史料に明確でないからはっきりしたことはいえないが、先述したように、宇合は式部卿に補任されたのをもって帰京し、常陸守と按察使の任からは離れていたものと思われるものの、常陸守として部内を把握し、按察使として上総、下総、安房三国を管していたことの経験は、持節大将軍としての任務を全うするうえでも最も重視されたことであろう。

この頃、常陸国那賀郡大領の宇治部直荒山が私穀三千斛を陸奥鎮所に献したこと[38]にはじまり、つづいて大伴直南淵麻呂ら七〜八位クラス、それも多くは外位を帯する豪族十二人が、私穀を鎮所に献上し、外従五位下を授けられている。その中に香取連五十島なるものがみえており[39]、これも氏からして香取郡に蟠踞するものであったと思われるから、宇合との関連で考えるべきであろう。また、下総国香取郡、常陸国鹿島郡の少領などの三等親内の連任を特に許しているのも、前線で勝利をうるためには兵站を確固たるものにする必要があるとの考えからで、この二国の郡司、豪族を懐柔しつつ、征夷に協力させようとした宇合の思惑から発するものであったことは間違いなかろう。これらのことをみると、宇合が常陸守、按察使帯任中に郡司豪族との関係を重視し、その掌握をなしていたことが想像され、それが前述の結果となり、征夷に宇合の実力がいかんなく発揮されることになったものと考えられる。

征夷は十一月に入って一段落したようで、宇合は帰京の途中、近江国に内舎人を派遣され、聖武天皇からの慰労をうけて、月末の二十九日には鎮狄将軍の小野牛養とともに入京した。この征夷の結果として、二年閏正月には、七百四十人近い俘囚が、陸奥から伊予、筑紫などに配されたことが『続日本紀』にみえ、また宇合自身が従三位に昇叙し、勲二等を授けられるなど、判官、主典以下千七百人の者にも勲位が与えられていることから、おおいに成果をあげたものと思われる。

夏秋期間とはいえ東北での半年にわたる軍旅は、宇合にとっては苦難を伴うものであったろうことは、容易に想像できるところである。しかし、これはかならずしも宇合にとってはマイナスばかりに作用したわけではない。ともに東北にあった小野牛養は、長屋王の変に際しては右中弁の職にあり、武智麻呂等とともに王を邸宅に糺問しているし、天平元年九月の光明子立后に際しては皇后宮大夫となって、藤原武智麻呂体制の構築に寄与するところが大きかった。また牛養の皇后宮大夫への転任をうけて、その後任として右中弁に就任したと思われる中臣広見も、実は宇合とともに東北に転戦した者で、その功を賞され従五位上勲五等に叙されている。その広見を襲ってつぎに右中弁となったのが、やはり宇合のもとで副将軍の任にあった高橋安麻呂であった。

上記の官人以外で宇合の配下にあった大野東人は、のち陸奥鎮守将軍となり、天平九年正月には陸奥按察使の任に就く。その東人の奏言によって陸奥国と出羽国との直路開径のために、今度は宇合に代わり弟の麻呂が持節大使に任命されるが、この時に常陸守で副使となったのが坂本宇頭麻佐であり、出羽守として活躍したのが田辺難波で、ともに宇合の配下にあった官人であった。

持節大将軍宇合のもとで、半年間征夷に生死をともにした下僚のうち、牛養、広見、安麻呂が相続いて政府内中枢の右中弁の職を襲っていることは、非常に興味ある事実として矚目される。ことに武智麻呂政権が自滅する天平九年まで不動である左大弁葛城王、右大弁大伴道足を除いて、左中弁の存在がしられていない中で、右中弁の果した役割は重要であったものと思われる。そこにいわば宇合子飼いの官人三人が続けて補任されたことは、ここに宇合の意志が介在していたことは最早論議の余地のないところである。宇合の中堅、下級官人を配慮したその親交に支えられた人脈の一端は、高橋虫麻呂との関係を論じた金井清一氏の(40)、大和長岡とのそれを論じた利光三津夫氏の論文(41)にも詳細であって、まさに注視すべきものがある。

常陸守、持節大将軍、そして式部卿と治績を積んできた宇合に、つぎに新たに課せられたのは知造難波宮事の職であった(42)。聖武天皇が難波宮をこよなく愛したことはすでに直木孝次郎氏の指摘されたところである(43)。直木氏は、聖武天皇の難波行幸は史料に確認できるだけでも七回あり、文武天皇の知政十一年に二回、元明天皇の八年になし、元正天皇の八年に一回に比べると多く、そして和銅元年三月の大伴手拍から天平十三年九月の巨勢奈弖麻呂まで、平城宮の造営の任にあった造宮卿、造平城京司長官ら八人の官位の殆どは四位であったのに比べて、宇合の従三位という官位は、養老五年九月に造宮卿となった兄の武智麻呂に匹敵する以外は、一般的に高いもので、少なくとも天平四年三月まで五年半はその任にあって工事は継続していたのであるから、聖武天皇が難波宮を重視していたことは明らかであるといわれている。

宇合が、聖武天皇の期待に応えて難波京造営に励んだことは、直木氏が『万葉集』にみえる「式部卿藤原宇合卿、難波の堵を改め造らしめらゆる時に作る歌一首」として「むかしこそ難波ゐなかといはれけめいま都ひきみやこびにけり」との宇合の歌を引いて説明されている。

明けて神亀四年、二月には難波宮造営の雇民に課役と房の雑徭が免ぜられるなどして、その進捗がはかられている。天平四年三月には宇合以下仕丁以上に物を賜ったことがみえているから、一応の造営作業はこの時には完了したのであろう。その後天平六年九月に宅地の班給を命令しているが、これについて直木氏は、聖武天皇が難波への遷都の構想を抱いていたためではないかといわれている。(44) ただ、神亀三年十月の宇合の知造難波宮事補任当初から、聖武天皇にその意志があったかどうかは明確ではないが、少なくともこのような聖武天皇の将来への期待のもとに、宇合の補任があったことを思えば、天皇の宇合への信任にあついものがあったことだけは理解されるものと思う。

二　長屋王の変と参議昇任以後

長屋王の変は、藤原氏にとってその後の展開を決定づける一大変革であった。元明太上天皇の意志を容れて、元正天皇や三千代の信任、信頼のもとに、長屋王との協力体制を推進する房前に対して、長兄の武智麻呂が藤原氏主導体制の確立をめざし、長屋王を打倒し房前を制して、不比等のあとを継業して藤原氏の代表者たる地位を確固たるものにするために起こしたのが、長屋王の変であった。(45) 藤原氏内には、同母で一歳違いの長兄の武智麻呂と次兄房前との間に、父不比等の後継者を巡っての相克があり、その決着は、この二人とは母を異にし一周り以上も年下の三男宇合、四男麻呂の動向にかかっていたといってもよい。(46) なかでも宇合は、式部卿の任にあり、按察使、持節大将軍に補任されるなど重要な官職を経験してきており、官人としての実力も兄の二人に劣るものではなかった。

その点で、長屋王の変における宇合の去就をみることによって、前述のごとき様相の藤原四子兄弟の中での宇合の立場と思惑を推しはかることができる。

『続日本紀』天平元年二月辛未条には、長屋王の変の端緒の記事として、

その夜、使を遣して固く三関を守らしむ。因て式部卿従三位藤原朝臣宇合、衛門佐従五位下佐味朝臣虫麻呂、左衛士佐外従五位下津島朝臣家道、右衛士佐外従五位下紀朝臣佐比物らを遣して、六衛の兵を将て長屋王の宅を囲ましむ。

とある。長屋王の機先を制し、その邸宅を六衛府の兵で囲繞し、事前に王の行動の自由を奪おうとする、この包囲策の成否は、王を邸宅に押し込めるだけではなく、武智麻呂等による邸宅における糺問を意のままに進め、王を自尽に追い込むうえにおいても、結果を左右するものであった。

その王邸宅の包囲は、『続日本紀』の記事にみえるように、衛門佐佐味虫麻呂、左衛士佐津島家道、右衛士佐紀佐比物らがそれぞれ支配下の兵士を率いて行動したものと思われる。そして、佐味虫麻呂ら三人を統率して、現場にあって直接指揮をとったのは『続日本紀』条文からみても、衛府職に関係のなかった式部卿の宇合であったことは明瞭であろうと思う。この行動によって、宇合が房前とは一歩距離をおいて、長兄の武智麻呂とともに藤原氏の主導体制を指向していたことが確認される。

すでに詳細に考察した(47)ように、この武智麻呂による長屋王の打倒は、従来からいわれてきたのと違ってかならずしも一方的に武智麻呂らに有利に展開したわけではない。元正太上天皇の存在に加えて、台閣内では大伴旅人、阿倍広庭は勿論のこと、結果的には武智麻呂の意向に沿ったものの、舎人親王や多治比池守らの去就にも微妙なものがあった。

このような状況の中で、宇合は事件そのもののカギを握る存在であった。宇合のみならず、この時「権りの参議」に登用され、のち鎮撫使、節度使、参議として宇合とともに同官職を経て、武智麻呂主導下にあっては、その支柱的存在であった多治比県守も、宇合とは入唐以来の親しい関係にあった。武智麻呂とともに王宅に糺問に向かった小野牛養、事件の直前正六位上から外従五位下へ、直後に従五位下へと昇叙していることから藤原氏に与したと思われる坂本宇頭麻佐、同じく直後に昇叙した後部王起、これらの人々は武智麻呂側にたって行動したと思われる官人の中でも、前述したように東北での征夷以来、宇合にもっとも近い存在であった。よって、宇合自身は勿論のこと、宇合の周辺の官人の動向をも含めて、事件における宇合の存在は重要であったといえよう。

さて前述の『続日本紀』条文には左右兵衛府の佐官の動向がしられてはいないし、この事件に対処するための目的で藤原氏によって創設されたと考えられている中衛府のそれもしられない。しかし、「六衛の兵を将て」と記されているから、衛門府、左右衛士府だけではなく、左右兵衛府と中衛府の兵士も動員されていたものと思われる。衛門府と衛士府の佐は『官位令』には従五位下相当とあり、兵衛府の佐は正六位下相当と規定されている。虫麻呂は従五位下で、家道と佐比物も外位ではあるものの従五位下であり、三人ともほぼ官位相当であることからして、この時の左右兵衛佐も相当の正六位下クラスのものが任じられていたと考えてよく、五位以上でなければ掲載しないという国史の原則によって、左右兵衛佐の二人は該条文から割愛されたものであって、加わっていなかったということではなかろう。

中衛府については、次官にあたる少将は正五位上が官位相当であるから[48]、条文中にみえていても不思議ではない。ただ順当に考えれば、すでに中衛大将の任にいた房前が六衛府の次官、兵士を統率して王宅を囲むのが妥当であるにもかかわらず、これが宇合であった。このことが、房前の事件への不関与を示す一論拠となっていることから、中衛府の動向には疑問の残るところがある。これについて中川収氏は、房前がはずされたともみえるのは、実は中衛大将として中衛府本来の職掌である内裏を守護する大命を果たしていたからだとされる(49)。しかし、房前が聖武を守護したという証拠はどこにもない。また聖武に叛意すらもっていない長屋王が聖武に危害を加えるわけもないのに、房前が中衛を率いて守護したとは思えない。

長屋王の打倒には成功したとはいえ、武智麻呂と宇合の目指す藤原氏主導体制は確立したわけではなかった。武智麻呂を中心とする藤原氏主導体制の確立化を図るため、反藤原氏官人の排斥と、早い宇合、麻呂の台閣への参加が待たれた。天平二年九月には大納言多治比池守が、同三年七月になり武智麻呂等にとっては好ましからぬ存在であった大伴旅人が薨去し、台閣構成者のなかでは武智麻呂に異をとなえるものは少なくなった。事件直後の論功行賞的な天平元年三月の叙位のあと、同二年中に叙位のあったことが『続日本紀』にはみえていないのに、三年正月には定例の叙位が行われた。補任に関しても同元年九月に左右大弁と中務卿、そして光明立后による皇后宮大夫というような必要最小限のものだけに限って行われただけであったが、やはり同三年四月から五月にかけては国守の、六月には中央官司の補任も行われている。これらは長屋王の変における動揺が収拾され、徐々に武智麻呂、宇合の目指す方向に事態が進捗しつつあったことを物語るものであろう。

そして、ここに武智麻呂主導体制の確立につながる新たなる台閣の構成が要請されたのである。『続日本紀』天平三年八月辛巳条には、「舎人親王勅を宣りて云はく、執事の卿等、或は薨し逝き、或は老い病みて、務を理むるに堪へず。各知る所の務を済すに堪ふべき者を挙すべし」とあり、その結果「諸司の挙」によって式部卿宇合、民部卿多治比県守、兵部卿麻呂、大蔵卿鈴鹿王、左大弁葛城王、右大弁大伴道足の六人が参議に補任された。八省のうち中務卿の房前はすでに参議の任にあったから、宮内、治部、刑部三省を除いて、主要四省の卿と左右大弁の六人が「諸司の挙」として参議に昇任したのは当然ともいえる結果であった。しかし、このうち宇合、麻呂、県守、道足の四人は親武智麻呂派官人であることは疑うべくもないことから、「諸司の挙」は反対派の抵抗を考慮した武智麻呂等の演出とも考えられる。いずれにしても、ここに武智麻呂の主導体制が成立したことには間違いない。

参議となり、式部卿をもひきつづいて兼帯することになった宇合は、中納言の阿倍広庭が老齢でもあり、房前も一年後には中務卿から民部卿に降格され、政治力が低下したことを併考するとき、台閣内にあっては主導者の兄武智麻呂を補佐する任にあり、発言力もそれにつぐものであったことが推察される。それだけに宇合の建言によるものと思われる施策が具現してくることはあたりまえのことであった。その代表的なものが、この年の十一月に創設された畿内惣管、諸道鎮撫使、同四年八月の節度使の創置であった。

畿内惣管、鎮撫使については、『続日本紀』天平三年十一月丁卯・癸酉条に以下のように記されている。

丁卯、始めて畿内の惣管、諸道の鎮撫使を置く。一品新田部親王を大惣管と為す。従三位藤原朝臣宇合を副惣管と為す。従三位多治比真人県守を山陽道鎮撫使、従三位藤原朝臣麻呂を山陰道鎮撫使、正四位下大伴宿祢道足を南海道鎮撫使。

癸酉、制すらく、大惣管は、劒を帯び勅を待つ。副惣管は、大惣管に同じ。（中略）鎮撫使は、掌ること惣管に同じ。（中略）その職掌は、京と畿内との兵馬を差し発さむこと、徒を結び衆を集め、党を樹て勢を假り、老少を劫奪し、貧賤を壓略し、時政を是非し、人物を臧否し、邪曲寃枉なるを捜り捕へむ事なり。また盜賊、妖言、自ら衛府に非ずして兵刃を執り持つ類を断せ。時を取りては国郡司らの治績を巡り察て、如し善悪を得ば、即時に奏聞せよ。（中略）但し、鎮撫使は兵馬を差し発すこと得ず。

すなわち畿内には惣管を、諸道には鎮撫使を設け、それは「衆を集め徒党を組み、勢を仮って老少を劫かし、物を奪ったり、貧しい人を苦しめ、政治をそしったりする者を捜し捕らえ、盗賊また妖言する者や兵器を持つ者を取締り、国郡司の治績を巡察、奏聞し、あるいは罰すること」を職掌としていたのである。ただ西海道にはこれが置かれなかったのは、大宰府をもってこの任にあたらせることにしていたためであろう。

岩橋小弥太氏は、国郡司の治績を巡察するのは巡察使、按察使と同じで重複しているが、そのほかのことは特異であって、著しく軍事的であるのは、その頃の山陰、山陽、南海道辺に何か事件があったためではなかろうか[50]、といわれる。しかし、史料にはその地方での騒擾のことはみえていない。野村忠夫氏は農民層の動揺に対処する行動であったらしいことを述べ[51]、林陸朗氏は「前年九月頃に顕著にみえている京及び諸国の盗賊の横行、禍福を妄説した人衆を結集する族、私に兵馬人衆を結党する徒などの動きに対応するもの[52]」といわれているが、職掌と『続日本紀』天平二年九月庚辰条をみれば、まさにその通りであろう。

しかし、武智麻呂と宇合が考えた創設理由には、もうひとつあったはずである。その点で坂元義種氏が、「当時の政治不安や治安問題と関係があるが、長屋王の変や光明子立后がその背景にあったとみるべきであろう[53]」とするのは的を射たものであろう。坂元氏もいうように政情不安や治安問題は、地方国郡司の施政の紊乱にもよるが、長屋王の事件による政府の不安定要因にもかかるもので、それだけに惣管と鎮撫使の創設は、武智麻呂が権力の確立を急いでいた意識の現れといえよう。表向きには社会不安、治安問題ということになってはいたが、その真の目的が藤原氏の権力確立に向けての、より大きな軍事力の掌握というところにあったことは、畿内惣管そして宇合の帯する副惣管にのみ京、畿内の兵馬の差発権が認められていたことからも推量される。

副惣管に宇合が補任していることは、唐制に倣ったこの惣管、鎮撫使制度が、宇合等の遣唐使経験者の建言によって創設されたことを顕然として物語っており、また六衛府を別にして、このような形で宇合が武智麻呂を中心とする藤原氏体制下の軍事権を掌握して、その体制を支えていたことを示しているものと考えてよかろう。

また節度使であるが、宇合は自ら西海道使に任じている。『続日本紀』天平四年八月壬辰条によると、その職掌は軍団兵士の整備訓練、幕釜など野営装備の補塡、兵器の製造修理、百石以上積載可能な船の建造、兵糧としての糒塩の備蓄などにあたったものであるが、北啓太氏によればそのほかに要害地の警護強化もあって(54)、その目的は対外防衛にあったらしい(55)ものの、結局は通常国内の兵士制の整備に止まり(56)、防人制の変化に対応した軍事力の整備策だとする説も一般的である(57)。

しかし、鈴木靖民氏が、東海東山節度使は陸奥出羽の蝦夷の反乱に、山陰西海道節度使は新羅の来攻に備えたものであるとする通説を確認された(58)ように、対外政策でもあったことを一概に否定することはできない。「警固式」「備辺式」にもみえる内容からしても、またこの時遣新羅使の角家主が帰朝していることなど、新羅との状況が緊張していたことに加えて、山陽南海両道に置かれず、山陰西海道に節度使が任命されているのは明らかに設置の主要因が、新羅に対するものであったことをうかがわせている。故に遣唐押使、副使としてともに入唐し、海外情勢に明るい県守と宇合の二人がこの二道節度使に任じられたのである。

三　西海道節度使、大宰帥補任以後

西海道節度使に任じた宇合が、「往歳は東山の役、今年は西海の行、行人一生の裏、幾度か辺兵に倦まむ(59)」と歌い、常陸守時代の下僚でもあった高橋虫麻呂等に見送られて九州に下向したのは、天平四年の「白雲の龍田の山の露霜に色づく時(60)」であった。

こうして九州に下向した宇合が、どのように西海道諸国の軍制を整備していったのかは、直接的史料も少なく要領を得ない。けれども『続日本紀』宝亀十一年七月丁丑条には「また大宰は、同年の節度使従三位藤原朝臣宇合が時の式に依るべし」とあり、節度使に補任された宇合が作成した「式」のあったことがしられる。これは同じく天平宝字三年三月庚寅条に、「大宰府言さく、（中略）警固式に拠るに、博多の大津と、壱岐・対馬等の要害の処とに、船一百隻以上を置きて、不虞に備ふべし」とみえる「警固式」のことでもあろう。これによって宇合の「警固式」には、博多津や壱岐対馬などに不虞に備えて百隻以上の船を置くことが規定されていたことがわかる。

このほかにも『続日本紀』宝亀十一年七月戊子条には、「今北陸道も亦、蕃客に供すれども有する所の軍兵未だ曾て教習せず。事に属して徴し発するに、全く用るに堪ふるもの無し。（中略）宜しく大宰に准じて式に依りて警め虞るべし」とあって、北陸道が大宰府の「式」に倣って、絶海の村邑に賊来があった場合、国司に報告し、それを受けた国司は長官以下集議して警虞策をとり、奏上すること。賊船が来着した場合、当界の百姓は私糧を持参し要処にて戦い、救兵を待つこと。標榜を立て軍兵の集合地を明示し、兵士百姓のうち弓馬に便なる者をもって隊を編成し、雑乱を防ぐこと。戦士以上は随身の兵を執り本軍に赴き、軍名を作り、隊伍を排比し、行動に備えること。国司以上は私馬を用い、不足した場合には、駅伝馬を充当すること。兵士白丁には公粮を支給し、関所には米を、要処には糒を充てることの六か条の対策をなしたことがしられるから、宇合の「警固式」にもこれとほぼ同様のものが規定されていたものと察せられる。

また宇合の「警固式」をしるのに参考となるのが、同時に山陰道節度使となった県守の「式」である。天平六年の「出雲国計会帳」にみえる「備辺式二巻」というのも、その一部であると考えられている。「計会帳」には、天平五年七月に節度使から出雲国司に「国別応ㇾ備ㇾ幕状」が逓送されたのをはじめとして、翌六年四月に「送二山陰道四国鉦并封函㆒状」「鉦五面状」が到着するまで、その間に「応㆑造㆑幕料布、充㆓価調短絹㆒状」「預採㆓枯弩材㆒状」「擬軍毅并軍毅等定㆓考第㆒及応㆑徴㆓差加兵士庸㆒状」「応㆑免㆓今点兵士庸㆒事等参条状」「馬射博士少初位下城部惣智給㆓伝馬㆒発遣条」「節度使春夏禄、短絹状」「甲一領袋弐料表布、絁綿状」「要地六処儲㆓置弩㆒并応㆑置㆑幕料布状」「応㆑定㆓兵士番㆒状」などが逓送されたことがみえている。一方、国司からは天平五年十月二十一日と同年八月二十日、同八年十月六日の三度にわたって節度使に「考文」「考状」「兵士簿目録」「儲士歴名簿」「道守帳」「津守帳」「駅馬帳」「伝馬帳」「種馬帳」「繋飼馬帳」「兵馬帳」「官器仗帳」「修理古兵帳」「新造兵器帳」などが送付されたこともみえている。

これをもって鈴木靖民氏は、出雲国では節度使の設置にともなって、『続日本紀』同四年八月壬辰条にみえる制勅に基づき、軍事体制が着々と実施にうつされ、中古兵器の修造や新造兵器の補充が進み、兵士歴名簿、点替簿などがみられるから農民兵士の簡点編成、さらに牛馬、兵器の詳細で具体的な把握も相当実行されていたものと理解されている。そして、この節度使は軍団を主として編成され、国郡司も本来の国衙職務以外に、節度使の指揮によってこれらの運営にあたっていたとされている[61]。

これらの事実を併考すると、宇合を節度使とする西海道諸国でも出雲国のように制勅に基づき、軍団を中心に兵士、道守、津守らのみならず、駅馬などの牛馬、器仗など軍事に関わるすべてのものの把握が行われ、その簡点、新造、補充修理などが進んでいたものと思われる。その一端を示すのが、『続日本紀』天平五年閏三月壬辰条の、「勅したまはく、調布一万端・商布三万一千九百廿九段を以て、西海道の新しき器仗を造る料に充てよ」なる条文の記す事実である。西海道のみ特に器仗料として調布、商布が充てられている。丁度、この頃までは宇合も九州にいた時で、その指揮下で節度使の施策が進捗していたことをしることができる。

この「警固式」の実施によって、西海道諸国の国郡司、軍団を中心とする軍制は、以前に比べて類をみないまでに整備強化され、宇合の考えのもとに再編成されたものと思われるが、その節度使は天平六年四月には停止されて、軍備はそのまま国司主典以上の者が管轄して継承維持された(62)。しかし宇合は同六年正月、武智麻呂の右大臣昇任にともなって、この兄のあとをついで大宰帥に襲任していたらしいから、さらに節度使下の軍制が継続して進められたものと思われる。このようなこともあって、前述したように、天平宝字三年(七五九)三月にも、宝亀十一年(七八〇)七月にも依拠したことがみえるように、宇合の「警固式」はその後も大宰府下の軍制の規範となったのである。

それだけに西海道諸国が、宇合個人に深く影響されることになったことは想像されるところで、長男広嗣が九州で反したときの状況を検討することによっても、そのことをうかがうことができる。広嗣軍で注目されるのは豊前国京都郡大領楉田勢麻呂、仲津郡擬少領膳東人、下毛郡擬少領勇山伎美麻呂、築城郡擬少領佐伯豊石らの郡司層であり、中でも勢麻呂は五百人の兵士を率いていたことがみえている。八木充氏はこれら郡司の参加は、同十一年五月の郡司定員削減と同年七月の不善郡司譜第制度停止への不満に原因があるとされている(63)。しかし、反対に上毛郡擬大領紀宇麻呂等の三人は政府側に属し反広嗣的行動にでており、さきの勢麻呂等四人も結局は「官軍に来帰」しているから、これら郡司層は広嗣軍の中核とはなりえなかった。八木説は検討を要する。

その中核となったのは、京都郡鎮長で大宰史生を兼帯する小長谷常人、企救郡板櫃鎮大長三田塩籠、小長凡河内田道らに率いられた登美、板櫃、京都郡三処の営兵らであった(64)。この鎮長、大長、小長についてはわかってはいない。林陸朗氏は、「軍団の下に鎮または営と称する軍営があり、その規模により長一人または大小長各一人がいたのであろうか(65)」とされて、横田健一氏も陸奥大宰府管内の軍団を鎮と称したとしておられる(66)が、豊前国は二軍団であり三処の営とは異なり、軍団と鎮、営とは同一視はできない[67]。節度使の軍営を「鎮所」ともいったことが「出雲国計会帳」にみえているから、その関係をも考慮すべきであろう。

広嗣は遠珂郡家に軍営を造って兵弩を儲け、烽火を挙げ筑前国内の兵の徴発をはかっているし、大隅、薩摩、筑前、豊後四国の兵五千人を率いたりしている。また弟の綱手は筑後、肥前国等の兵五千人を、多胡古麻呂も兵を徴発する計画であったことがみえていて、板櫃河に到って官軍と対峙した兵力は一万人にものぼっている[68]。『続日本紀』の記事からでは時間経過がはっきりはしない[69]が、広嗣の徴発した一万人という兵士の中に大隅、薩摩国の兵士が含まれていることからすると、その徴発が極めて大規模かつ迅速に行われたことは確実である。

天平宝字五年十一月、西海道節度使の吉備真備が検定したとき、肥前を除く八か国の兵士が一万二千五百人であったことがみえている。三軍営で千七百人の兵士が捕虜となり、大領で五百人、擬少領で七〜八十人の兵士を率いていたことがみえているから、広嗣が一万人という兵員を動員できたのは、鎮長などとともに軍団の兵士のみならず、広く郡司層からも兵士を徴発するシステムがすでに「警固式」によって整備されていたことを示している。政府が「勅符数十条を遣して、諸国に散擲して[70]」広嗣が謀反人であることを周知させるのに躍起になったところの理由はここら辺りにもある。

宇合が薨去してから三年、まだ西海道にあっては、宇合の「警固式」による軍団鎮営への直接的な統制が、組織的にも残存しており、また節度使は軍毅の考選、任用にも関与したことがわかる[71]から、人的構成の面でも、宇合との関係がそのまま存続していたはずである。広嗣の乱は、広嗣がその宇合の長男であり、このような軍事的背景があってこそ、あそこまでの大きな反乱となりえたものといえる[72]。その後、一年を経た天平十四年正月になって、同十七年六月まで一時大宰府が廃止されたことも、成立当初にあっていまだ不安定な橘諸兄政権が、乱に懲りてその再発を恐れ、西海道諸国から宇合色を払拭しようとした意図からとった施策であったことは推測がつく。

しかし、宇合の節度使、大宰帥としての西海道での勢力の扶植は、長子で少弐の広嗣の乱でもいかんなく発揮されたのみにとどまらず、その後も宝亀二年に蔵下麻呂が帥に任じたのをはじめとして、良継、百川も帥となり、田麻呂も大弐となるなど、宇合の息男四人が相続いて大宰府に任を得ているのは、宇合がかつて節度使、大宰帥の任にあったことから九州の豪族と式家との間に強い結びつきがあり、その関係をこの兄弟たちもよく理解していたからでもあった。この事実ひとつをとってみても宇合と大宰府、西海道諸国との緊密な政治的、軍事的関係が推察できるものと思う。

宇合が九州から帰京したのは、翌五年の春の頃かとも思える。虫麻呂の歌には「桜花咲きなむ時に山たづの迎へ参ゐ出む春が来まさば(73)」とある。その年の十二月には薨去した橘三千代の旧第に参向して、従一位を追贈する詔文を宣べていることがしられるから、もうこの頃には在京していたことが確認できる。

同六年正月に宇合は、多治比県守とともに正三位に昇叙する。武智麻呂が右大臣に昇任し、太政官首班として確固たる地位を築いたのもこの時であった。そして節度使を同六年四月には停止し、国司主典以上にその職務を継受させたのも、対新羅策の変更と、このような国内情勢の安定ということとも無関係ではないであろう。節度使停止後も、宇合は大宰帥としての任にあった。『続日本紀』天平八年五月丙申条にみえる府官人に別途に仕丁と公廨稲を給付したことや、同年十月戊辰条にみえる府下諸国の田租を免除したなどの施策も、帥としての宇合によるものであろう。宇合は、その後も西海道諸国に強い影響を与えつづけたのである。

おわりに

以上、宇合に関して簡単な素描を試みてきた。そこで痛切に感じたのは、四兄弟といえども武智麻呂、房前、麻呂とも違った宇合の独自性ということであった。

宇合は、詩文の才に長け、武官としては勿論のこと、文官としてのその実力もけっして兄の二人に劣るものではなかった。それにもまして注目されるのは、入唐に際しては大和長岡、征夷時代には小野牛養、中臣広見ら、そして常陸守や西海道節度使、大宰帥時代には下僚の高橋虫麻呂をはじめとして、その部内の郡領、豪族などとも気脈を通じ、その信頼関係を築いたことで、その点では兄の二人の到底及ぶところではない。そこら辺りにも宇合の人間的魅力があるように思うのである。

武智麻呂を支えて、その兄が歴任した式部卿、大宰帥の職をそのまま引きつぎ、特に式部卿の任にあること十七年、この一事をとってみても武智麻呂がいかに宇合に期待するところが大きかったかがわかる。

不比等の薨去後、元明、元正、三千代らの信任を得て、長屋王ら皇親勢力との協調路線を推進しようとする房前、それを打倒し藤原氏主導の政治体制の確立を目指す武智麻呂、この二人は不比等の後継者としての藤原氏代表者の地位を争う様相にあった。このような状況において、長屋王の変というのは武智麻呂による藤原氏主導体制の確立とともに、藤原氏族内での房前との主導権争いのための行動という側面をも併せ持っていた。十四～十五歳も年長の武智麻呂と房前の間で、麻呂とは違って才能、実力を伴うだけに宇合の立場は微妙で、かつその帰趨が注目されていたものと思われる。宇合の行動は、大きな岐路にあった藤原氏の今後の展開を決定する最大のポイントであったといえよう。

宇合に有無をいわせず、この決意を迫ったのが、ほかならぬ長屋王の変であった。詩文を通して親交のあった長屋王に自尽を迫り、房前にも武智麻呂への追従を強要することにもなる行動を宇合にとらせた最大の要因は、父不比等の政治を継承し、藤原氏を発展させなければならないという信念と、そのためにはやはり長屋王の協調者である房前よりも、藤原氏独自の主導体制を模索する長嫡子である武智麻呂に与力しなくてはならないとする観念のためであった。長屋王の事件後も、武智麻呂は太政官の上席の地位にあったもののいまだ大納言であり、それを支える意味からも軍事的基盤が必要とされたわけであって、宇合が副惣管となって畿内の軍事権を掌握したことは、武智麻呂と宇合の強固な関係を考えるうえでも注目されるべきことであろうと思う。

もし、宇合が武智麻呂とともになかったならば、武智麻呂政権の確立はみられなかったであろうし、その協力がなかったならば武智麻呂による長屋王の打倒もありえなかったと思う。その点からしても、宇合は八世紀の政治史上においてもっと評価されるべき人物であるし、評価されなければその真実の歴史が、まだ遠いところにあるということとなろう。

（1） 中西進『万葉史の研究』（桜楓社、一九六八年）。川崎庸之「懐風藻について」（『記紀万葉の世界』所収、東京大学出版会、一九八二年）。

（2） 井上辰雄「『常陸国風土記』編纂と藤原氏」（『古代中世の政治と地域社会』所収、雄山閣、一九八六年）。秋本吉郎「九州及び常陸国風土記の編述と藤原宇合」（『国語と国文学』三十二巻五号掲載、一九五五年）。

（3） 利光三津夫「藤原宇合と大和長岡」（『法学研究』四十巻四号掲載、一九六七年）。金井清一「高橋虫麻呂と藤原宇合」（『国文学』二十三巻五号掲載、一九七八年）。
（4）『続日本紀』天平九年八月丙午条。
（5）『公卿補任』『尊卑分脉』は、薨年を四十四歳とする。
（6）沢瀉久孝『萬葉集注釋』第一巻（中央公論社、一九五七年）。
（7）金井清一「藤原宇合年齢考」（『万葉詩史の論』所収、笠間書院、一九八四年）。
（8）伊藤博『萬葉集釋注』第一巻（集英社、一九九五年）。
（9）『日本書紀』持統天皇三年二月己酉条。
（10）井上辰雄「藤原不比等一族と田辺史」（『史境』十八号掲載、一九八九年）。
（11）横田健一「藤原不比等伝研究序説」（『関西大学東西学術研究所紀要』七号掲載、一九七四年）。
（12）利光註（3）前掲論文。
（13）『続日本紀』霊亀二年八月己巳条。
（14）小島憲之『上代日本文学と中国文学』上巻（塙書房、一九六二年）。
（15）井上註（2）前掲論文。
（16）『続日本紀』霊亀二年五月庚寅条。『武智麻呂伝』。
（17）『武智麻呂伝』。
（18）利光註（3）前掲論文。
（19）利光註（3）前掲論文。中西康裕「『続日本紀』の薨卒記事について」（『関西学院史学』二十五号掲載、一九九八年）。
（20）『続日本紀』養老三年正月壬寅条。
（21）『続日本紀』霊亀二年九月丙子条。

(22)『続日本紀』養老二年十二月甲戌条。
(23)『続日本紀』養老三年七月庚子条。
(24)小島註(14)前掲書。秋本註(2)前掲論文。
(25)井上註(2)前掲論文。
(26)菊地康明氏は、我が国固有の総領制も根底にあったとされておられる(「上代国司制度の一考察」『書陵部紀要』六号掲載、一九五六年)。
(27)『類聚三代格』巻七、牧宰事。
(28)坂元義種「按察使制の研究—成立事情と職掌、待遇を中心に—」(『ヒストリア』四十四・四十五合併号掲載、一九六六年)。
(29)『続日本紀』養老三年七月庚子条。
(30)『続日本紀』神亀元年四月丙申条。
(31)『続日本紀』養老二年九月庚戌条。
(32)『武智麻呂伝』。
(33)『続日本紀』養老五年正月壬子条。
(34)中川収「藤原四子体制とその構造上の特質」(『日本歴史』三二〇号掲載、のち『奈良朝政治史の研究』所収、高科書店、一九九一年)。
(35)『続日本紀』養老五年四月乙酉条。
(36)『続日本紀』養老五年十月戊子条。
(37)『続日本紀』養老七年二月戊申条、神亀元年二月壬子条。
(38)『続日本紀』養老七年二月戊申条。

(39)『続日本紀』神亀元年二月壬子条。
(40)金井註(3)前掲論文。
(41)利光註(3)前掲論文。
(42)『続日本紀』神亀三年十月庚午条。
(43)直木孝次郎「天平十六年の難波遷都をめぐって―元正太上天皇と光明皇后―」(『難波宮址の研究』六号掲載、のち『飛鳥奈良時代の研究』所収、塙書房、一九七五年)。
(44)直木註(43)前掲論文。
(45)木本「藤原武智麻呂政権の成立―野村氏の房前重視説への反論を中心として―」(『奈良朝政治と皇位継承』所収、髙科書店、一九九五年)。
(46)林陸朗「天平期の藤原四兄弟」(『国史学』一五七号掲載、一九九五年)。林陸朗「藤原四子体制と藤原麻呂」(『日本歴史』五六三号掲載、一九九五年)。
(47)木本註(45)前掲論文。
(48)『続日本紀』神亀五年八月甲午条。
(49)中川収「続・藤原武智麻呂と藤原房前」(『政治経済史学』三四七号掲載、一九九五年)。
(50)岩橋小弥太『上代官職制度の研究』(吉川弘文館、一九六九年)。
(51)野村忠夫『律令政治の諸様相』(塙書房、一九六八年)。
(52)林陸朗「巡察使の研究」(『上代政治社会の研究』所収、吉川弘文館、一九六九年)。
(53)『国史大辞典』(吉川弘文館、一九八八年)「鎮撫使」(坂元氏執筆)の項目。
(54)北啓太「天平四年の節度使」(『奈良平安時代史論集』上巻所収、吉川弘文館、一九八四年)。
(55)瀧川政次郎氏は、防衛というようなものではなく、積極的な新羅征伐の準備として考えておられる(「山陰道節度

使」『国学院大学紀要』十五巻掲載、一九七七年)。
(56) 平川南「鎮守府論1─陸奥鎮所について─」(『東北歴史資料館研究紀要』六号掲載、一九八〇年)。
(57) 奥田尚「天平初期における日羅関係について」(『日本史論集』所収、吉川弘文館、一九七五年)。
(58) 鈴木靖民『古代対外関係史の研究』(吉川弘文館、一九八五年)。
(59) 『懐風藻』。
(60) 『万葉集』巻六、九七一番歌。
(61) 鈴木註(58)前掲書。
(62) 『続日本紀』天平六年四月壬子条。
(63) 八木充「藤原広嗣の叛乱」(『山口大学文学会志』十一巻二号掲載、一九六〇年)。
(64) 竹尾幸子氏は、このような鎮長クラスは大宰府を通して中央公権力と密接につながってはいたが、在地的伝統がなかったために、軍団兵士との連携にも乏しく営兵は容易に捕獲されたといわれる(「広嗣の乱と筑紫の軍制」『古代の日本』3九州所収、角川書店、一九七〇年)。長洋一「広嗣の乱と鎮の所在地」(『九州史学』七十九号掲載、一九七九年)。田中正日子「九州における律令支配と官衙」(『古代文化』五十巻五号掲載、一九九八年)。
(65) 林陸朗『完訳注釈続日本紀』第二分冊(現代思潮社、一九八六年)。
(66) 横田健一「天平十二年広嗣の乱の一考察」(『白鳳天平の世界』所収、創元社、一九七三年)。
(67) 竹尾註(64)前掲論文。
(68) 栄原永遠男氏は、一万の兵を広嗣と綱手の合流軍とみておられる(「藤原広嗣の乱の展開過程」『太宰府古文化論叢』上巻所収、吉川弘文館、一九八三年)。
(69) 坂本太郎氏は、『続日本紀』の記事に時間的経過の矛盾のあることを指摘され(「藤原広嗣の乱とその史料」『古典と歴史』所収、吉川弘文館、一九七二年)、栄原氏はそれを再構成されている(註(68)前掲論文)。

(70)『続日本紀』天平十二年九月癸丑条。
(71) 北註(54)前掲論文。
(72) 笹山晴生氏は、天平七年以来の疾疫、飢饉による人心の動揺が反乱を大きくしたと考えられ(「奈良朝政治の推移」『奈良の都―その光と影―』所収、吉川弘文館、一九九二年)、八木氏は郡司を含む豪族層が自己の在地支配を強化するために大宰府官人と付着していたから、広嗣の徴発に容易に応じ拡大したものと考えておられる(註(63)前掲論文)。
(73) 註(60)前掲。

付　宇合の生年について

——行年五十四歳・四十四歳説の検討——

一

式家に関する研究の嚆矢が「藤原四子体制と宇合」（『古代文化』四十四巻七号掲載、一九九二年）で、これはのちに拙著『奈良朝政治と皇位継承』（高科書店、一九九五年）第三章第二節に「藤原武智麻呂政権と宇合」と改題して所収（本書にも若干改稿し、以下に論述する宇合の生年に関する部分を削除して、第一章に再収している）したが、そこでは宇合の行年を四十四歳と理解し、持統天皇八年（六九四）出生説をとっている。ところがこれをご覧下さった上代文学者金井清一氏から、ご自身が著わされた「付、藤原宇合年齢考」（『万葉詩史の論』所収、笠間書院、一九八四年）をご恵贈いただいた。該論ではじめて金井氏が宇合の行年五十四歳説、天武天皇十三年（六八四）の出生を主張されておられることをしった。看過していたことをお詫びし、ご恵贈に感謝したい。

該論は緻密にして説得力に富むもので、なるほどと思わせるものがあり、多くのご教示を得た。しかし、私にも少し疑問に感ずるところがないわけではない。そこで思うところをいくらか述べてみようと思う。

二

さて本筋に入るまえに、この件についてすこし整理してみよう。宇合の年齢を直接しり得る史料としては『懐風藻』がある。『懐風藻』の写本には、（1）紀州家本・前田本・刊本（天和刊本とその系統の宝永刊本・寛政刊本）と、そして（2a）林家本・飯田本、（2b）群書類従本・尾州家本・脇坂本・来歴志本・陽春廬本・島原本・天理本・渋江本・彰考館本の大きく分けて二種類がある。前者が行年を「年三十四」とするのに対して、林家本などは「四十四」、群書類従本など以下は「年卌四」として相違をみせる。しかし、前者どおりに行年を三十四歳とすると、生まれたのが慶雲元年（七〇四）となり、①霊亀二年（七一六）に遣唐副使となったのが十三歳、②『万葉集』巻一、七十二番歌にのせる慶雲三年難波行幸の際に詠んだとされる「玉藻刈る沖へは漕がじ敷栲の枕辺の人忘れかねつも」[1]との歌をわずか三歳で詠んだことになる。そこで林家本・群書類従本などを典拠とする四十四歳説が一般に通説となっている。

ところが金井氏は、契沖が『万葉代匠記』精撰本に、現在は存在しないようであるが五十四歳とした『懐風藻』をみて記したであろう五十四歳説をうけ、沢瀉久孝氏が流布本の「三十四」の「三」は、「五」の誤写であるかもしれないとして五十四歳を想定したのを、「可能性がなくはないと思う」として、いくつかの論証をあげて五十四歳説を積極的に展開されておられる。その主張するところを筆者の理解でまとめてみると、以下のような（A）（B）と(a)〜(d)の六点になる。

（A）さきにも掲げた『万葉集』にのせる「玉藻刈る……」の歌であるが、五十四歳説に従えば二十三歳のときのものとなるが、四十四歳説だと十三歳となり、「枕のあたり忘れかね」（金井氏引用のまま）の表現などは十三歳の少年の詠んだものとするには抵抗感があるとする。

同様のことはすでに『全註釋』も『注釋』『全注』、そして『釋注』も指摘し、その見解は『釋注』の言葉をかりれば「行年五十四と見て、慶雲三年、宇合二十三歳の詠とするのがおだやかであろうか[2]」というのに収斂されるようである。ただ『全注』のみは「宇合の名で誰かが詠んだという考えも立てておくべきか」とする。しかし、この歌については『考』『略解』をうけてであろう、『全註釋』が「この官氏名は、後人の記入であるかも知れない。目録には作者未詳とある。目録を作った時（『釋注』は天平十七年の編纂以降まもなく作製されたとする、筆者注）には、この官氏名は無かったもののようである[3]」というように、確かに目録には「作主いまだ詳ならざる歌[4]」とあって、作者が宇合であったかどうか疑わしいことが指摘される。対して沢瀉氏は「本文の左注に明記する作者名を削って目録による事は本末顚倒である。やはり今の場合も作者宇合として考察を加ふべきであり[5]」として、宇合作者説を強調される。

もちろん目録に「作主未詳歌」とあったしても、左注に宇合とあるのであるから、宇合ではないとはいえない。しかし、左注は一般的には題詞よりも信憑性に欠けるといわれており、その左注も「式部卿藤原宇合」と極官を記してあって作歌時のものではなく、後のものであるから、その点では確実性は低くなる。やはり作者は宇合としても、その疑念の残ることは指摘しておきたいし、「本文にもとづくことの確実な目録こそかえって本なのだから、これを信用して、宇合説をしりぞけ、（中略）作主未詳説によるのが順当な処置というものであろう[6]」との大野保氏の見解もあることを紹介しておく。

また宇合は、金井氏も「自己の漢詩集を編んだ最初の日本人であって、その詩集二巻は今に伝わらないが、尊卑分脈は彼を評して『独爲翰墨之宗』と言っている」といわれるくらいで、かつ『万葉集』にも歌が採られるほどの文才のあったことを考えれば、文学的にも早熟であったと理解できるし、また「枕のあたり忘れかねつも」というのも、『義解戸令』聴婚嫁条に「凡そ男の年十五、女の年十三以上にして婚嫁することを聴せ」とあることを思えば、金井氏のいだく抵抗感も霧散するというわけにもいかないが、あまり驚くものでもないように思う。このころの男女が、われわれの概念と異にして思いのほか早熟であったことも考慮せずばなるまいと思う。

（B）つぎに金井氏はいう。『藤氏家伝』は、武智麻呂が天武天皇九年（六八〇）に生まれて、その直後に「幼くして其の母を喪ふ」と記しているが、『尊卑分脈』によると宇合の母は武智麻呂と同じ蘇我（石川）娼子であるから、娼子が宇合を生んでからのちに死んだということになる。そうすると娼子は武智麻呂が十四歳（金井氏は満年齢を用いるか）のときまで生存していたことになるから、「幼くして其の母を喪ふ」という記述は不適当であると。しかし、五十四歳説をとり、娼子が宇合の産褥で没したとすると、（それは武智麻呂四歳のときとなって）その疑問は解決されるとする。確かにそのとおりである。

これについては、中川収氏の「これは武智麻呂の温良な人柄を強調する修飾語だったと判断される(7)」との見解もあるが、ここは角田文衛氏が「これは甚だしい誤りである。娼子は天武九年に武智麻呂を、翌年房前を生み、間もなく他界したのである。それは『家伝』（下）に、『幼にして其の母を喪ふ』とあることによって明らかであろう(8)」と述べ、『尊卑分脈』の記すところを否定して、宇合の生母については全く不明というしかないとされるのが、一般的な理解ではないかと思う。林陸朗氏も「これによる限り十数歳もちがう宇合の生母は別人ということになろう(9)」としている。角田・林両氏の記述は、四十四歳を前提とするが故のものであるが、私はかならずしもこの両氏の見解が誤ったものとは思わない。前著にも、角田説をうけて、その見解を示した。少し長くなるが、以下に引用してみる。

これについては、『尊卑分脉』の信憑性とともに、『家伝』下、すなわち『武智麻呂伝』の「幼にして」の記述を、具体的には何歳ぐらいと考えるかである。武智麻呂が生まれたのは、薨伝に五十八歳で薨じたとあるから逆算すると天武天皇九年(六八〇)のことで、これは宇合の生誕時に武智麻呂が十五歳であったことになる。当時の常識からいって作者の延慶が十五歳を「幼にして」として記述したとは考えがたいことから、やはりこれは角田氏のいうように、宇合の母を娼子とするのには難しいところがあるように思う。

これによって金井氏の疑問は氷解はしないが、以下に詳細に論じるように、総体的には四十四歳説のほうに妥当性があるから、正史などに確認できないものごとを、七百年後の十四世紀末に成立した『尊卑分脉』(史料としての詳しい評価についてはここでは直接触れないが、全幅の信頼をおくということはできない)の記述のみによって絶対的なものとして理解するのは危険ではないかと思う。武智麻呂・房前の母は、不比等の嫡妻であったからその名がよくしられており、また麻呂の母藤原五百重娘は、不比等の妹であり、かつて天武天皇の夫人として新田部親王をも生んでいたことから、これもよくしられていた。しかし、宇合の母は妾妻であったがために後世には忘れ去られていたのであろう。そこで『尊卑分脉』の系図作者は、宇合の母を武智麻呂・房前と「同母」、つまり石川娼子としたのではないかと思う。『尊卑分脉』にのせる「藤氏大祖伝」のうち、「武智麿伝」には「母は大紫冠蘇我武羅自古大臣の女娼子娘なり」、「房前卿伝」にも「母は上と同じ」として、その母を石川娼子と明記し、「麿卿伝」も「母は大織冠内大臣の女五百重夫人なり」と掲記するのに対して、「宇合卿伝」のみ母の記述がみられないのは、このことを反映しているのではないかとも思う。

金井氏は、(A)(B)を論拠として五十四歳説を説かれたあとに、さらに以下の(a)~(d)の四点をあげて五十四歳説を傍証(「問題点の後始末」という表現であるが)しておられる。

(a)　宇合は遣唐副使になっているが、五十四歳説でいうと、それは三十三歳のときにあたり、奇しくも天平宝字五年(七六一)に同じく遣唐副使に任じた石上宅嗣[10]と同じ年齢であるとされる。たしかに副使任命時の年齢は、金井氏のいうとおり宅嗣だけではなく、北家の左大臣藤原魚名の長子である鷹取なども三十歳をすぎて任じられており、三十歳未満をもって任ずる例は少ないと思う。

しかし宇合と宅嗣では、その時の政治条件や立場も違い、またほぼ半世紀もへだてているから、そう簡単に比較はできない。ましてや年齢を基準に大使・副使を選んでいるわけでもない[11]。官位相当が基準となっているのである。そこで副使任命時の官位をみてみると、慶雲四年(七〇七)三月に任じた巨勢邑治、天平四年(七三二)八月の中臣名代、天平勝宝二年(七五〇)九月の大伴古麻呂[12]らは従五位下で、天平宝字五年十月の宅嗣や同六年三月に宅嗣罷免ののち後任となった藤原田麻呂らは従五位上とみえて、副使の官位相当は従五位上もしくは従五位下であったことがわかる。

宇合が副使に任命された時はどうかというと、『続日本紀』霊亀二年八月癸亥(二十日)条によれば「正六位下」とある。しかし、さきに例示したように副使は従五位下が相当という意識があったのであろう、二十六日になって宇合のみを二階昇叙させ「従五位下」に叙している。これは若いが故にいまだ「正六位下」にとどまっていた宇合を副使に任命したため、その従五位下という官位相当を考慮して急遽とられた処分であろう。この時の宇合の年齢は四十四歳説でいうと二十三歳となる。そこで宇合の兄弟の官位をみると、武智麻呂が従五位下となったのは慶雲二年十二月で二十六歳のとき、房前が武智麻呂と同じときであり、一歳年少であるから二十五歳、麻呂は養老元年(七一七)で二十三歳である。四十四歳説の宇合とはほぼ同年齢であって、宇合が二十三歳で従五位下相当の副使になったことと矛盾は生じない。のちにも述べるが、金井氏のいわれる三十三歳での従五位下叙位説だと、兄弟に比べて宇合のみが随分と遅い昇叙となって納得できなくなる。

それでは、どうして宇合をこのような若いときに官位を二階もあげてまで副使に任命したのであろうか。それは、たぶんこういう不比等の思惑があったのではないかと思う。宇合の帰国半年後に、不比等は唐制に倣って按察使を創設している。宇合自身も安房・上総・下総按察使に任じているが、これは唐国では宇合の入唐直前に施行されたもので、日本での施行はこれを見聞した宇合の意見によって導入されたものであることは第一章でも詳しく行論したところである。不比等は、宇合にこのような唐の政治制度を直接学んできて欲しかったのではないか。だからこそ若かったにもかかわらず、わが子のなかでも健康にめぐまれた宇合を副使に任命したのではないかと思う。

(b)　つぎにあげるのは、宇合が詠じた詩の内容と年齢との対比の問題である。金井氏は、『懐風藻』にある宇合の「常陸に在るときに、倭判官が留りて京に在すに贈る一首」にみえる「自我弱冠従王事。風塵歳月不曾休」との歌いだしの言葉をとらえて、「私は弱冠のときから国事に従事し、風塵の中に歳月を経て休むことがなかった」(「自二我弱冠一従二王事一」)と解釈し、以下のように考えておられる。「弱冠」とは二十歳のことで、ここにいう「王事」とは、四十四歳説でいう二十三歳のときに任じた遣唐副使のことではなく、五十四歳説でいうと副使に補任した三十三歳それ以前の、弟の麻呂が美濃介としてあったような国司の一員として地方へと赴任していた「弱冠」のときのことを表現しているとして、「王事」=「国司」、すなわち弱冠以来王事(国司)に従って風塵の中にあったといっているのだと理解されている。

しかし、「王事」を遣唐副使ではなく国司だ、ともいいきれないと思う。そこでよく詩をみてみると、日本古典文学大系本、また群書類従本・新校群書類従本も「自三我弱冠従二王事一」として、「我弱冠王事に従ひしより、風塵歳月曾て休まず」と読み下している。そうすると「私は弱冠のときに王事に従事してから、（のち地方官として）風塵の中に歳月を経て休むことがなかった」と解釈される。「自二我弱冠一従二王事一」と「自三我弱冠従二王事一」では、おのずから意味が違ってくる。つまり前者だと「私は二十歳のときから王事（国司）に従事して、地方官として風塵の中に……」「王事」＝「国司」であるが、後者だと「私は二十歳のときに王事（遣唐副使）に従事してから、（その後は）地方官として風塵の中に……」、「王事」＝「遣唐副使」とも理解できる。時はくだるが、清朝の顧炎武が古代から明代までを扱った『日知録』には、「凡そ大国に交はりての朝聘会盟征伐の事、これを王事と謂ふ。その国の事、これを政事と謂ふ」とみえている。これによれば、遣唐副使は「王事」、国司は「政事」ということになる。

もし、百歩譲って王事が国司を指すものだとしても、宇合のような蔭位の対象となる身分の者は二十一歳で出身できる規定であったから、「弱冠」の歳から「王事」（国司）には従事していたのである。そして蔭位によって蔭叙しても、それは六位クラスに叙されるわけであるから（現実に宇合は、副使補任前には蔭階正六位下の位にあった）、就く官職は八省の丞か大・上国の介というところになる。宇合の遣唐副使着任前の経歴は、六位以下の記事は採らないという正史の規定でしられてはいない[13]が、二十一歳の蔭叙直後にはかならず任官するから、国司の介あたりに任じていた可能性は十分にある。金井氏のいうように解釈しても、いっこうに矛盾はしないのである。

(c)　もうひとつ詩の内容の問題である。それは「悲不遇一首」の一節で、そこで宇合は、「老いて学は東方朔に類し、年は朱買臣に余るが、なお徒らに貧しいことを歎いているという」。朱買臣が妻に去られるほどの貧苦の中にようやく身を起こしたのが五十歳のときであるから、四十四歳よりも五十四歳が甚だ有利であるとする。四十四歳説だと、これを詩的誇張と理解するのが一般的であろうが、誇張するには無理な感じがあると、金井氏はいわれる。

確かに買臣は、『漢書』朱買臣伝によれば「今已四十餘矣。……後數歳、買臣随上計吏爲卒」とあり、金井氏のいうとおり五十歳近くになって世に出たことになる。しかし、この詩について林古渓の『懐風藻新註』は、宇合が不遇を慰める詩を贈ったこともある倭判官の立場で詠んだものであるとし、また釈清潭の『懐風藻新釈』、沢田総清の『懐風藻註釈』も誇大な不遇感の表明と、宇合が式部卿という高官にあった現実とのギャップから、宇合自身の境遇を詠んだものではないとしているくらいであるから、詩の内容がただちに宇合のことであると理解してよいか頗る疑念は残る。

もし、たとえこの疑念が排されたとしても、宇合が買臣のことをそこまで詳しくしっていたかどうか疑問であり、また自らの学識を万巻の書を誦したという東方朔に比するなどしていることからしても、日本古典文学大系本の「朱買臣の年齢に比することは誇張した表現である。……なお不遇を悲しむこの詩は、高官に進んだ宇合の経歴に比して誇張がある」[14]という理解もできるものと思う。これについて井実充史氏は詳しく検討され、この一文が、宇合自らが唐土から見出して将来した『駱賓王集』の巻五「詠懐古意上裴侍郎」中の一文である「三十二余罷、鬢是潘安仁、四十九仍入、年非朱買臣」に類似することを指摘し、その表現の背景には白髪が交じる年齢になったのに志をいまだ得ていないことに対する焦りと嘆きの感情があったとされている。そして「東奔西走し苦労の続いた生涯に対する嘆き、既に老年であるのに登用されぬ焦り、賢臣であるとの自負故の不満等が、誇張された言葉で主張されている」[15]との結論を提示されている。朱買臣が五十歳近くになって世に出たということに関しては、宇合自らが将来した『駱賓王集』の一節を引用したがゆえの文学的誇張と理解して、そう厳密に考えなくてもよいのではないかと思う。

(d)は、(a)でも触れたが、従五位下叙爵時の年齢の問題である。金井氏は、武智麻呂二十六歳、房前二十五歳、麻呂は二十三歳であるから、四十四歳説でいうと、宇合が従五位下となった霊亀二年は二十三歳であり、四十四歳説に有利であるが、注意しておかねばならないのは麻呂の従五位下二十三歳は早過ぎるもので、それは美濃介のときの美泉湧出という臨時昇叙の処遇があったからであって、この麻呂の二十三歳は比較対象にならないとする。そして麻呂も本来はもっと遅いはずで、宇合の従五位下二十三歳は早すぎて妥当ではないとする。

しかし、それは違う。さきにも述べたように、宇合も副使になったことによって正六位下にすぎなかったものが、一挙に二階昇って従五位下に叙されたのである。副使補任にともなうこの二階の昇叙がなかったら、従五位下に到達できるのは二十三歳などではなくて、権臣不比等を父にもつ身であっても、それは早くても武智麻呂や房前と同じ二十五〜二十六歳になったはずである。これについて金井氏はさきに述べたのにつづいて、それにしても「(五十四歳説と解すると武智麻呂・房前の二十五〜二十六歳に比べて宇合の)三十三歳は遅すぎるが、その理由は目下のところ不明とする他ない」との五十四歳説にとっての危惧を示されるが、このことはこの説明で解決するものと思う。

また宇合の従五位下昇叙が二十三歳であるとすると、不比等寵愛の房前よりも早くなり納得できないともされるが、房前が従五位下となった慶雲二年から宇合のそれの霊亀二年まで十二年もたっており、不比等も従二位・大納言から和銅元年の政権確立期を経て、正二位・右大臣ともなって政治的発言力も大きくなっていたことに加えて、副使任命にともなう一挙二階の昇叙が、結果的に房前の従五位下叙位二十五歳より早くなった理由と理解すれば、この疑問もかえって納得できる。

また最後に金井氏は、前述のように契沖のみた『懐風藻』の写本には「五十四」とあったらしいことから、行年「三十四歳」は、「五」が「三」と誤写されたためであり、それゆえに紀州本・刊本などに「三十四」とある意味をもっと重視すべきで、林家本・群書類従本などの他本との校合によって「三」を「四」と安易に訂正するだけでよいのかといわれる。しかしこのことについて、かつて大野保氏は、契沖が『万葉集』巻三、仙柘枝歌三首に『懐風藻』から吉野の詩八首を引用しているが、そのうちの三首の欠字になっている部分は、天和刊本とまったく同じであるのみならず、返り点や送りがなも、自らの見識で正したもののほかはすべて変わりなく、ゆえに契沖の使用した『懐風藻』は天和刊本に疑いがないとされている。(16) よって契沖が「五十四」としたのは、天和刊本に「三十四」とある「三」を「五」と見間違えたからであり、「五十四」とする『懐風藻』の写本・刊本のあったことはいまのところ確認できない。このことからして「五」が「三」に誤写されたという金井氏の理解は納得できない。それよりも私は「三十四」と誤写されたのは、紀州家本などの祖本に、群書類従本などと同じように「卅四(四十四)」とあったのが、「卅四(三十四)」としてタテの一画が欠けて書写され、それがのち「三十四」として伝写されたと理解するほうが可能性としては高いと思うし、このような誤写が具体的事例として多いことは周知のとおりである。

三

以上、金井氏の主張される五十四歳説の論拠について思うところを述べてきたが、最後に四十四歳説に有利となるであろう事実をあげてみよう。宇合には、広嗣・良継・清成・田麻呂・綱手・百川・蔵下麻呂ら九男のあったことがわかるが、その中で出生時がはっきりしているのは、二男良継の霊亀二年(七一六)、(17) 五男田麻呂の養老六年(七二二)、(18) 八男百川の天平四年(七三二)、(19) 末子九男蔵下麻呂の天平六年(七三四)の四人である。長子の広嗣ははっきりしないが、稲光栄一氏は和銅四年(七一一)と説かれ、(20) 野村忠夫氏は同七年(七一四)と仮定しておられる。(21) 長子の広嗣と二男の良継は、ともに石上麻呂の娘である国盛(咸)大刀自の所生とされているから、広嗣の出生は、良継の霊亀二年よりもそうは遡らないとすると、和銅四年は少し早いようで、野村氏のいう和銅七年頃が妥当かと思われる。[22] [23]

和銅七年と仮定すると、五十四歳説だと、宇合が長子広嗣をもうけたのが三十一歳、以下、良継三十三歳、田麻呂三十九歳、百川四十九歳、蔵下麻呂五十一歳となって少し遅いような気がする。しられているだけでも国盛(咸)大刀自ら五人の女性とのあいだに九人の男子に加えて女子をいれると十人以上の子供にめぐまれた宇合が、三十一歳まで子供をもたなかったとは思えない。四十四歳説だと広嗣の出生は宇合の二十一歳のときであって、五十四歳説の三十一歳よりも穏当な理解であるように思うが、どうであろうか。

金井氏の卓論に導かれながら、私の思うところを披瀝した。妄論に終始したのではないかとの危惧の念をもっているが、もしそうだとすると金井氏にご寛恕を願ったうえで、大方のご教示を賜りたいと思う。

（1）　この七十二番歌を含む一連の歌(六十四～七十五番歌)は、①「慶雲三年丙午、難波の宮に幸しし時」(六十四・六十五番歌)、②「太上天皇、難波の宮に幸しし時の歌」(六十六～六十九番歌)、③「太上天皇、吉野の宮に幸しし時」(七十番歌)、④「大行天皇、難波の宮に幸しし時の歌」(七十一～七十三番歌)、⑤「大行天皇、吉野の宮に幸しし時の歌」(七十四・七十五番歌)に区別される。④は文武天皇のことを大行天皇としているから、④と①②は、別の資料に基づいているのであろう。異なる時期の歌とも思われるが、文武は翌年六月に崩じているから、この慶雲三年九月以降にもう一度難波宮に行幸したとも思えないから、①②④ともに慶雲三年九月の時の歌と考えてよいと思う。①を掲げたから同行した持統太上天皇を主体に表記した②もあげ、同じ持統太上天皇だから③を載せて、①

を考慮して、同じ行幸時の歌を記した別の資料に基づき④を収め、④と同じ資料にあった⑤を、③と同じ吉野行幸歌であるのでひきつづいて掲げたというのが、この六十四～七十五番歌の構成意向であろう。

（2）伊藤博『萬葉集釋注』第一巻（集英社、一九九五年）。

（3）武田祐吉『萬葉集全註釋』第一巻（角川書店、一九五六年）。

（4）元暦校本と神田本（紀州本）には、作者名はない。西本願寺本には、「作主未詳歌」の下に小字で「式部卿藤原宇合ィ」とあって、異本による校合であろう注記があるから、当初は作者名がなかったものと思われる。

（5）沢瀉久孝『萬葉集注釋』第一巻（中央公論社、一九五七年）。

（6）大野保「『宇合』年齢考」（早稲田大学『国文学研究』五十八集掲載、一九七六年）。

（7）中川収「藤原武智麻呂と藤原房前」（『古代文化』四十五巻八号掲載、一九九三年）。

（8）角田文衛「不比等の女たち」（『平安人物志』上巻所収、法蔵館、一九八四年）。

（9）林陸朗「天平期の藤原四兄弟」（『国史学』一五七号掲載、一九九五年）。

（10）木本「石上宅嗣の遣唐副使罷免について」（『続日本紀研究』三〇二号掲載、一九九六年）。木本「石上宅嗣と藤原式家―宅嗣と藤原良継・百川兄弟―」（『政治経済史学』三四四号掲載、一九九五年）。

（11）森克己『遣唐使』（至文堂、一九六六年）。加藤順一「対外交渉において官人の外貌が有する政治的性格」（『名古屋明徳短期大学紀要』十一号掲載、一九九六年）。石井正敏他『遣唐使研究と史料』（東海大学出版会、一九八七年）。

（12）本書、第二章。

（13）美濃介としての麻呂の記事が特に『続日本紀』に採られたのは、美泉湧出という瑞祥による臨時叙位のためであったからである。

（14）小島憲之『懐風藻　文華秀麗集　本朝文粋』（岩波書店、一九六四年）。

(15) 井実充史「藤原宇合の不遇開陳の詩」(『東洋文化』復刊七十五号掲載、一九九五年)。
(16) 大野註(6)前掲論文。
(17) 中川収「藤原良継の境涯」(『北海道私学教育研究協会研究紀要』十二号掲載、一九六七年)。
(18) 木本註(12)前掲論文。
(19) 本書、第三章。
(20) 稲光栄一「藤原広嗣の乱に関する一考察」(『歴史教育』六巻六号掲載、一九五八年)。
(21) 野村忠夫「藤原式家」(『奈良朝の政治と藤原氏』所収、吉川弘文館、一九九五年)。
(22) 木本「石上乙麻呂と橘諸兄政権―乙麻呂配流事件の政治史的考察―」(『奈良平安時代史の諸相』所収、高科書店、一九九七年)。木本「石上乙麻呂と橘諸兄政権―乙麻呂と藤原宇合・広嗣―」(『奈良朝政治と皇位継承』所収、高科書店、一九九五年)。
(23) 木本「藤原広嗣の乱について」(『奈良朝政治と皇位継承』所収、高科書店、一九九五年)。

第二章　藤原田麻呂

はじめに

藤原式家の祖、宇合は『懐風藻』に、

我弱冠王事に従ひしより、風塵歳月曾て休まず。帷を褰げて独り坐る辺亭の夕、榻を懸けて長く悲しぶ揺落の秋、琴瑟の交遠く相阻り、芝蘭の契接くに由もなし。

との詩を詠じて、東奔西走するわりには不遇な官人生活を歎いている。宇合には、広嗣、良継、清成、田麻呂、綱手、百川、蔵下麻呂などの息子がいたが、その中で最も父の宇合に似た官人生活をおくったのは田麻呂ではないかと思う。造宮、遣唐使、節度使、征蝦夷、大宰府関係など職歴も同じくするものが目につく。ここでは、奈良時代中末期の政治動向を述べつつ、田麻呂についてみていこうと思う。

一　田麻呂の出自と出身

田麻呂は太満侶とも書く。(1) 『続日本紀』延暦二年三月丙申条薨伝に、「参議式部卿兼大宰帥正三位宇合が第五の子なり。（中略）薨ずる時、年六十二」とみえるから、藤原宇合の第五子として、養老六年（七二二）に生まれたことがわかる。持統天皇八年（六九四）生まれの父宇合は二十九歳、正四位上で、常陸守、また按察使となって安房・上総・下総三国を管していたころである。

母は、『公卿補任』天平神護二年条に「母勤大肆小治田朝臣幼麿の男牛養の女」とみえている。宇合は、田麻呂の母のほかにも、石上麻呂の娘で広嗣・良継の母である国（咸）盛大刀自[2]、高橋笠朝臣の娘で清成の母である阿祢娘[3]、百川の母である久米若女[4]、佐伯徳麿の娘で蔵下麻呂の母である家主娘ら四人の女性をいれている。小治田朝臣幼麿についてはよくわからない。『公卿補任』異本には小治田朝臣功麿とあるが、『尊卑分脈』は功麿の娘阿祢娘が藤原豊成の室となり、巨勢麻呂を生んだとあるが、巨勢麻呂は南家武智麻呂の息子であり、豊成の弟であるからどこか混同しているのであろう。

天平九年（七三七）八月、宇合が薨去する[5]。この時田麻呂は十六歳であって、もちろん出身してはいない。宇合の亡きあと、式家は長子の広嗣に引きつがれることになるが、このとき広嗣は野村忠夫氏によれば二十四歳を迎え[6]、翌九月にようやく従五位下に叙爵されるばかりであって、式部少輔への補任も翌年の十年正月[7]を待たねばならなかった。次兄の良継は二十二歳、出身したばかりであるが何の官職に就いていたかはわからない。広嗣は十年四月、式部少輔に加えて大養徳守にも任じたが、十年十二月には親族を讒乱したとして大宰少弐に左降され、その後十二年八月任地筑紫から吉備真備、玄昉を除くことを聖武に請うたが容れられず、九月のはじめ兵をあげてクーデターを起こした。二か月にわたったクーデターは、十一月一日に広嗣が肥前国松浦郡にて斬られて終熄する。田麻呂のすぐ下の弟綱手も広嗣に従っていたが、同じく斬られた。

式家では幼かった百川、蔵下麻呂を残して、次兄良継は伊豆国へ流され、十九歳であった田麻呂も、「薨伝」に

「天平十二年、兄広嗣が事に坐せられて、隠伎に流さる」とみえるように、謀反に連坐し、隠伎配流となった。令によれば、配流となれば妻は同従することが規定されていたが、父母の同従はみえていない。しかし母の小治田牛養の娘は生きていれば同従したかもしれない。十九歳から二十一歳まで青年として成長していく時期を田麻呂は隠伎でどのように過ごしていたのであろうか。『養老獄令』によれば、流人は鈦・盤伽を着けさせられ、役使の院からは出ることも禁じられ、兵士二人に警備されて過ごすことになっていた。粮食も二等親内からの援助は認められていたが、田麻呂の場合、式家のこの時の状況からするとどうであったかわからない。自作して粮食を得たかもしれない。いずれにしても隠伎での生活は、田麻呂にとって厳しいものであったに相違ない。[8]

そして天平十四年(七四二)、「薨伝」には「十四年罪を宥られて、徴還」とあり、「良継薨伝」にも良継が十四年に罪を免されたとある。何月かわからないが、たぶんふたりとも同じときであったはずである。兄の良継は帰京後、直ちに刑部大判事となり、政界に復帰したが、田麻呂は違った。「薨伝」には「蜷淵の山中に隠居して、時の事に預からず。志を釈典に敦ふして、修行を務となす」とあるように、世情とかかわることを拒否し、飛鳥の稲淵山中にこもり、仏教の修行三昧にふけったという。これは父宇合の死後、謀反による広嗣と綱手の誅殺、それに連座しての隠伎への配流、多感な少年期から青年期への成長期を配流地で、前述のような厳しい日々を過ごしてきたであろう「恭謙で、人と競うことを欲しなかった」というおとなしい性格の田麻呂に、広嗣の乱は大きな精神的影響を与えていたことを物語るものであろう。

その後に田麻呂が史料に姿を現すのは、天平宝字五年(七六一)正月のことである。『続日本紀』には正六位上から従五位下に叙せられたことがみえているので、もうこの時には出身していたことがしられるが、では出身したときにはいかなる官位に叙されたのであろうか。宇合は正三位に叙されていたので、宇合の庶子としての蔭階は従六[9]

位下である。正一位の祖父不比等の庶孫としての蔭階は正六位下であるが、不比等の正一位は追贈官位であるので、『大宝選任令』贈官条の規定によって一階降した従六位上となる。よって田麻呂は従六位上の蔭階でもって出身したものと推測される。

『続日本紀』は、本来は六位以下の官人についての記述は採らない。宝字五年正月に田麻呂がはじめて正史である『続日本紀』に姿を現したのはこのことによる。従六位上で出身して、従五位下に昇るまで、三階昇るのに田麻呂は何年を費やしたのであろうか。もちろん人によってそれぞれであろうが、同二年八月には淳仁の即位に伴う一階の臨時叙位もあったから、だいたい四~五年というところであろう。そうすると田麻呂は天平勝宝末年から天平宝字元年頃になって、自分の気持ちに整理をつけて出身したものと考えられる。田麻呂はこの頃、三十五歳にはなっていたはずである。天平十四年から天平宝字元年としても十五年ほど蜷淵に隠棲していたことになる。この十五年という長いあいだ田麻呂の生活はどのようであったろうか。隠棲生活から翻って出身することになったのには、越前、上総、相模と各国守を歴任してきた良継が、宝字元年に民部少輔をへて左中弁に任官し、また百川、蔵下麻呂ら弟も出身して順調に昇進し、式家の再興をはかっていたことが刺激となったものと思われるし、これらの兄弟からの誘掖もあったものと思う。

従六位上から従五位下までの五年ほどのあいだに田麻呂はどのような官職を経たのであろうか。出身した時の政界は、田麻呂自身が隠伎に配流される理由となった兄広嗣の反乱、その兄の仇敵橘諸兄の政治力も衰え、時は遷って従兄弟の南家仲麻呂が皇太后光明の支持のもとに権力を掌握しつつあった。隠棲していた田麻呂は、政界のその変容ぶりに驚いたかもしれない。もしかしたら田麻呂の遅れた出身は、天平宝字元年正月の橘諸兄の薨去や、七月の息子奈良麻呂の変による橘氏滅亡が契機となったのかもしれない。

二　藤原仲麻呂政権下の田麻呂

従五位下となった田麻呂は、天平宝字五年正月二十一日に粟田奈勢麻呂を首とした官人六人とともに保良京に派遣されて、諸司の史生以上の宅地を班給することに従事しているが、この時の『続日本紀』の記事には礼部少輔に在任していたことがみえている。[(10)]田麻呂の礼部少輔補任が『続日本紀』にみえないのは、六位以下官人不載の原則によったためであろうから、礼部少輔補任は従五位下に昇った宝字五年正月二日以前のことと思われる。田麻呂の前任者でわかっているのは大原今城であるが、今城は元年六月十六日に任じて二年七月までの在任が確かめられる。その間に誰かの補任があったわけではなく、田麻呂が今城を襲って任じた可能性が高い。『続日本紀』に補任記事を求めてみると、文部卿・少輔、仁部少輔、節部少輔などが任じられた四年二月二十日、信部大輔・少輔、義部大輔などの八省大少輔の補任のあった同年正月十六日のいずれかの可能性が高く、この時点ですでに礼部少輔に任じて一年を経ていたものと思う。

保良宮に宅地を班給してから十か月後、十月二十八日の詔には「平城の宮を改め作るがために、暫く移りて近江国保良宮に御す。是を以て国司史生已上事に供する者、并びに造宮使藤原朝臣田麻呂等に位階を加へ賜ふ」[(11)]とあって、造宮の功績として正四位上藤原御楯に従三位、従五位下田麻呂、巨曽倍難波麻呂、中臣丸連張弓に従五位上、正六位上椋垣吉麻呂、葛井根主に外従五位下が授けられている。御楯は保良宮のある近江国の按察使、[(12)]難波麻呂は近江介[(13)]であるから、「国司史生已上事に供する者」での昇叙である。中臣丸連張弓は三年十一月に造宮輔とみえている[(14)]から造宮関係での昇叙、椋垣吉麻呂、葛井根主はわからない。いずれにしても田麻呂は中臣丸連張弓とともに、「造宮使」として保良宮造営の中心人物であったことがわかる。

保良京の造営は、橘諸兄の恭仁京造営を意識して、藤原仲麻呂が則天武后・玄宗の北都・北京に倣い[15]、自己の勢力地である近江国に京を造営しようと企んだもので、三年十一月十六日に造宮輔中臣丸連張弓・越前員外介長野君足と六位以下官人五人を加えた七人に造営を命令している。そして五年正月二十一日には、宅地を班給し、十月には保良京への移居のための費用を給し、天皇淳仁は保良宮へ行幸している。そしてこの度の叙位である。これらのことからすると十月末には保良宮の内裏などの部分はできあがっていたのではないかと思う。田麻呂は、中臣丸連張弓らの任命後に造営の進捗を期して造宮使に補任されたのであろう。たぶん五年正月の宅地を班給したときにはすでに造宮使であったと思う。三年十一月以後、五年正月以前ということになる。

これを契機として田麻呂は保良造宮使を離れて、翌月の十一月十七日には南海道節度副使に遷じた。在任していた礼部少輔は、六年正月九日には中臣伊加麻呂が後任としてみえているから、たぶん造宮使か節度副使就任を転機として、その任からは離れていたのでないかと思う。この節度使は、渤海との軍事的提携のもとに新羅征伐を目的として創設されたと考えられ[16]、南海道は百済王敬福を使として、紀伊、阿波、讃岐、伊予、土左、播磨、美作、備前、備中、備後、安芸、周防等十二国の船百二十一隻、兵士一万二千五百人、子弟六十二人、水手四千九百二十人を管する。『続日本紀』には南海道使とあるが、播磨以下の山陽道七国も管理下においているから、本来は南海山陽道節度使というべきものであろう。この南海道節度使は、その営所をどこにおいたのであろうか。天平四年八月にも節度使は任命されているが、西海道節度使となった宇合は大宰府に、山陰道節度使となった多治比県守は出雲国庁にその営所をおいたらしいことがわかっている[17]。南海道節度使も十二か国のうちのどこかの国に置いたのであろうが、今となってはまったく見当がつかない。いずれにしても田麻呂は、その国へ赴任してはいないのではないかと思う。

この節度使に関しては、当初の六年正月二十八日には大宰府をして東海、南海、西海各道節度使料の綿の襖冑を唐国の新様で各二万二百五十具造らせたり、同年十一月には参議藤原巨勢麻呂らを香椎廟に遣わして新羅征伐のために奉幣したりしているが、七年になると八月には山陽・南海両道は干害が激しく、その影響でもあろう、節度使が罷められ、つづいて八年七月にも東海道使が停められている。干害とはいえ節度使が停止されたことは、もうすでに七年八月頃になると仲麻呂に新羅征伐の意思はなく、節度使の維持にも熱心でなかったことを示している。このことは東海東山道節度使の藤原恵美朝狩も、多賀城碑文(18)にみられるように、六年十二月頃には多賀城にあって下野国以南の国に所在していなかったことからもわかる。

そのこともあったろう、田麻呂は節度副使から六年三月には、遣唐副使となっていた石上宅嗣の罷免されたその後任に任命された。宅嗣の罷免理由については別稿で推考したことがある(19)。しかしこのときには『続日本紀』に「左虎賁衛督従五位上藤原朝臣田麻呂を以て副使となす」とみえて、すでに左虎賁督に在任していたことがしられる。『続日本紀』の条文からすると、田麻呂は五年十一月南海道節度副使となって、すぐ左虎賁督に遷任したものと思われる。左虎賁督とは左兵衛督のことで、前任者は五年十月に任じた藤原恵美辛加知であった。辛加知の遷任も史料で確かめられないことから、田麻呂の左虎賁督補任時もわからない。五年十一月から六年三月までの補任記事を『続日本紀』に拾ってみると、六年正月九日くらいしかみえない。このときの可能性の高いことだけを指摘しておく。

いずれにしても保良造宮使といい、新羅征伐にかかる南海山陽道節度副使といい、この左虎賁督補任といい、田麻呂はその勤務ぶりを評価されていたのであり、仲麻呂にとって信頼できる官人であったといってもよいのではないかと思う。田麻呂の前任者辛加知が仲麻呂の息男で、比僚右虎賁督が従四位下でのちに仲麻呂とともに近江に敗死する養子の仲石伴[20]であったことを勘案するとき、その感は一層強い。この前後の兄弟の官位官職をみてみると、良継は「従五位上造宮大輔兼上野守」、百川は「従五位下智部少輔」、蔵下麻呂は「従五位下少納言」であって、田麻呂の「従五位上左虎賁督」は、次兄良継に比べても優遇されており、仲麻呂政権下に重く用いられていたことの証といえると思う[21]。

また宅嗣の後任として遣唐副使となったのも仲麻呂に認められていたことによる。本来、遣唐使は唐にあっては日本を代表する使節として儀容を整える必要があり、使節には経史をよみ、容姿温雅なる人材が登用されてきた[22]。宅嗣[23]は今更説明する必要もあるまい。奈良朝後期にかけて淡海三船とともに文人を代表する官人である。ただこの度の遣唐使の主目的は、先に入唐して帰国できずにいる藤原清河を迎えるためのものであったが、前使の高元度が唐帝より安禄山の乱によって兵器を多く失ったことによって、弓を造るための牛角を求められたこともあって、七千八百隻を送付する任務も帯びていた。中川収氏はこのような任務もあるので、文官の宅嗣に代わって武官の田麻呂に替えられたのであろうとするが[24]、この事情は宅嗣の任じられる以前からわかっているのであるから、田麻呂が武官として任用されたというよりも、やはり遣唐使としての「経史をよみ、容姿温雅なる」ところが適ったというべきかもしれない。しかし容姿は別としても、いつ田麻呂は経史をよんでいたのであろうか。「薨伝」には蜷淵山中に隠居して「志を釈典に敦ふして」とみえているから、この十五年前後にわたるあいだに仏典とともに、外典でもある経史にもふれる機会があったのであろう。

しかし、田麻呂は入唐できなかった。翌四月に遣唐使船の船尾が破裂したこともあって、結局は判官中臣鷹主が節刀を賜い使人となったことにより、結果として田麻呂は副使を免ぜられたらしい。また六年十二月十四日付「雙倉北雑物出用帳[25]」には「従五位上左虎賁衛督」としての自署があって、そのまま左虎賁督を依然として帯任していたことが確かめられる。

七年正月を迎えて、田麻呂は美濃守に任じられた。三関国のひとつで枢要国の国守とはいえ、左虎賁督からの補任は厚遇とはいえない。兼官の可能性も否定できないが、確証はない。この七年正月の補任は、六十人以上にわたる大幅な人事異動であったが、殊に左右弁官局が右大弁の石川豊成を除いてすべて入れ替わって、また少納言ふたり、大外記の補任などもあったことから、太政官の実務職に焦点をすえた人事であったと考えてよい。この補任の性格づけは難しいが、仲麻呂派と思われている中臣清麻呂が左大弁に、同じく仲麻呂派の大原今城[26]が左少弁に、仲麻呂の乱に坐し無位に貶された粟田人成が右中弁に、また人成とともにやはり仲麻呂の乱に坐したと思われる紀牛養が右少弁に、いわば仲麻呂派でその要職を占めているから、仲麻呂の意図が反映された補任といえると思う。これは六年六月におきた上皇孝謙の国家大事賞罰の簒奪宣言に対して、律令政治体制に依拠して官僚機構を掌握することによって、孝謙の天皇大権に対抗しようとした仲麻呂の一方途であったといえよう[27]。

この田麻呂の美濃守任官が、左虎賁督との兼任でなければ、田麻呂は美濃へと赴任したことであろう。それが田麻呂には幸運をもたらしたかもしれない。四月に田麻呂は、兄良継が謀反を企んだとの風聞を美濃国庁にて聞くことになる。「良継薨伝」には「時に押勝が男三人並に参議に任ず。良継、位子姪の下に在って、益々忿怨を懐けり。乃ち従四位下佐伯宿祢今毛人、従五位上石上朝臣宅嗣、大伴宿祢家持らと同じく謀って太師を害せんと欲す。是において右大舎人弓削宿祢男広、計を知りて以て太師に告ぐ。即ち皆其の身を捕へ、吏に下して之を験するに、良継対へて曰はく、良継独り謀首たり。他人は曽て預かり知らずといふ。是において強ひて大不敬なりと劾して、姓を除き位を奪ふ」とある。田麻呂にとっては、広嗣の乱についでの兄の謀反である。兄弟に罪が及んだとしても不思議ではない。四十二歳の田麻呂にとっては、二十年前の悪夢が蘇ったに違いない。しかし、この事件は良継が「独り謀首たり。他人は曽て預かり知らず」といったこともあって広がりをみせず、今毛人らの解任のみにとどまって、その今毛人らも八年正月には、今毛人が営城監、家持が薩摩守、宅嗣が大宰少弐という三人とも九州への左降という処分で落着した。この事件がいつのことであったかについては、史料にはみえないが、中川収氏の明解な論文があって(28)、七年四月頃と解明されている。

田麻呂は美濃守にあること七か月にして東北に行くことになった。七月十四日に陸奥出羽按察使に任命されたのである。これまでの東北征伐は、六年十二月の参議昇任までは陸奥出羽按察使兼鎮守将軍の藤原恵美朝狩の領導のもとに進められ、出羽には雄勝城、陸奥には桃生城を建置し、神亀元年大野東人の創置した多賀城を修造したりしている。その朝狩の帰京後、東北政策は六年四月に陸奥守に就任し、閏十二月に鎮守副将軍ともなった田中多太麻呂に委ねられていた。そこに田麻呂が陸奥出羽按察使として着任したのである。ここに東北の治政は、田麻呂のもとに進められていくことになる。七年七月から、左中弁に任官して帰京する八年十月までを寒威厳しい東北で田麻呂はどのように過ごしたのであろうか。『続日本紀』をみても、この期間の東北政策に見るべきものはない。これは先述のごとく、朝狩の対応によって東北も一応の安定期に入っていたからであろう。

そして八年正月、田麻呂は正五位下に昇っている。この昇叙も田麻呂は遅く多賀城に聞くことになるが、この多賀城での官人生活がまたもや田麻呂に幸運をもたらすことになったのかもしれない。九月の仲麻呂の乱である。都にあれば田麻呂もなにかしらの影響をうけたかもしれない。本来、田麻呂は人と競うのを好まない恭謙な性格であったというから、このような事件に自ら進んで立ち入ることはなかったろうが、乱というのは好むと好まざるとにかかわらずふりかかるものであって、その点で僻遠の地にいた田麻呂にとってはよかったのかもしれない。この叙位の政治的性格については諸説がある。上皇側によるものであったとするのが一般的であるが、まだ仲麻呂の意思が反映されていたとのことは別稿[29]にてすでに論じたところである。この田麻呂の昇叙に仲麻呂の意思が働いていたかどうかはわからないが、従五位上に昇って二年余という期間を考慮すれば田麻呂にとっては順調なものであったといえると思う。

三　称徳・道鏡政権下の田麻呂

田麻呂が東北から平城の都に帰京したのは、天平宝字八年(七六四)十月に右中弁に補任されたからである。田麻呂が過ごした一年前後の東北での生活のあいだに、中央政界は大きな変化をとげていた。田麻呂が戸惑わなかったといえば嘘になろう。かつて自分を左虎賁督に任ずるなどして重く用いてくれた藤原仲麻呂は近江湖頭に誅殺され、代わって孝謙上皇の寵愛する僧道鏡が政界に実権をふるいつつあった。

しかし、この動乱は田麻呂をはじめとする式家官人には苦難をしいるものではなく、かえって官途にはよい展開をもたらす転機となった。長兄広嗣の憤死のあと、式家の代表者となっていた次兄の良継[30]も、同七年四月に佐伯今毛人・石上宅嗣・大伴家持らとともに謀った仲麻呂暗殺が露見して、姓を除かれ、位を奪われて不遇をかこっていたが、同八年九月の仲麻呂の乱の際にはただちに詔を奉じて兵数百を率いて仲麻呂を追討し、その功績によって従五位上から従四位下に加階、勲四等も授けられた。翌月にはさらに正四位上に叙せられ、宇合以来式家に縁のある大宰帥[31]に任じられるにいたった。

また弟の蔵下麻呂も、討賊将軍として上皇軍の勝利に大きく寄与し凱旋を奏するなどして、従五位下より一挙に従三位に叙せられている。この時、百川（雄田麻呂）はどのようであったのかはわからないが、良継・蔵下麻呂のふたりが仲麻呂との軍事的な衝突の中で果たした役割は大きく、そしてそれはその後の叙位をみてもわかるように孝謙によって高く評価されたことが理解できる。仲麻呂の乱で、このように兵を率いて実戦に参加し勲功をたてた藤原氏官人には、楓麻呂のようなものもいるが、『続日本紀』にみるかぎりでは、良継と蔵下麻呂の式家兄弟の活躍が群を抜いている。これは広嗣の乱の影響があって良継も田麻呂も配流となり、その後も良継は仲麻呂の殺害を謀ったことが露呈して追放されていたりして、式家が南北両家に比べて大きく遅れをとっている現状を打開し、式家を回復させようとして思いきった手段にでたからであると推察される。

十月二十日になって田麻呂が右中弁に補せられ、また同時に外衛中将となったのも、この動乱に活躍した兄弟である良継や蔵下麻呂の働きがあったからであろう。そしてこの動乱で、いままで政権の中枢にいた仲麻呂派官人の多くが誅殺・追放・失脚するなどしたために、地方官を中心に補任すべき官人が不足していたこと(32)も田麻呂にとっては幸運であった。

仲麻呂の叛乱をうけて混乱している政府の中にあって、文武の枢職である右中弁と外衛中将の両職を田麻呂が兼官したことは重要な意味をもっていると思う。当時の弁官局では、左大弁中臣清麻呂、右大弁石川豊成は残ったが、さきに述べたように仲麻呂派の官人で占められていた、その陣容の立て直しが急務だったことから、そこに田麻呂が補任されたことは期待されるものも少なくはなかったはずである。また衛府としては、授刀衛が孝謙上皇側に属したものの、中衛府は仲麻呂自身が大将として天平勝宝元年からこの年まで十五年も帯任していたことから仲麻呂派色が強く、新政府にとっては問題であったにちがいない。田麻呂が任じた外衛府は、正式には翌年の天平神護元年二月に官員と官位相当が定められているが、この年の十月九日に百済王敬福がすでに大将に任じていることがしられるから、仲麻呂の乱直前に上皇側の武力基盤として急遽編成されたものであろう。(33)それだけにやはり田麻呂が重視されていたものといえよう。

十月に入って、三・七日に論功行賞の叙位があり、仲麻呂の乱は一応の決着をみたが、これだけでは終息せず、九日になって天皇淳仁の淡路への幽閉が行われた。この淳仁の配流は、上皇が重祚を意図として行ったものであり、ここに皇嗣のいない老女帝が誕生することになったが、それは一方で皇嗣をめぐって政界に陰欝とした権力闘争の蠢動を産むこととともなった。十月十四日の詔には「人々己がひきひき此の人を立てて我が功と成さむと念ひて君の位を謀り、窃に心を通はして人をいざなひすすむこと莫れ(34)」とみえ、官人間での皇嗣をめぐる蠢動に厳制を加えている。また翌年三月には「復有る人は、淡路に侍り坐す人を率て来て、さらに帝と立てて天下を治めしめむと念ひて在る人も在るらしとなも念す(35)」とあり、また「諸人等、詐りて商人と称して多く彼の部に向ふ。国司察らずして、遂に群れを成す(36)」ともみえることからすると、官人らが京師から淡路に幽閉中の淳仁のもとに商人と偽って通い、復帰などを企てていたものと思われる。(37)上皇はこのような状況に対して、淡路守佐伯助に禁制を加えることを厳しく命じている。

このような不穏な政治状況を反映して、二月三日には中衛府も改革され、授刀衛は近衛府に改称整備され、新たに外衛府が制度化されるのである。そして五・八日には、新しい軍事職の陣容が発令されている。そこで注目されるのは、近衛大将に蔵下麻呂が任じられ、また田麻呂が外衛中将から敬福に代わって大将に昇格したことである。また中衛大将は吉備真備であったが、中将には石上宅嗣が補任されている。宅嗣は、広嗣・良継の母である石上麻呂の娘国盛(咸)大刀自の甥にあたり、広嗣・良継兄弟とは従兄弟という関係にあった。この時代にあっては従兄弟といっても、それはかならずしも良好な関係を保証するものではないが、前述のように宅嗣はかつて良継に同調して仲麻呂の暗殺を企み、露見して解任・左降の憂き目にもあっていることなどから、国盛(咸)大刀自を挟んで良継を中心とする式家とは良好な関係にあったことは別稿で詳しく論述したことがある(38)。

このように令制五衛府のうえに位置する三軍衛を、式家グループが掌握することになったことは、大きな政治勢力となって、これからの称徳・道鏡体制下での政治動向を左右しかねない状況となっていたことを示すものであろう。かつて赤羽洋輔氏は、この事実を「天皇・道鏡によって再編された軍制の頂点を共に式家兄弟が握っていることはこの時期の式家のあり方を考える上で興味深い事実である。仲麿の乱を媒介として式家は権力の異端者から逆に権力の懐刀になった観さえするのである。反道鏡の意志の有無にかかわりなく、ともあれ軍事力という側面から道鏡政権を成立・確立せしめ、その擁護の任に当たったのは式家であり(39)」ととらえられたのももっともなことであろう。

また田麻呂は、その間の正月には正五位上に叙せられている。その詔には「然るに此のたび賜ふ位冠、常より異に在り。かく賜ふ故は、(中略)うぢはやき時に身命を惜まずして貞しく明く浄き心を以て朝庭を護り奉侍る人等をこそは、治め賜ひ哀み賜ふべき物に在れとなも念す(40)」とあって、この叙位は特別なもので、仲麻呂の乱鎮圧に特に功績のあったものになすものだといっている。田麻呂は乱の時には東北の多賀城にいたものと思われるから、乱に際しては特別な勲功はたててはいないのではないかと思うが、遙任か何かの都合で在京していたのかもしれない。しかし実戦に参加し、鎮圧に功績のあった良継や蔵下麻呂がその直後にかなりの昇叙処分をうけていることを考えれば、現実には詔文にいうような「うぢはやき時に身命を惜まず」などの官人への「常より異に」した叙位ではなかったものと理解してもよいのではないかと思われる。

この年は全国的に食糧に窮するなど不穏な年であったが、政治的には八月に和気王の謀反を事前に察知して葬りさり、十月には淳仁に政治的圧力をくわえて淡路で死に至らしめたりして、上皇は自分に対する脅威をとりのぞくのに成功している。そして紀伊国玉津島に赴き、即位への意志を新たに公示するとともに、十一月には大嘗会に臨んで、また閏十月には道鏡を太政大臣禅師の位に任ずるなどして、政治体制の確立にむけて徐々に天皇としての主導力をましつつあった。その新体制づくりのひとつが、十一月二十七日に歿した政府の首班右大臣藤原豊成のあとをうけての永手を後継首班とする新議政官組織の構築であった。

そして、それは翌二年七月に文室大市と田麻呂、藤原継縄が新しく参議に加わったことによって達成されることになる。この時は先任参議として、従三位山村王・石川豊成・中臣清麻呂、従四位上宅嗣がおり、田麻呂とともに参議となった大市はすでに従三位の位にあったから、田麻呂の従四位下は参議有資格者とはいっても、そこは抜擢といってもよいであろう。ことに仲麻呂追討の功績もあり、正四位上にあった兄良継や弟とはいえ従三位にあった蔵下麻呂よりも先んじて、田麻呂が式家中でもっとも早く参議に昇ったことは注目される。

時に田麻呂は、『続日本紀』天平神護二年七月乙亥条には「外衛大将兼丹波守従四位下藤原朝臣田麿」とある。天平宝字八年十月には「外衛大将兼右中弁」で、天平神護元年正月には正五位上に昇叙したとみえる。いつ丹波守に任じ、従四位下に昇ったのであろうか。丹波守の前任者は、宝字八年十月二十日に任じた和気王(41)であった。その和気王は、神護元年八月一日に謀反が発覚して率川神社に隠れているところを捕らえられ、伊豆配流の途中に山背国相楽郡で絞殺されたから、そのあとを襲って神護元年八月以降に右中弁から遷任したのであろうことが推察される。和気王の与党として解任された大津大浦の後任として、美作守に巨勢浄成が任じられたのが神護二年五月二十三日以前のことであるから、田麻呂の丹波守就任もこれと同じときか、それ以前だとも考えてよい。

また従四位下についても、神護元年正月から二年七月までの間に昇ったものであるが、いつかはにわかに決めがたい。しかし参考となるのは、神護元年二月に外衛府の官員を定めたことである。これによると田麻呂の任じていた大将は、従四位上、中将でさえも正五位上が官位相当と定められている。大将の田麻呂が正五位上というのは、中将の官位相当である。かならずしも厳密に官位相当制が守られていたわけではないが、新たに制定された官職であってみれば、それを遵守しようとするのが常であろう。かといって正五位上から官制どおり一挙に従四位上にするわけにもいかず、この官制制定後の遠くないときに田麻呂は一階昇って従四位下に叙せられたのではないかと憶測する。しかし『続日本紀』にはこの頃の叙位の記事はない。田麻呂単独の昇叙とはあまり考えられないから、田麻呂の記事が欠落したとしても、その時に同じく昇叙した官人がいたとすると、その記事はあろう。神護二年二月十三日に道嶋嶋足が従四位下から正四位下を、十六日には従五位上藤原是公が従四位下を授かっているから、これらとともに田麻呂も昇叙にあずかったのかもしれない。

神護二年十二月十二日、称徳天皇は西大寺に行幸しているが、この時に田麻呂はその従者筆頭として従四位上に昇叙している。行幸に外衛大将としての働きがあったのかもしれない。赤羽氏は、天皇・道鏡によく信任されていたらしいといわれるが[42]、あるいはそうかもしれない。神護元年正月に正五位上に昇り、従四位下を経て、二年十二月に従四位上に叙せられたことは、仲麻呂の乱という動乱後とはいえ比較的早い昇進といえるであろう。

しかし、その後はしばらく田麻呂の動向はしられない。再び田麻呂が史上に姿をみせるのは、ほぼ二年を経て年号も改められた神護景雲二年十一月十三日のことで、大宰大弐に任じられた時である。この時に外衛大将には継縄が任じられ、五日後の十八日には日置蓑麻呂をもって丹波守に任じているから、この景雲二年十一月まで田麻呂は外衛大将兼丹波守に在任していたことが確かめられる。

大弐への補任について、栄原永遠男氏は「この人事は、このあとしばらくして起きる宇佐問題の布石であろう[43]」

とされているが、どうであろうか。栄原氏がいうのは宇佐八幡神託事件であるが、これに大弐として田麻呂が与していたということであろうか。たしかに神託事件は、大宰主神習宜阿曽麻呂が八幡神教としたからには大宰帥にも関わることであり、そこに道鏡の弟浄人が任じていることを考えれば、大宰府での実質上の責任者である田麻呂にもふくむところがあったと考えてもよいと思う。しかし少弐には、道鏡によって貶された三船やかならずしも道鏡とよい関係ではない家持もいたわけであるから疑問も感じる。

それでは大弐補任は、田麻呂にとってどのようなものであったろうか。外衛大将は、中央軍事職で、相当官位も従四位上である。それに比べて大弐は正五位上であることを考えれば、この人事は田麻呂にとっては悦ばしいものではなかったはずだと思う。栄原氏は、藤原氏では田麻呂がいっかんして重用されたといわれる(44)が、かならずしもそうとは思わない。赤羽氏は「道鏡全盛期の式家にとって特徴的なことは良継・田麻呂・蔵下麻呂等政権の確立期にあって抜群の働きを示した三兄弟が、次第に宝字から神護にかけて得た地位を解かれてゆき地方官を中心に補任される様になることである。田麻呂の外衛大将、良継の大宰帥、蔵下麻呂の左京大夫などの解任がその事実を示している(45)」といわれるのは確かな理解であると思う。

この時の任官を『続日本紀』は十九人と伝えているが、その補任記事のあとにつづけて「是日、官に任せられる者、多くは庭に会せず。省掌これに代りて唯を称す。是に式部・兵部の省掌に詔して、始めて把笏を賜ふ(46)」と記して、任官儀には任官する多くのものが参加せず、省掌に把笏を与えてようやく威儀を保ったということがしられる。どうして多くの官人が参加しなかったかの理由はわからないが、弟の雄田麻呂のように中務大輔に任じられながらも、すでに左中弁・内匠頭・武蔵守の三官職に在任したりしているものもあり、またその人事に内心は不満なことなども理由と考えられる。田麻呂なども後者に属する理由で、任官儀に参加しなかった可能性が高い。

このような式家官人排除の背景には、道鏡が藤原氏とは別に浄人、牛養、広方、秋麻呂、塩麻呂などの弓削一族のものや基盤地たる河内を出自とする氏族、例えば百済王一族や葛井道依、高丘比良麻呂らの官人に権力の基盤を移し求めていったことがあるのではないかと思う。

さて田麻呂の赴任について、中川収氏は「大弐の田麻呂も参議であって遙任である[47]」とされる。しかしそうではなかろう。大宰帥には道鏡の実弟で大納言・衛門督の弓削浄人が任じており、これには「兼大宰帥」とみえるから、もちろん遙任である。すると『職員令』にもあるように少弐に大宰府の責任を委ねるわけにはいかないから、栄原氏が「浄人は大納言兼衛門督で平城京を離れられなかった。田麻呂は大宰府に赴任した[48]」と述べられるように、参議とはいえ、田麻呂が京師を離れて九州に下向することになったはずである。そのことは大弐が兼官ではなく、帯任していた外衛大将も丹波守もあらためて後任が任じられて、その職から去っているのが確認されることからしても間違いあるまい。

田麻呂は、たぶん新年を迎えずに下向したのではなかろうか。その田麻呂を九州に迎えたのは、淡海三船と大伴家持のふたりであったはずだ。その前年の八月二十九日の補任において、三船と家持はともに少弐に任じられている。ここに大宰府の事実上の責任者の田麻呂の許に、下僚として三船と家持という、この期の和漢両才のふたりが揃ったことになる。田麻呂も、広嗣の乱に縁坐して、配流処分がとけたのちも官途につかず、「薨伝」に「蜷淵の山中に隠居して、志を釈典に敦ふ」したとあるから、仏典に詳しかったはずで、思いのほかこの三人は大宰府で親交を深めたのではないかと思う。

三船はかつて兵部大輔兼侍従の任にいたが、その年六月の東山道巡察使としての巡察のおり、下野国司の正税未納や官物侵犯を追及し、前介弓削薩摩を独断で禁固にする処分をとったが、このことが禍し、その罪を問われて大輔を解任され、少弐に左降されたのである。これには薩摩と同族で、その長である道鏡の政治介入が考えられるから、三船も納得のいくものではなかったはずで、田麻呂と境遇を同じくしている。また歌わぬ歌人となって久しい家持も、薩摩守からの遷任であったが、信部大輔（中務大輔）から薩摩守へと左遷されたのは、ほかならぬ田麻呂の兄良継が首謀者となって、仲麻呂暗殺を企てたのに加担したことが露見したからであった。その意味では家持も失意のうちにあり、三人それぞれに道鏡政権下において不遇な境遇にあったのである。

『公卿補任』は、この田麻呂の大弐補任を神護二年のこととするが、これは同じ二年であったことから天平神護と神護景雲とを間違えたからであろう。神護二年には同職に佐伯今毛人が在任していた。

四　式家主導体制確立期の田麻呂

宝亀元年（七七〇）八月四日、西宮寝殿にて称徳女帝は歿した。その直後に左大臣藤原永手、右大臣吉備真備、参議兵部卿藤原良継、参議民部卿藤原縄麻呂、参議式部卿石上宅嗣、近衛大将藤原蔵下麻呂ら六人が策を禁中に定めて白壁王を擁立することに決定する。この間の百川の働きなどを含めた詳細なことについては、かつて論じたことがあるので[49]、ここでは述べない。ただこの中に良継、蔵下麻呂、そして式家に近い宅嗣がおり、また近江国から二百騎の騎兵を呼びよせ朝廷を守備させ、それを管轄する騎兵司の長官に良継が就いていることは、白壁王擁立の中心が良継らであったことを顕著に示している。こうした式家官人が主導する新しい政府が、ただちに道鏡を下野国へ追放する措置をとったことは、道鏡と式家との関係がかならずしも良好ではなかったことがうかがわれるとともに、さきの赤羽氏の見解[50]のことが想定される。そしてそれはさきに検討したとおり、大弐として二年近くを大宰府で過ごした田麻呂にもいいうることであった。

八月二十一日に道鏡を追放した新政府は、翌日の二十二日に浄人を大宰帥から解任、土左国への配流処分とし、良継があとをついだ。そして二十八日には大弐に豊野出雲を任じて、田麻呂を得替解任、京師に(左衛士督として)呼びもどす人事を発表している。この人事をみても田麻呂の大弐補任は、道鏡らが田麻呂を遠ざけようとした意図にでていたことがわかろうというものである。

白壁王の、その即位にともなう叙位で、田麻呂は常例どおり一階昇って正四位下に叙された。天平宝字八年正月に正五位下となり、神護元年正月には正五位上、その後二年七月にはすでに従四位下に、二年十二月には従四位上と、一年間に一階のペースで昇叙を重ねていた田麻呂が、正四位下には四年間を費やしている。これはさきにも述べたように、道鏡政権下での後半期の不遇を示しているのではないかと思う。

帰京後、田麻呂はいかなる官職に就いたのであろうか。『続日本紀』宝亀二年閏三月戊子条には「左衛士督正四位下藤原朝臣田麻呂を兼参河守」とみえていて、この時にはすでに左衛士督に在任中であり、参河守をも兼任したことがしられる。左衛士督補任の記事はみえないが、景雲三年六月に任じた前任者の吉備泉が、『続日本紀』宝亀元年八月丁巳(二十八日)条によって同日、大学頭に遷じていることがしられるから、『続日本紀』は記事を落しているが、たぶん豊野出雲を大弐に任じたのと同時に田麻呂にも左衛士督補任の人事が発令されていたのであろう。そして田麻呂が左衛士督に就任したことによって、近衛大将に蔵下麻呂、右兵衛督の百川と軍事枢要職を式家で占めることになったのである。

宝亀二年二月になって左大臣の永手が歿した。これをうけて三月十三日には右大臣中臣清麻呂を首班とする政府が成立したが、ここで注目すべきは良継が内臣になったことである。二宮正彦氏は「従二位右大臣の清麻呂によって昇進の道をはばまれた良継は、ついに内臣を太政官の一官に流用し、……さらに藤原氏の総領権の象徴として、内臣就任を求めた(51)」とし、山本信吉氏も同様に理解する。(52)中川氏も「光仁天皇、皇太子山部親王擁立の実績等が大中臣清麻呂をして右大臣の職掌を実質的に保持させ得なかった(53)」といわれるように、太政官は良継の主導のもとに議政が進められるようになり、式家主導体制はまた一歩確立に向けて近づいたものと考えられる。またこの時、魚名が中納言を経ずして一挙に大納言になっているが、これについて瀧浪貞子氏は良継の内臣就任はむしろこの魚名抜擢をとりつくろうためのものであったとみてよい(54)として、良継の内臣就任よりも魚名の大納言昇格に注目されるが、どうであろうか。

魚名は宇合の娘をいれ、鷹取・鷲取・末茂をもうけたらしいから、良継とは義兄弟ということになり、そのための昇進かもしれず、式家と北家との関係を再考する必要性もあろう。

そして七月二十三日には田麻呂は参河守を兼任のままに、左衛士督から兵部卿に転じている。『公卿補任』が兵部卿の補任を「神護」二年のこととしているが、これも「宝亀」の年号と混同したのであろう。

十一月二十一日に光仁は太政官院で大嘗会を挙行したが、参河国が由機国とみえている。田麻呂が参河国守となったのは、二年閏三月のことであるから、秋の大嘗会をひかえて光仁を擁立した良継らが由機国参河国守に信頼できる弟の田麻呂をもって任じたのかもしれない。良継が参河国守に田麻呂を選んだ理由はこれのみではなかろう。この時良継は正三位内臣、蔵下麻呂でも従三位大宰帥にあった。それにひきかえ田麻呂は参議ではあったが、官位は正四位下にすぎなかった。これは野村忠夫氏が、「兄広嗣に連坐してからの蜷淵山中における隠棲が、官人としての昇進を大きく遅延させたと考えられる(55)」といわれるとおりである。良継にとっては自分を輔弼させ、式家主導体制を確立させるためにも百川はもちろん弟の蔵下麻呂や田麻呂の協力は必要不可欠であった。その意味でも田麻呂らのさらなる昇進は重要なことであった。由機・須岐国の国司はかならず叙位にあずかることになっていたことから、良継はこの機会に田麻呂を昇叙させるという意図をもって由機国守に田麻呂を任じた、またはその逆で田麻呂が参河国守として在任中なので由機国を参河国としたものと考えられる。

田麻呂は十一月二十六日に正四位上に一階昇ったのにつづいて、二十七日には由機の厨において、光仁から継縄とともに従三位を授けられている。継縄は参議兼外衛大将・但馬守であったから、具体的にどのように大嘗会にかかわっての昇叙なのかはわからないが、佐伯今毛人なども大嘗宮の開門に奉仕したとして昇叙にあずかっているから、何かしらの役割を果したのであろう。田麻呂と継縄は参議になったのも同時であることから、その関係には微妙なものがあった。

田麻呂を従三位におしあげた良継は、参議の多治比土作が歿し、吉備真備が九月に引退したのを機会に、十一月二十三日には宅嗣を中納言に、そしてついに百川をも参議に加えることをなしとげる。百川が参議に加わるのがここまで遅れたのは、すでに早くから田麻呂が参議となって、また良継も内臣としており、百川を加えると式家で三人が議政官となるからで、南北家への遠慮と少なからざる抵抗が予想されたからであろう。しかしこれを抑えて百川が参議に加わったことは、それだけ式家の政治力が大きくなっていた証拠ともいえるであろう。

このような式家の四家中での政治的優位性が、式家の南北京家に比べての早い家意識を現出せしめたと考えられるが、(56)互いに婚姻を通じているなどのこともあり、四家の人々がそれぞれ家意識をどれだけもっていたかは疑問である。よって家単位で一括して論じることには問題もある。しかし宮廷内の政治動向を考えるうえにおいては、ひとつの目安にはなると思う。そこで、この頃の太政官構成を示したのが、次頁の表である。

十二人の太政官構成員の中に、大中臣・石川・石上・阿倍の旧豪族が各一名含まれるものの、七人が藤原氏である。清河は唐にあって不在であるから六名、そのうち半数の三名が式家であり、そして兄弟である。ここに良継を中心とする「式家主導体制」はほぼ確立したといってもよかろう。このような式家主導の政治体制下で起きたのが、井上廃后・他戸廃太子事件である。これについては多くの先行論文があり、筆者も検討したところである(57)が、この事件に田麻呂がどのような立場にたっていたかはわからない。首謀者は百川に違いなく、それは良継も望みかつ勧めるところでもあったろうから、式家官人として田麻呂もすくなからず加担する立場にいたのであろうが、「薨伝」にみえるように「恭謙で人と競うことを欲しなかった」らしい性格からすると、積極的に関与していたとは思えない。まさにこのような策謀は百川をしてその本領とすべきであろう。

　翌三年四月になると、参議として北家房前の七男楓麻呂と京家麻呂の一男浜足が新たに加わることになった。これは式家は別としても、南家が縄麻呂・継縄の二人に対して、北家が魚名ひとりであったことへの配慮もあったのであろう。そしてこの時、参河守に多治比長野が任じられたことが『続日本紀』にみえるので、田麻呂が二年閏三月から一年余帯任していた参河守の任を解かれたことがわかる。

右大臣	従二位	大中臣清麻呂
内臣	正三位	（式）藤原良継
大納言	従二位	文室大市
〃	正三位	（北）藤原魚名
中納言	〃	石川豊成
〃	従三位	（南）藤原縄麻呂
〃	〃	石上宅嗣
参議	〃	（北）藤原清河
〃	〃	（南）藤原継縄
〃	〃	（式）藤原田麻呂
〃	正四位下	（式）藤原百川
〃	従四位上	阿倍毛人

　五年五月になると、蔵下麻呂と南家の是公が参議となった。ここに式家は議政官を四人輩出してゆるぎない勢力を築いたようである。十四人のうち藤原氏が十一人で、藤原氏の復権が加速し、清河をのぞいて南家三人、北家が二人、京家が一人である。七月になって文室大市が致仕を乞うて許されている。大市が歿するのが十一年十一月のことを考えれ

ば、式家主導体制が強固になって、大市のいる場所がすでになくなりつつあったからであろう。三年二月にも致仕を乞うているが、その前年の十一月には百川が参議となり、やはり良継・田麻呂・百川の三人が揃った式家主導体制の確立への基盤が整ったときにあたっている。この時には許されずして、大市も致仕はふみとどまったが、光仁の擁立時に真備が大市を擁立せんとして良継・百川と対立したこともあって、式家の大市への風当たりは強かったのではなかろうか。

このようにして徐々に式家主導体制が強固になっていく中で、五年九月には兵部卿に継縄が任じられている。すなわち田麻呂が兵部卿を去ったものと思われる。そのあとに参議以外の兼官をもったことが『続日本紀』にはみえない。兼官しそうな中務・式部・勅旨・民部・刑部の省卿には、議政官の魚名・宅嗣・縄麻呂・清河・浜足が兼官していて、そして宮内卿には大伴伯麻呂が、治部卿に藤原家依が、また大蔵卿には石上息継が在任している。武官としては、近衛大将が魚名、左兵衛督が継縄、右兵衛督には百川、左衛士督には是公、右衛士督は雄依、弁官は、左大弁が佐伯今毛人、右大弁は百川と、だいたい参議が兼官する職はふさがっている。残るのは弓削浄人が土左国に追放されたのち、六年十一月に家持が任ずるまで補任のみえない衛門督であるが、この可能性も少ない。この時の議政官で兼官をもたないのは、楓麻呂と田麻呂のみで、参議昇任の時から兼官をもたなかった楓麻呂と、田麻呂は同じに論じられない。田麻呂の兵部卿去任は、なにか他の理由での解任かもしれない。

そこで五年九月以前で、その理由となりそうな記事を『続日本紀』にさがすと、海道の蝦夷らが桃生城を襲ったことが目につく。鎮守将軍の大伴駿河麻呂は征夷を再度上奏し、ついに光仁はこれに応じて征討軍を発することを決定するが、その後に桃生城が侵略されて軍事的に不利となると、駿河麻呂らは翻って蝦夷の侵略を軽微なものととりつくろい、今は草木の茂るときで軍事行動にとって不都合であるという理由をもってして、さきの奏上を撤回して軍事行動の中止を求めたのである。この駿河麻呂のあい反する奏状について、光仁は『続日本紀』に「その軽しく軍興を論ひ、首尾計を異にするを以て、勅を下して深く譴責したまふ」(58)とみえるように、軍隊の動員を軽薄に論じ、その首尾一貫性のなさを駿河麻呂の責任として厳しく戒めている。

軍隊を動員するというのは、『義解職員令』兵部省条に「兵士を差発し、兵器・儀仗・城隍・烽火のことを掌る」とみえるように兵部卿の職掌である。割注によると兵士二十人以上を差発する場合には、『軍防令』に基づいて兵部省が差発すべき国と人数を勘録して太政官に申上したうえで天皇に奏上し、三関国なら契、それ以外の国なら勅で命令を下すことと規定されていた。

今回の場合、二度目の兵士差発要請があり、それをうけて七月二十三日に天皇からの討滅命令が下り、八月二日になって陸奥国の要請があれば、坂東八国に対して国の大小に随って五百人から二千人までの兵士を差発することを許している。この一連の措置について、坂東八国という国々と五百人から二千人までという差発すべき人数について勘録したのは、規定どおりであれば兵部卿の田麻呂であったはずである。駿河麻呂の譴責処分は、兵部卿である田麻呂にも及んで、このことで引責解任されたのかもしれない。

七年十月には、しばらく兼官をもたなかった田麻呂が摂津大夫を兼任することになったが、これは楓麻呂が六月に歿したための後任であって、かならずしも田麻呂をもって任ずべきものではなかった。このように三年に入って徐々に良継・百川を中心とした「式家主導体制」が確立するにつれて、つねに田麻呂とともに同じような官位・官職を経てきている継縄に比べても、なぜか田麻呂の存在感がうすれ、その足跡が史料の中にかすんで遠のいていくのはどうしたことであろうか。

そして八年正月になると、良継が内大臣になっている。内臣は食封のみ別格であったが、職掌などは大納言と同格であったので、ここに良継は名実ともに大臣になったことになる。よって、これからさらに政治的領導力を発揮することが期待されたのである。その良継の意図が反映されているのであろう、正月七日と十日には五位以上への昇叙が三十五人に、また二十五日から二十七日にかけて、五位以上の官人だけでも四十四人にわたる人事異動が発令されている。

ところが七月半ばから体調をくずした良継は、ついに九月十八日になって歿してしまう。これをうけて、永手の子である家依が参議に加わり、藤原氏は九人体制となったが、北家三人、南家が三人、式家が二人、そして京家が一人となって、「式家主導体制」の崩壊が始まった。十月十三日に行われた三十八人におよぶ異動は、その現れのひとつであろう。

五　式家主導体制崩壊後の田麻呂

宝亀九年になると、大伴伯麻呂が新たに参議に加わり、三月三日には魚名が良継のあとをついで近衛大将・大宰帥を兼任しながら内臣の地位に就いた。また魚名は、一か月もたたない三十日に内臣から忠臣というめあたらしい官職に、さらに十年正月には内大臣にのぼり、権勢を確かなものとしていく。式家では種継が近衛少将から左京大夫に遷り、百川が式部卿に加えて中衛大将となって、行政と軍事権の一角を抑えたものの、魚名の台頭に比べてその勢力の衰退は覆いかくせないものがある。

では式家に代わって、魚名が絶対的な勢力を獲得したかというとそうでもない。良継には光仁・山部を擁立したという大きい功績があったものの、魚名にはそれがなかった。この意味で魚名はあくまでも良継のぬけた穴を埋める存在でしかなく、また良継と大きく違ったのは、光仁・山部らの対応であった。田中正日子氏のいうように「良継の死後、光仁天皇がようやく官人の統領としての天皇の属性を強化してくる中で、魚名はもはや『忠臣』という名で私的に天皇権力の足下に入り込もうとしていた(59)」存在に過ぎないとの認識もある。

また政界は魚名の内大臣就任で安定したわけではなかった。百川を中心に宅嗣を含めた式家閥に山部皇太子を加えた政治勢力と、山部を廃して薭田親王を擁立しようとする藤原浜足グループ、そして氷上川継擁立をはかる大伴家持らのグループと分立している様相があり、魚名を中心とする北家勢力も絡んで、また大中臣清麻呂も政治力の維持に努めていた。

かかる政治状況のなかで、八年末から九年夏にかけて山部が病気に陥っていたことは、式家の百川・田麻呂にとっては頭痛のたねであった。八年十二月、幣帛を五畿内の諸社に遣わして回復を祈ったり、九年三月には東大・西大・西隆寺の各寺に誦経せしめたり、大赦して平復を願い、三十人の度者をだしたり、また幣帛を伊勢神宮に奉じたりしていることを考えれば、切迫した状況であったものと思われる。ここで山部が病死するなどのことになれば、光仁を立て、井上・他戸を葬り去ってまでして山部を皇太子に擁立し、そして式家の繁栄を願ったことが水泡に帰してしまいかねない。

このような危機的状況にある最中、摂津職から瑞祥の白鼠が献上されている。たぶん山部の病気回復を願い、この沈鬱な状況を払拭する気持ちをこめて、摂津大夫の田麻呂が行ったことであろうと思う。山部の病状は十月になって小康状態をえたのではないかと思う。二十五日には、平復しないということから伊勢神宮に宿禱するとして旅立っている。平復しないとはいえ、伊勢まで行くことができるようになったということは、もう病状がすでに「不余」などという危機的な状況から脱していたものと考えてよい。そして回復をえた山部が十年頃から、光仁とともに徐々に政治的発言力を強めていくようになっていく。

十年という年は表面上は大きな政治的な変化はみられないが、人事を詳しくみてみると、そこに各派入り乱れての勢力拡大方針の結果が現れている。魚名は内大臣となり、二月には息子の末茂を左衛士員外佐に、中務大輔となっていた鷲取は兼上野守に、鷹取は十月二十日に正五位下に、そして翌日に正五位上に叙するなどし、大中臣清麻呂も息子の衛門佐諸魚を兼下野守、中衛少将に、今麻呂を左兵衛員外佐に任ずるなどしている。

このような状況の中で、七月九日には百川が歿する。式家の勢力は百川の死によって大きく後退することになる。しかし田中氏の言葉を借りれば、「官人の統領としての天皇の属性を強化していた」(60)光仁天皇と山部皇太子は、良継と百川のあいつぐ死によって、その呪縛からいまや解放されるとともに、それに代わった新たなる魚名や清麻呂ら議政官勢力を抑制し、天皇権力の確立をめざすことになる。そのなかで重用されたのが、「薨伝」にも「恭謙にして物に競ふことなし」とみえるような温厚な性格のもちぬしの田麻呂であった。田麻呂が光仁・山部を擁立した式家の出身であって、その田麻呂を重用しても式家の現況からすると自分たちのめざす天皇権力の確立を妨げるものとはなりえないと光仁らはよんだのであろう。百川の死後二か月たった九月になって、田麻呂を摂津大夫から、詔勅文案の審署・覆奏・宣旨・上表の受納など天皇に密着する中務卿に任じたことが、何よりもそのことをよく代弁している。

そして光仁・山部にとって好都合であったのは、十二月に縄麻呂が歿したことである。縄麻呂は中納言で、勅旨卿・侍従に加えて中衛大将という政治的軍事的枢職にあったが、この年の九月には乙縄を参議に迎えて、継縄・是公を加えて、太政官十三人、藤原氏九人のうち、南家四人の首領として「薨伝」に「百川薨じて後、相継ぎて事を用ふ」とあるように、魚名に劣らない勢力を有していた。勅旨卿・侍従という、いわば天皇と密接な官職にもあったから、さきのように田麻呂を中務卿に任じたものの、自分たちの意図とするところがスムーズに運ばないこともあったのではないかと思う。縄麻呂の死によって、さきのことが田麻呂に一元化され、かつ南家も弱体化することになって、事態は光仁・山部の望ましい方向に進んでいたはずだと思う。十二月になって、田麻呂が縄麻呂のあとをうけて中衛権大将となったことは、このような理解がまちがっていないことを示している。

光仁・山部、ことに山部だと思うが、田麻呂への期待はさらに大きくなっていった。十一年二月には、田麻呂は中納言に登用される。また継縄も中納言に昇っている。参議への昇任も同じであったから、この二人の関係はさらに微妙であったようである。それと同時に宅嗣が大納言になったが、注目されるのは大伴家持、石川名足、紀広純という藤原氏以外の旧氏族の三人が参議に新しく登用されたことである。そして間断なく、三月には神王も参議に加わっている。この新しい太政官人事に、さきに述べた光仁・山部のめざす天皇権力の確立というものが次第に具現化しつつあったことがみてとれる。これには別稿でも述べたように、天皇としての政治権力を「式家体制崩壊後の南北家の闘争によって生じた政治的混乱に乗じて、中間派である旧氏族出自の官人や甥の神王を登用することによって確立しようとした光仁の意志がはたらいているものと捉えることができる(61)」と思う。

このような政治状況の中で勃発したのが、伊治呰麻呂の反乱である。光仁朝の大きな政治的課題でもあった蝦夷政策が、ここにきて一挙に噴出したのである。政府は鎮守府将軍を経験した田麻呂を温存し、継縄を征東大使、大伴益立と紀古佐美を副使、大伴真綱を陸奥鎮守副将軍、安倍家麻呂を出羽鎮狄将軍に任じて対応をいそいだが、これはのち天応元年九月頃までつづくことになる。蝦夷という外患を憂えるなかで、末茂が中衛少将に任じ、鷹取が従四位下に昇り参議有資格者としての官位を得たことは注目されるし、魚名自身も正二位に進んだことはやはり政治的な意味あいをもつ。

しかしなんといっても官人動向で興味をひくのは、十一年十二月に正五位上に、つづいて翌天応元年正月に従四位下、そして四月には従四位上と半年にみたない間に三度三階昇った藤原種継の昇叙である。これは継縄が東北にある間隙をぬい、また魚名に抗じて田麻呂がとった措置とも考えられるが、実はそうではなく、光仁・山部、ことに山部の腹心を求める意図と良継・百川ら式家への恩遇があいまって、「田麻呂の後継者」という意識のもとに配慮されたものであろう。

六　桓武朝の田麻呂

天応元年四月三日、光仁は皇太子山部(桓武)に譲位した。しかし、この詔には「かくのときに当りつつ人々よからざる謀りごとを懐ひて天下をも乱り己が氏門をも滅ぼす人どもまねくあり。若しかくあらむ人をば己が教へ諭し訓へ直して各々己が祖の門滅ぼさず[62]」とみえて、それに不満を抱く官人のいたことが想像され[63]、かならずしもすんなりと桓武に譲位されたとも思えない。翌日に桓武は弟の早良親王をたてて皇太子としている。十四日、田麻呂はその早良の東宮傅に任じられている。何をもって田麻呂を任じたか。その意図が奈辺にあるかはわからないが、桓武はこの時実子の安殿を皇太子としたかったが、そうすることによって桓武に皇権が集中するよりは、自分の子である早良を立てて皇権を分散させた方が譲位後も政治力を温存できると考えた光仁が早良を立てることを願った[64]、また桓武即位に反対する勢力に対抗し桓武を補佐するためにも、すでに壮年に達していた実弟の早良を皇太子としたとの説[65]もある。

このような政治的事情を考えれば、ここに光仁の意志が働いており、新帝である桓武より光仁にこそ田麻呂は信頼されていたというべきかもしれない。桓武の即位によって常例どおり田麻呂は一階の昇叙にあずかり、正三位に昇った。桓武は即位後、大極殿に出御して「天下を治め賜ふ君は賢き人の能き臣を得てし、天下をば平く安く治むるものにあるらしとなも聞しめす」[66]と詔している。また光仁の諒闇期間三年をめぐって、桓武は魚名ら群卿の六か月への短縮案と妥協して一年とするなど、まだまだ天皇権力を発揮できないでいたが、七日と二十五日の二日にかけて七十二人という大幅な異動を行っている。中川氏は、廟堂を構成するものや上級官人の異動がほとんどないことは問題で、まず皇権獲得の基盤づくりを目ざしたものとするが[67]、近年にない大異動であることにはまちがいなく、桓武の政治への意欲の現れと考えてよいと思う。

六月六日になると、参議の乙縄が、つづいて二十四日には宅嗣も逝去した。また二十三日には右大臣の清麻呂が致仕した。早速二十七日には、この欠員の補充をかねて新しい太政官が構成された。魚名が左大臣として太政官首班、田麻呂が大納言となり魚名のあとを承けて近衛大将を兼任した。ここにおいて桓武の信任のもとに、田麻呂はついにライバル継縄より一歩抜きんでることになった。そして清麻呂が致仕したのに代わって息子の子老と、紀船守が参議となった。乙縄と宅嗣の逝去、そして新帝代始とともに八十歳を迎えていた清麻呂が子老の参議登用とひきかえに致仕したことは、即位とともに議政官貴族勢力に対抗し、天皇権力の確立を思っていた桓武には幸運となったといってもよい。

次頁に宝亀十年と、この直後の太政官構成一覧を掲げた。

十年十二月には、十二人中藤原北家三人、南家三人、式家一人、京家一人、諸氏四人であったものが、この時には十三人で北家三人、南家二人、式家一人、京家一人、諸氏諸王六人というように様がわりしている。北家に変化はないものの、藤原氏勢力の衰退ははっきりして、代わりに諸氏諸王が多くなってきており、桓武に藤原氏を権力

宝亀十年十二月			
右大臣	正二位		大中臣清麻呂
内大臣	従二位	(北)	藤原魚名
中納言	従三位		石上宅嗣
参　議	従三位	(南)	藤原継縄
〃	〃	(式)	藤原田麻呂
〃	〃	(京)	藤原浜足
〃	〃	(南)	藤原是公
〃	正四位上	(北)	藤原家依
〃	従四位下		大伴伯麻呂
〃	従四位上	(南)	藤原乙縄
〃	〃	(北)	藤原小黒麻呂
〃	従四位下		石川名足

天応元年六月			
左大臣	正二位	(北)	藤原魚名
大納言	正三位	(式)	藤原田麻呂
中納言	〃	(南)	藤原継縄
参　議	〃	(北)	藤原小黒麻呂
〃	〃	(南)	藤原是公
〃	従三位	(京)	藤原浜足
〃	〃	(北)	藤原家依
〃	〃		大伴家持
〃	正四位上		大伴伯麻呂
〃	正四位下		神王
〃	従四位上		石川名足
〃	〃		大中臣子老
〃	〃		紀　船守

から遠ざけようとする意図のあったことが読みとれる。まずその対象となったのが浜成(足)であった。浜成に大宰帥としての職務の闕怠を追及、員外帥に貶し、釐務を止め、公廨を三分の一に減じるなどの処罰をなし圧力を加えた。(68)またつづいて翌年の延暦元年閏正月には氷上川継の謀反(69)が発覚するが、桓武は川継の妻が浜成の娘であったことから、その与党として大宰府の浜成に参議・侍従の解任を通告する。これは伊藤善允氏によれば、浜成が他戸

廃太子後に蒋田親王を推したことがあり、いずれにしても浜成は排除される運命にあったとされる。[70] 中川氏は、北家の魚名が桓武の信頼をえようとして讒言したものであるとする。[71]

そして二月に大伴伯麻呂が歿したかわりに、三月に種継という股肱の臣を参議に抜擢し、太政官内に勢力を扶殖しつつ、体制を整えながら、桓武は最後に残る魚名を除くことによって、天皇権力の確立をめざすことになる。そして、それは延暦元年六月にやってくる。『続日本紀』延暦元年六月乙丑条は「左大臣正二位兼大宰帥藤原朝臣魚名、事に坐せられて大臣を免ず」と簡単に記している。それにつづいて「従五位下真鷲は父に従ひて並に促して任に之かしむ」とみえるから、左大臣を免官となった魚名は、大宰帥として九州に追放されたのである。息子の鷹取は石見介に、末茂は土左介に左遷されている。

ところで『続日本紀』にみえる「事に坐せられて」とは、具体的には何を指すのであろうか。氷上川継の事件に連坐したという説もあるが、中川氏は種継らによって「魚名は桓武天皇の夫人及び皇后策定問題にからんで中傷され」[72] たとし、また亀田隆之氏は議政官内での氏族的原理を維持し、専制化する天皇権力を制禦しようとする魚名に対して、桓武が天皇権力を確立するためになしたのが魚名左降事件であったとする。[73] つまり桓武の目的とは、天皇権力の確立のために、魚名を左大臣から追放し、太政官内の天皇権力に拮抗しようとする議政官貴族勢力を払拭することにあったのである。

これによって田麻呂はついに右大臣に昇ることになる。しかし、これは兄の良継やまた魚名の望んだ大臣とは自ずから違った大臣だったはずである。良継や魚名の望んだ大臣は、天皇権力とは別のところで存在する太政官貴族勢力の統領としての地位であった。田麻呂のそれは、桓武によって確立をみた天皇権力下での太政官組織の首班に過ぎないものであった。だからこそ恭謙で物に競うことをしない田麻呂が就くことができたともいえよう。

おわりに

右大臣の職にあって田麻呂がもっとも心をくだいたことは、良継の娘で姪の桓武夫人乙牟漏の立后問題であったであろう。乙牟漏は、是公の女吉子とともに延暦二年二月に夫人となった。乙牟漏は正三位、吉子は従三位に叙せられて、一見すると乙牟漏が有利であるかのようであるが、予断は許さなかった。田麻呂は乙牟漏立后のために奔走したとの説もあるが、(74)元来物に競うことを欲しなかった性格であったから、その方面の画策はもっぱら種継が代わって行っていたかもしれない。乙牟漏が正式に立后するのは四月十八日で、田麻呂はそれを見ることなく三月十九日に歿する。右大臣となって一年にも満たなかった。

「薨伝」には「右大臣従二位兼行近衛大将皇太子傅藤原朝臣田麻呂薨ず」とあるが、つづけて「延暦元年に進んで右大臣となる。従二位を授けられ、ついで正二位を加へらる。薨ずる時、年六十二」ともある。これは右大臣就任とともに正三位から従二位に昇り、薨じてさらに正二位を贈られたとのことであろう。

『尊卑分脈』は、田麻呂のことを「蜷淵大臣」と号したと伝えるが、蜷淵は広嗣の乱に坐して隠岐に配流されること二年にしてゆるされて徴還されたとき隠居したところである。田麻呂が若い青年期を十年以上も過ごした思い出の地である。その時には田麻呂自身も、右大臣の地位にまで昇るとは思いもよらなかったに違いない。ところで、その田麻呂を右大臣にまで昇らせたものは何であるかと考えたとき、運のめぐりあわせもあろうが、兄の良継や弟の百川・蔵下麻呂らの勇猛かつ策謀にとんだ性格とは違った、「恭謙にして物に競わない」という温厚な性格であったのかもしれない。

(1)『大日本古文書』四巻一九三頁。
(2) 木本「石上朝臣氏と藤原式家」(『米沢史学』十号掲載、一九九四年)。
(3) 本書、第五章。中村修也「秦朝元小考」(『史聚』二十七号掲載、一九九三年)。
(4) 本書、第三章。
(5) 本書、第一章。
(6) 野村忠夫「藤原式家」(『奈良朝の政治と藤原氏』所収、吉川弘文館、一九九五年)。
(7)『続日本紀』天平十年四月庚申条。
(8)『養老獄令』流人科断条。
(9)『続日本紀』天平宝字五年正月戊子条。
(10)『続日本紀』天平宝字五年正月丁未条。
(11)『続日本紀』天平宝字五年十月己卯条。
(12)『続日本紀』天平宝字五年十月庚午条。
(13)『続日本紀』天平宝字三年五月壬午条。
(14)『続日本紀』天平宝字三年十一月戊寅条。
(15) 瀧川政次郎「保良京考」(『京制並に都城制の研究』所収、角川書店、一九六七年)。
(16) 鈴木靖民『古代対外関係史の研究』(吉川弘文館、一九八五年)。
(17) 木本「藤原四子体制と宇合」(『古代文化』四十四巻一号掲載、一九九二年)。瀧川政次郎「山陰道節度使」(『国学院大学紀要』十五巻掲載、一九七七年)。北啓太「天平四年の節度使」(『奈良平安時代史論集』上巻所収、吉川弘文館、一九八四年)。

(18) 木本「多賀城碑文について」(『米沢史学』十二号掲載、一九九六年)。
(19) 木本「石上宅嗣の遣唐副使罷免について」(『続日本紀研究』三〇二号掲載、一九九六年)。
(20) 薗田香融「恵美家子女伝考」(『日本古代の貴族と地方豪族』所収、塙書房、一九九二年)。
(21) 高嶋正人「奈良時代中後期の式・京両家」(『奈良時代諸氏族の研究』所収、吉川弘文館、一九八三年)。
(22) 加藤順一「対外交渉において官人の外貌が有する政治的性格」(『名古屋明徳短期大学紀要』十一号掲載、一九九六年)。
(23) 木本「石上宅嗣と藤原式家」(『政治経済史学』三四四号掲載、一九九五年)。大野孝夫「光仁朝の政界における石上宅嗣」(『中央大学大学院論究』十三巻一号掲載、一九八一年)。
(24) 中川収「藤原良継の変」(『奈良朝政治史の研究』所収、高科書店、一九九一年)。
(25) 註(1)前掲。
(26) 木本「大原今城と家持・稲君」(『大伴旅人・家持とその時代』所収、桜楓社、一九九三年)。
(27) 木本「仲麻呂と孝謙上皇・淳仁天皇」(『藤原仲麻呂政権の基礎的考察』所収、高科書店、一九九三年)。
(28) 中川註(24)前掲論文。
(29) 木本註(27)前掲論文。
(30) 中川収「藤原良継の境涯」(『北海道私学教育研究協会研究紀要』十二号掲載、一九六七年)。中川註(24)前掲論文。
(31) 木本註(5)前掲論文。
(32) 河合ミツ「仲麻呂の乱後における国司の異動」(『続日本紀研究』一九九号掲載、一九七八年)。
(33) 新日本古典文学大系本『続日本紀』四(岩波書店、一九九五年)。
(34) 『続日本紀』天平宝字八年十月丁丑条。

(35)『続日本紀』天平神護元年三月丙申条。
(36)『続日本紀』天平神護元年二月乙亥条。
(37) 木本「『続日本紀』天平神護元年十月甲申条をめぐって」(『日本歴史』四九七号掲載、一九八九年)。
(38) 木本註(23)前掲論文。
(39) 赤羽洋輔「奈良朝後期政治史に於ける藤原式家について(中)」(『政治経済史学』四十号掲載、一九六六年)。
(40)『続日本紀』天平神護元年正月己亥条。
(41) 中川収「天平神護元年における和気王の謀反」(『奈良朝政治史の研究』所収、高科書店、一九九一年)。
(42) 赤羽註(39)前掲論文。
(43) 栄原永遠男「称徳・道鏡政権の政権構想」(『追手門経済論集』二十七巻一号掲載、一九九二年)。
(44) 栄原註(43)前掲論文。
(45) 赤羽註(39)前掲論文。
(46)『続日本紀』神護景雲二年十一月癸未条。
(47) 中川収「称徳・道鏡政権の研究」(『奈良朝政治史の研究』所収、高科書店、一九九一年)。
(48) 栄原註(43)前掲論文。
(49) 木本註(4)前掲論文。
(50) 赤羽註(39)前掲論文。
(51) 二宮正彦「内臣・内大臣考―藤原魚名を主題として―」(『続日本紀研究』九巻一号掲載、一九六二年)。
(52) 山本信吉「内臣考」(『国学院雑誌』六十二巻九号掲載、一九六一年)。
(53) 中川収「光仁朝の政治動向(上)」(『政治経済史学』四十五号掲載、一九六六年)。
(54) 瀧浪貞子「桓武天皇の皇統意識」(『日本古代宮廷社会の研究』所収、思文閣出版、一九九一年)。

(55) 野村註(6)前掲論文。
(56) 中川収「光仁朝政治の構造と志向」(『奈良朝政治史の研究』所収、高科書店、一九九一年)。
(57) 木本註(4)前掲論文。
(58) 『続日本紀』宝亀五年八月辛卯条。
(59) 田中正日子「奈良末・平安初期の政治上の問題―中央官人の動向をめぐって―」(『日本史研究』四十二号掲載、一九五九年)。
(60) 田中註(59)前掲論文。
(61) 本書、第五章。
(62) 『続日本紀』天応元年四月辛卯条。
(63) 中川収「桓武朝政権の成立(上)」(『日本歴史』二八八号掲載、一九七二年)。
(64) 高田淳「早良親王と長岡遷都―遷都事情の再検討―」(『日本古代の政治と制度』所収、続群書類従完成会、一九八五年)。
(65) 中川註(63)前掲論文。
(66) 『続日本紀』天応元年四月癸卯条。
(67) 中川註(63)前掲論文。
(68) 山口博「藤原浜成論(上)(下)」(『古代文化』二十七巻十二号・二十八巻一号掲載、一九七五～一九七六年)。佐藤信「藤原浜成とその時代」(『歌経標式―注釈と研究―』所収、桜楓社、一九九三年)。
(69) 阿部猛『平安前期政治史の研究　新訂版』(高科書店、一九九三年)。
(70) 伊藤善允「天応元年六月の政変の史的意義―桓武朝成立をめぐる問題―」(『政治経済史学』七十四・七十五号掲載、一九六九年)。

（71）中川註（63）前掲論文。
（72）中川収「左大臣藤原魚名の左降事件」（『国学院雑誌』八十巻十一号掲載、一九七九年）。
（73）亀田隆之「藤原魚名左降事件」（『関西学院大学文学部創立百周年記念論文集』所収、一九八九年）。
（74）中川収「桓武朝政権の成立（下）」（『日本歴史』二八九号掲載、一九七二年）。

第三章　藤原百川

はじめに

奈良時代の出現を主導したのが藤原不比等であるとするならば、平安時代の出現を演出したのは誰であろうかと考えた場合、それは藤原式家の良継・百川兄弟であることに、まず異論はないであろう。

この兄弟は、天武以来の皇統である草壁皇統(天武皇統)[(1)]に終止符をうち、きたるべき平安時代を構築する天智皇統桓武の歴史上への登場を嚮導する重要な役割を果たした。その光仁・桓武父子擁立を中心とする奈良時代末期の具体的な政治的役割については、多くの論稿[(2)]があり、その実態は徐々に明らかにされてきてはいるが、いまだ残された課題もあり、さらなる多角的な視野にたった考察も求められるものと思う。

そこで本小論では、そのうち弟の百川について先行論文を参考としながら、その生涯を奈良時代末期の政治動向のなかに辿ってみていきたいと思う。なお、百川ははじめ雄田麻呂と称するが、ここではすべて百川に統一して記述する。

一　百川の出生

百川が出生したのは、その「薨伝」『続日本紀』宝亀十年七月丙子条に、同日四十八歳で薨じたとあるから逆算すると、天平四年（七三二）ということになる。佐藤虎雄氏や林陸朗氏は、享年を三十八歳とするが(3)、もしそうだとすると天平宝字三年（七五九）には従五位下に昇ったことがみえているから、この時が十八歳となり、まだ出身以前の年齢となって矛盾する。また弟の蔵下麻呂よりも年少になる。『続日本紀』に拠るべきであろう。

父は、「薨伝」に「百川、平城朝参議正三位式部卿兼大宰帥宇合の第八の子也」とみえるように宇合で、その八男であることがわかる(4)。天平四年というと、父宇合は、兄武智麻呂とともに長屋王を自尽に追いこんだあとの政治的混乱を収束させつつ、武智麻呂を中心とする政権の確立をほぼなしとげたときであったことは別稿に詳述した(5)。しかし、そののち宇合は天平九年八月、九州より蔓延してきた疫病にて薨じているから(6)、百川は父を六歳で亡くしたことになる。

母については、『続日本紀』宝亀十一年六月己未条「卒伝」に「散位従四位下久米連若女卒す。贈右大臣従二位藤原朝臣百川の母なり」とみえている。若女は、久米奈保麻呂の娘で(7)、若売とも記される(8)。久米連氏は、大来目を祖とし、石見国那賀郡地方の久米部の伴造氏族であったらしいとする説(9)もある。しかし、新日本古典文学大系本『続日本紀』二の補注は、奈保麻呂が神亀元年（七二四）五月に「連」を賜ったとき、同じく賜姓にあずかった人二十三名、そのすべてが渡来系の人々であったことから、奈保麻呂も渡来系で、まだ姓をもっていなかった久米氏の出自であったろうとしている。そして『新撰姓氏録』河内諸蕃にみえる佐良々連の祖である「百済国人久米都彦」

と『日本書紀』雄略天皇九年三月条にみえる紀岡前来目連のように新羅遠征に加わっている久米連のいることを傍証にあげている。

この賜姓のとき、奈保麻呂は正六位上の位にあったが、とくに目立った経歴を有してはいない。宇合といかなる縁があったのであろうか。宇合は霊亀二年(七一六)八月、遣唐副使に任じられ入唐していて、渡来系の奈保麻呂も入唐したと考えられるから、そのときに知りあった可能性もある。

若女(以下、若女に統一して記述する)が、宇合とのあいだに子をなしたのは、たぶん百川のみであろうと考えられるから、宇合との関係が生じたのは、おそらく天平にはいってからのことであろう。[10] 若女の年齢について、神田秀夫氏は、百川を生んだとき二十歳代とし、[11] 五味智英氏は三十二・三十三歳であるとされているが、[12] ともに論拠をあげてはおられない。史料がないせいもあって不詳とするよりほかはないが、しいていえば『万葉集全注』もいうように神田説に拠るのが妥当であろうか。

このように早くに父宇合を亡くした百川は、そののちは若女を頼るしかなかったのであろうが、その百川に辛いできごとが起こるのは天平十一年三月、石上乙麻呂が若女を姦したとして、若女も下総国に配流処分になったことである。百川は八歳であった。『義解獄令』流人科断条の規定によれば、配流となった官人はかならず妻妾を相随同行しなければならなかった。若女も百川をともなって下総国に下向した可能性もなくはないが、そうではないであろう。若女は官人でもないし、また子供は別であろう。

若女とともに配流となった乙麻呂は、実は宇合の嫡妻で長兄広嗣・次兄良継を生んだ石上国盛(咸)大刀自[13]の弟(兄)[14]で、若女とのふたりのこのような関係も、姉(妹)国盛(咸)大刀自を訪ねて宇合家に出入りしていたことが契機となった[15]ものであろうから、若女は百川をそのままにおいて、国盛(咸)大刀自が文字どおり家刀自として預かり育てたものと思われる。その原因が弟(兄)乙麻呂との関係からでたものであればなおさらのことであろう。

この事件については、多くの理解がある(16)が、その真相は単なる男女の問題ではなく、参議昇格を目前にひかえた乙麻呂が、ときの政権担当者橘諸兄に批判的であった広嗣と叔父と甥との関係もあって協力的であったことから政治問題とされて、土左に配流、政界から追放されたというべきものであった(17)。その点で、この事件も三か月前に広嗣が大宰少弐に左降されたのと同列に見做しうるものである。

このような政争にまきこまれて、百川は母と離ればなれの生活を送らねばならなくなったのであるが、このことを百川はどのように感じていたのであろうか。二年前に父宇合を失い、また一時であるにせよ母とも離れた生活をおくらねばならなかったことは、八歳の百川に影響を与えないではおかなかったであろうことは理解できる。

このとき、宇合亡きあとの式家では、長兄の広嗣が従五位下であったが、前述のとおり六男綱手とともに大宰府に下向しており、次兄の良継が母の大刀自をたすけて家の中心であったはずである。よって幼い百川も、十六歳年長の良継を頼りとすることが多かったのではなかろうか。百川が、兄弟中でも良継ととくに親しく、のちにともに謀って白壁王(光仁天皇)を擁立し、山部親王(桓武天皇)の立太子をなしとげ、また良継の娘諸姉を娶ったことなどは、ここに起因するのではないかと思う。

百川が、母若女と再会するのは、一年半後の天平十二年六月のことであるが、その喜びもつかの間、百川に再び不幸がおとずれる。その年の九月に広嗣が時政の得失を奏したものの容れられず、遂に綱手とともに九州で乱を起こしたのである。その罪は、広嗣と綱手が斬られただけではおさまらず、その坐はさらに兄弟にも及び、百川の頼りとする良継も伊豆に、十九歳であった五男田麻呂も隠岐に配されることになった。さすがに九歳の百川や弟の蔵下麻呂までには、その坐は及ばなかったものの、この乱によって式家は没落の様相を呈し、苦難の時期を迎えることになる。

しかし、残された式家の人びとは、この苦難の時期を無駄に過ごしたのではない。称徳・道鏡政権後から光仁・桓武朝にかけての時期、まさに政治を領導し、南家・北家にぬきんでて式家に栄華をもたらしたのは、良継・百川を中心とする田麻呂・蔵下麻呂ら兄弟が一致結集した結果であり、この結束力は、このときの苦難を堪えたことによって培われたのであろうと思う。

二　百川の出身以後

式家が苦難にあるとき、いいかえれば多感な少年期のときを百川はどのように過ごしたのであろうか。史料がないのでよくはわからない。しかし、その中で天平十四年[18]、それもたぶん六月のことであろう[19]、良継や田麻呂が罪をゆるされ帰京したことは、百川にとっても式家にとってもうれしいことであったはずである。田麻呂はすぐ蜷淵山中に隠居したというが、良継は刑部少判事となって復官した。

百川が出身したのは、天平勝宝四年(七五二)のころであろうか。『義解選叙令』授位条は、蔭位による二十一歳以上の出身を規定している。とすれば、該条の規定によって百川は、父宇合の(正)三位の蔭階[20]である従六位下に叙位されて、出身したかもしれない。その後、天平宝字三年(七五九)六月には正六位上から従五位下に昇叙されたことがみえている[21]。そうすると七年ほどで従六位下から四階昇ったことになる。また祖父不比等の官位、贈一位の蔭孫にかかり、正六位下に蔭叙されたという可能性もあるが、野村忠夫氏によると、追贈官位の場合は、復原した『大宝選任令』贈官条によって、蔭階を一等降したらしい[22]から、従六位上で出身した場合も考えられる。

従五位下に昇った百川が、いかなる官職に就いたかはわからない。ふつうは国守あたりに補任するのであろうが、そうではなく微官であったのかもしれない。そして天平宝字七年四月十四日には、智部少輔に任じている。[23]智部省は、同二年八月に藤原仲麻呂によって、宮内省が「諸の産業を催して、供御を廻聚すること、智水周流して、物を生すると相似たり」[24]として、官号改易されたものであった。『義解官位令』によると、智部省の少輔は、従五位下が官位相当であり、仲麻呂の擁立する淳仁の宮廷の職掌に関わるものであるから閑職ともいえないが、顕職であるはずはなく、百川が専権者仲麻呂の期待の外にあったらしいことがうかがえる。

このように百川は、仲麻呂政権下では不遇であったらしい。これに比して兄の田麻呂は、隠岐より召喚後、蜷淵山に隠居していたこともあって従五位下昇叙こそ百川より二年遅れたが、直ちに仲麻呂が造営を進める保良京の宅地班給に使して従五位上に昇り、造保良宮使・南海道節度副使・左虎賁督・遣唐副使などの顕職をつぎつぎと歴任している。このように百川が、田麻呂に比べて不遇であったのには理由があった。それはたぶん良継に関わることではないかと思う。

良継の「薨伝」によると、良継は仲麻呂を嫌い、とくに仲麻呂の息子真先[25]・訓儒麻呂[26]・朝狩[27]三人が参議に昇任してからというものは、ますますその権勢ぶりに忿怨したという。そこで良継は、佐伯今毛人・石上宅嗣・大伴家持らとともに仲麻呂の暗殺を策謀したものの、密告にあい捕らえられ、「除姓奪位」処分になっている。この良継の事件については、中川収氏の研究[28]に詳しい。中川氏は検討の結果、この事件は同七年四月上旬のできごとであったと推断されている。つまりこの事件の処理をもかねた四月十四日の異動で、百川は智部少輔に任じられたのである。この異動は、事件をうけて仲麻呂の体制固めという性格のものであるから、仲麻呂は百川を少なくとも反対派の官人とはみていなかったものと思われる。よって百川は、この謀議に加わってはいなかったのであろう。良継も取調べにあたって「良継独り謀首たり。他人は曾て預かり知らず」といったというから、たとえ百川が加わっていたとしても、その累は百川には及ぶことはなかったはずである。しかし百川の仲麻呂に対する気持ちは、良継と通じるものがあったのではないかと思うし、積極的に近づくこともしなかったのではなかろうか。

移って天平宝字八年九月、仲麻呂の乱が起こる。これに際しての式家の人びとの活躍はめざましいものがあった。宇合の薨去後、式家は、広嗣の乱・若女の配流事件・良継の変をへて、苦難・沈滞のなかにあったが、この仲麻呂の乱での活躍が式家隆盛への契機となった。まず良継は、詔を奉じて兵数百をひきいて追討する活躍をみせ、その功績によって六階昇って正四位上となっている。弟の蔵下麻呂も討賊将軍として働き、従五位下より一挙に従三位に昇った。このような兄弟たちの活躍のなかで、百川の動向はしられていない。ひきつづいてまだ智部少輔を帯任していたのであろうか。転・遷任していたとすれば、八年正月の可能性が高いが、乱にあたってはどのように対応したのであろうか。

三　称徳・道鏡政権下の百川

八年中、乱の発覚直後から、四か月弱のあいだに八回ほどの叙位が行われたことが『続日本紀』にみえている(29)が、百川が昇叙にあずかったことはみえない。ことに「逆徒を討つに預かる諸氏人等」を対象とした七十余名にも及ぶ叙位の記事からも漏れていることは、どうしたことであろうか。

そのような百川が、次に史料に顔をみせるのは、天平神護二年(七六六)九月のことで、山陽道巡察使に任じたときである。そして注目されるのは、『続日本紀』同月丙子条文によって、このときすでに正五位下の位にあったことがわかることである。『続日本紀』神護景雲元年二月戊申条以下にもつづいて正五位下とみえるから、該条だけの誤りではない。前述したように百川は、天平宝字三年六月に従五位下に昇ってから、この七年のあいだに二階の昇叙にあっていたのである。仲麻呂政権下でのか、それ以降の昇叙なのか、その双方なのかはわからない。

このとき百川の任じた巡察使の目的は、「百姓の疾苦を採訪し、前後交替の訟を判断し、并びに頃畝の損得を検へしむ」というものであった。百川は、諸使の送迎に郡の伝路を用いず駅によること、長門国豊浦・厚狭両郡の調の銅を綿に代えて輸さしめることの二項を言上し、神護景雲二年三月に裁可されている(30)。林陸朗氏は、この巡察使について、国司の奏言によっても行われる性格のものも含まれていることに注目して、これはこの頃から国守が、中央顕官の兼任で遙任が多くなっていたからではないかと分析されている(31)。

元号のあらたまった翌神護景雲元年(七六七)二月、百川は右兵衛督に補任される。このとき式家では、すでに田麻呂が外衛大将(32)、蔵下麻呂が近衛大将(33)の任にあった。この三人が衛府中の、ことに軍事力の強幹なる衛府の長官職を占めたことは注目される。さらにこのときには良継が兵部卿に就いていた(34)。このように兄弟四人すべてが軍事関連の要職を帯任しているのは、仲麻呂の乱直後にみられるような混乱した政界にあっては、軍事力の掌握がもっとも政治力をもちうることを思慮してのものであったと思う。

そして注目されるのは、右兵衛督補任を記した『続日本紀』同年二月戊申条には、「左中弁侍従内匠頭武蔵介正五位下藤原朝臣雄田麻呂を兼右兵衛督と為す」とあって、百川がすでにこのときには左中弁を本官として、加えて侍従・内匠頭・武蔵介と多くの官職を兼官していたことである。では、これらの官職にはいつ補任されたのであろうか。前出の『続日本紀』天平神護二年九月丙子条にみえる山陽道巡察使補任のときには、左中弁以下の官職のことは、他道に任じた官人と同じように省略され記されていないから、それ以前の任官の可能性もある。

本官の左中弁についてはどうであろうか。よくはわからないが、[35]ただ『大日本古文書』(正倉院文書)五巻には、天平神護元年九月二十三日付「太政官符　大和国」なる官符の写しの文書が収載されていて参考となる。[36]この栄山寺文書は、藤原乙叡の官職名を、延暦二十二年(八〇三)閏十月二十七日に任じたはずである権中納言としており、[37]また様式文体からしても、『大日本古文書』編纂者は疑わしいとされる文書であるが、そこには「従五位上守左中弁藤原朝臣」なる字句がみえている。天平神護元年九月前後で、これにあてはまる人物というと、これは百川であろう。

そうすると、もしこれが偽文書でないとすると、百川は天平宝字三年六月に正六位上より従五位下に、そして天平神護元年九月までに従五位上に昇り、翌二年九月までにさらに一階昇って正五位下になっていたことになるし、左中弁にもその前任者の小野都久良(竹良)が美濃守に転出したあとをうけて、天平神護元年九月二十三日以前に任じていたことになる。

都久良は、天平神護元年十一月二十三日には美濃守を帯任していたことが『続日本紀』に確認できるが、[38]その前のいつ左中弁から美濃守に転じていたのであろうか。美濃守の前任者は、天平宝字八年十月六日に任じた藤原楓麻呂[39]である。楓麻呂はその後、天平神護元年七月に右兵衛督、[40]ついで神護景雲元年二月に大宰大弐に任じている。[41]このときに右兵衛督を襲ったのが、百川である。そのときには百川は左中弁にすでに在任していた。よって楓麻呂が右兵衛督に加えて、兼任することなしに美濃守を去ったのは、天平神護元年七月と考えてよい。つまり都久良が左中弁から美濃守に転じたのもこの時であり、よってその後任として百川が左中弁に任じたのも、天平神護元年七月二十日のことであったと理解してもよいと思う。

このような人事が行われたのは、右兵衛督にいた蔵下麻呂を、近衛大将に遷任させた結果からきたものであろう。蔵下麻呂は、仲麻呂の乱のとき討賊将軍となって仲麻呂軍を鎮圧し、従五位下から一挙に従三位に昇叙されるほどの武功をあげた。このころの政界は皇嗣などをめぐって混乱し、(42)八月には和気王の謀反も起こり、十月には重祚を計ったとして淳仁廃帝が暗殺同様に殺害されるなどのことがあり、これら不穏な政治情勢に備えて、称徳は二月に近衛府と外衛府を新設したのである。(43)そして近衛大将には武功ある蔵下麻呂を、また外衛大将には田麻呂を任じたのである。(44)これによって空席となった右兵衛督に美濃守の楓麻呂を、美濃守に都久良を補したため、空いた左中弁に百川が任じたという次第である。

この結果、近衛大将・外衛大将という軍事枢職を蔵下麻呂と田麻呂兄弟、そして左中弁と右中弁という事務要職を百川と田麻呂兄弟の式家兄弟がそれぞれ帯任するになったことは、式家が仲麻呂の乱とそれにつづく政治的混乱を契機として勢力を伸張させてきたことを物語っている。

さて、つづいては「侍従、内匠頭、武蔵介」についてである。侍従については、『義解職員令』中務省条に定員八人との規定があり、いつ任じたかの判断は難しい。また内匠頭についても、よるべき史料はない。ただ「西隆寺発掘調査報告」には、「内匠寮頭・藤原朝臣」と記した名を欠く木簡が発掘されたことがみえている。このときにみつかった木簡類は、天平神護三年の年紀を持つものが多いという(『日本古代人名辞典』七巻)。とすると、この「内匠寮頭・藤原朝臣」は百川であろう。西隆寺は、『続日本紀』同年八月丙午(二十九日)条によると従四位上伊勢朝臣老人を造西隆寺長官に任じて、造営がはじまった尼寺で、翌年五月には仲麻呂の旧領など三百町が施入されている。百川には長子緒嗣がおり、その母は伊勢大津の娘であるから、百川は伊勢朝臣氏とも親交があった。伊勢大津ははじめ直姓、さらに連姓となったが、天平神護二年十二月に伊勢朝臣姓を賜っている。老人ははじめ中臣伊勢朝臣であったが、やはり同じころ同族として伊勢朝臣姓を賜っていたのであろう。よって百川と老人とは、大津をはさんで交流があり、その老人が造営の責任者であった西隆寺の跡から百川の名を記した木簡が発見されたのは、内匠寮が奈良時代にあって造東大寺司などの指揮下にもあったことを思うと、このときの造西隆寺司との職掌の関係も推測されることから、偶然ではなかろう。

武蔵介についても、天平宝字五年十月一日に高麗大山が任官(45)したものの、大山は同月二十二日に遣高麗使(46)となって遷任しているから、それ以降のことははっきりしない。

神護景雲二年二月十八日、百川は武蔵守に補任された。左中弁、内匠頭、右兵衛督に加えて武蔵介から昇任したのである(47)。武蔵介の後任には、道鏡の甥である弓削御浄広方が員外介から昇格した。広方を昇格させんがための人事だともいえなくもない。同元年七月には道鏡の弟浄人が内豎卿に、弓削御浄秋麻呂が左少弁に、二年二月には浄人が大納言に任用されるなど、弓削一族の道鏡の勢をかりての政界への進出は顕著になっていた。しかし、それのみの理由ではなかろう。元年十二月六日には、武蔵国足立郡の丈部不破麻呂ら六人に武蔵宿祢の姓が与えられ、つづいて八日には不破麻呂を武蔵国造に任じている。不破麻呂は元年八月から近衛員外少将に在任し、蔵下麻呂の下僚であったことから百川とも親密なる関係と思われるから、この百川の武蔵守への昇格は不破麻呂と何かしらの関係を有するのかもしれない。

そして、この時の『続日本紀』条文に侍従帯任のことがみえていないのは、その任から去っていたからであろう。同日に藤原家依が侍従になっている。前述のように侍従はひとりではないので、家依が百川の後任とは断定できないが、ほかに奈貴王(48)や阿倍息道(49)、藤原縄麻呂(50)・淡海三船(51)らも、その職にあったことがみえているから、その確率は高いと思う。

その間の元年十月十八日には、母の久米若女が無位から従五位下に叙せられた。赤羽洋輔氏は、百川と称徳との密接な関係を物語っているといわれる。[52] 若女は乙麻呂との事件あと許され帰京して、後宮に入っていたものとみえる。事件当時から後宮にいたとする説[53]もあるが、そうではない。[54] 若女が後宮に入ったのは、この時に同じく叙位にあずかったメンバーの顔ぶれや、天平宝字六年六月二十三日までは仲麻呂の妻宇比良古が尚蔵・尚侍として後宮を掌握していた[55]ということなどを考えると、たぶん天平宝字八年九月の仲麻呂の乱以降のことであろうと思う。

この時には、石上等能能古が従五位上に叙せられたのをはじめ、弓削御浄美夜治と等能治も従五位下に叙されている。名の類似からして姉妹であろうが、弓削御浄朝臣氏であることからすると、いずれも道鏡の縁戚者であろう。道鏡はこれら女官にも自分と近しいものを登用して、称徳とのあいだを緊密なものにする努力をしていたのである。百川にとっても若女が称徳の近くにいることは、称徳と道鏡との情報を入手するのに役立ったのではなかろうか。

神護景雲二年十月、百川は正五位上から従四位下に叙された。[56] 三月には正五位下であったので、半年くらいのあいだに昇叙していたものと思われる。また一週間後には、若女が従五位上になっている。

その翌月十三日には、百川は中務大輔となって、「左中弁内匠頭武蔵守を故の如く」[57]兼任している。このとき、百川の上司としての中務卿には文室大市がいた。のち称徳崩御のとき、吉備真備が大市の擁立を計ったが、百川らがこれを拒んで白壁王をたて、対立することになる。皇嗣問題は、称徳重祚の直後から廟堂内にあっては最大の関心事であり、またそれについての官人たちの動向にもはげしいものがあった。百川たちも、のちに白壁王を擁立したことを思うと、もうこのころから皇嗣について考えていたに違いない。百川の中務大輔在任は、同三年八月までで一年に満たないあいだではあったが、あるいは百川はすでにここで大市が擁立するにたりない人物と見定めていたのかもしれない。

そして二十九日には検校兵庫副将軍にも補任されている。この検校兵庫副将軍なる官職はここにしかみえず、どのような職掌であったものかよくわからない。林陸朗氏は、詳細は不明といいながらも、弓削浄人を将軍とし、軍監の二人は著名な武人であるから、道鏡政権の軍事力として組織されたものであろうとする。[58]また阿部猛氏は、兵庫保持のために設置したもので、道鏡失脚とともに停廃されたものとしている。[59]中川収氏も兵器の管理に関係したであろうことだけは推測できるとする。[60]林氏のいうように詳細はわからないが、『続日本紀』和銅四年九月丙子条には、「宜しく権に軍営を立て、兵庫を禁守すべし。因て従四位下石上朝臣豊庭（中略）等を以て将軍と為す」と、似たようなことがみえている。これを参考にして考えた場合、将軍という名称が付されてはいるが、かならずしも林氏のいうような軍事力、すなわち軍事組織の統率者として考えなくともよいのではないか。「兵庫を検校する組織の統率者」と理解したいと思う。

翌神護景雲三年二月、百川は伊勢太神宮使に任ぜられる。そして三月には内豎大輔を兼任した。内豎省は、同元年七月にはじめて置かれた称徳と外司・道鏡とを連絡すべき称徳の属官であった。しかし注目すべきは、卿に衛門督弓削浄人、大輔には左衛士督藤原是公、少輔に右衛士督藤原雄依という軍事要職にいる官人を補任し、宝亀三年（七七二）二月十六日の廃止にあたっても、その舎人が近衛・中衛・左右兵衛府に分配されていることからもわかるように、称徳側近の軍事力強化という目的をもっていたことである。[61]

百川が大輔に選任されたのは右兵衛督に在任していたからでもあろうが、さきの検校兵庫副将軍といい、この内豎大輔といい、この時期の百川は、比較的軍事職に就く傾向があった。それは百川が軍事力の掌握を重視していることのあらわれでもあろうが、だからといって行政組織を軽視していたというわけでもない。百川は、さきに考察したように天平神護元年七月に左中弁に任官して以来、その任にあることに固執した。宝亀元年八月、右大弁に昇格した以後、大宰帥・参議に任じても弁官の職から離れず、同八年十月式部卿補任までの、都合十二年間も在職した。しかし、これは百川個人の考えというわけではなかった。父の宇合も自ら式部卿に十七年間もおり、また子飼いの部下である小野牛養・中臣広足・高橋安麻呂をもってひきつづいて右中弁に任じている(62)。よって、大宰府とともに軍事職と弁官をも重視するのは宇合以来の式家の伝統といってもよいのであり、式家官人を考える場合には注目すべきことである。

百川はこの年、左中弁を本官として内豎大輔・中務大輔・内匠頭・武蔵守・右兵衛督・検校兵庫副将軍と多くの兼任をもっていたが、これは百川が有能であったとともに、仲麻呂の乱以降の混乱をうけて官人が不足していたことでもあったのであろう。八月には中務大輔から去ったものの、十月十九日には武蔵守から遷って河内守に任じられている。称徳は十月にはいって飽浪宮(63)をへて河内由義宮(64)に行幸した。百川の河内守の補任はこの由義宮でなされている。

称徳は、天平神護元年十月に紀伊国行幸の帰途、道鏡の勧めによってその郷里である弓削郷に営ませた弓削行宮にいたっているが、今回の行幸ももちろん道鏡をともなってのものであった。称徳が、天平神護元年十月の時点で宮の造営を意図としていたかはわからないが、道鏡への寵愛をふかめるごとに造営の意図が強まって、今回の行幸中にその意志を固めたのであろう。百川を急遽河内守に任じたのも、その決意からである。

十月三十日に由義宮を西京に、河内国を河内職に改めたことが、その正式表明である。しかし、商店をたて、商人を居住させたり、宝亀元年正月に宮地に入る人民の宅をとりはらう代価を補償させたり、また四月に造由義大宮司を任命しているから、西京としての本格的な造営はこれからということであった。つまりこの造営の責任者となったのが百川であった。河内亮紀広庭が造由義大宮司次官に補されているから、史料にはみえないが河内大夫(河内国が河内職になったのにともない、河内守の百川も河内大夫となった）が長官であった可能性は高い。そしてこれによって百川は従四位上に叙せられた。このときは弓削御浄浄人やその子の広方・広津兄弟、秋麻呂・塩麻呂と、美努久売・乙美努久売、東女ら女性も含んで、弓削一族を中心とする昇叙であった。そこに河内大夫百川のみならず妻の諸姉も叙位の対象となって無位から従五位下に叙せられている。

また称徳は二月末から再び由義宮に行幸するが、その時にも百川は供奉した。三月になってもとどまり、二十八日には歌垣が行われたが、百川もそれに参加し歌数を歌いおわったとき、和儛を奏している。さきに述べたように、検校兵庫将軍浄人のもとで副将軍となったことといい、やはり内豎卿浄人のもとに大輔となったことといい、この西京由義宮設置にともない河内守・河内大夫となって、その造営を委ねられたことといい、百川は称徳・道鏡から信頼をえていたように思われる。

横田健一氏は「それこそは百川が苦肉の策として、道鏡に最大の恭順を表し、その腹心であるかのごとく振舞いながら、実は（中略）これを牽制していたのである」[65]といわれ、野村忠夫氏は「巧妙に道鏡の腹中に入り込み、これをゆさぶる機会を窺ったと推測する」[66]としている。赤羽氏は検校兵庫副将軍・内豎大輔もともに浄人の下僚としてであって、これはともすれば専横になりがちな道鏡一派に対する牽制の布石として称徳が百川を任用したものであるとする。[67]また林陸朗氏は、天皇の親任が篤かったと共に、道鏡や浄人らにもある程度一目をおかさせる要素をもっていたものと考えることができるとし、[68]中川氏もこの時期は叙位補任とも極端に少なくなってはいたが、例外として弓削氏のみについては別であったが、このような情勢の中で百川だけは特別で、全面的に信頼されていたし、応えてもいたとされている。[69]これは百川が仲麻呂の乱に活躍した式家の一員であったことにもよるが、「薨伝」に「歴るところの職におのおの恪勤をいたし」とみえているとおり、官人として優れた資質をもっていたからにほかならない。また良継・田麻呂兄弟とも少し違って、称徳・道鏡の存在を容認するようなところもあったのではないかと思う。

話は前後するが、この年の前年九月、和気清麻呂の配流事件が起こった。これは周知のことであるので詳しくは述べない。ことの起こりは称徳が、宇佐の大神が「奏上することがあるので法均を派遣せよ」といったことの夢見をしたことからはじまる。そこで称徳は、姉法均に代わってその弟清麻呂を玉座近くに招き、大神の言葉を聞いてくることを命じる。出発に際して清麻呂は、自らが皇位につけば天下は太平になるとの大神の託宣があったことを聞いていた道鏡から吉報をもたらすようにと迫られたものの、道鏡の意に反して、「皇位には必ず皇統の人をたて、無道の人を早く除け」との託宣を持ち帰り、称徳・道鏡の怒りをかい、大隅国に配流となった事件である。

このとき百川は、『日本後紀』延暦十八年二月乙未条の「清麻呂薨伝」にみえるように、清麻呂の忠烈を愍み、備後国にある自分の封郷から廿戸を割いて、配処の清麻呂のもとに贈っている。この百川の行動について、直木孝次郎氏は九月己丑条にみえる語に「此の事を知りて清麻呂らと相謀りけむ人在りとは知らしめして在れども、君は慈を以て天下の政は行ひ給ふものにいませばなも慈び愍み給ひて免し給ふ」とあることから、清麻呂らと「相謀りけむ人」とは百川らを指すものと理解されている(70)。

そうすると百川は、称徳・道鏡にもっとも信頼される官人でありながらも、清麻呂らと語らって道鏡の即位を阻もうとしていたという、矛盾とも思える行動をとったことになる。しかし、これは前述の横田・野村氏のいうごとく理解すれば、決して矛盾する行動ではなかった。道鏡の即位については、弓削一族は別として藤原氏をはじめとする官人たちの容認するところのものではなかったはずである。百川にしても、称徳・道鏡から信頼はされて、それに応えてはいても、道鏡が即位することについて支持・協力したとは思えない。中川収氏は「恐らく、建て前上の恭順だからこそなしえたものと思われる[71]」といわれる。

しかし、そうだとすると称徳は、すでに清麻呂処分時に、百川らがそれに加わっていたことを承知のうえで、以後も百川を河内大夫に任じ、由義宮の造営を委ね信頼していたことになって、これも矛盾するようでもあるが、同心で相謀る人の存在はしってはいたが、誰であるかがつかめていなかったということも考えられるし、だいたいは官人というのは面従腹背的なものであったから、たぶん中川氏の指摘されるようなことであったかもしれない。

四　白壁王の擁立と百川

神護景雲四年(七七〇)八月四日、称徳女帝は西宮寝殿に崩じた。『続日本紀』には、六月十日に由義宮より帰ってきてから「不予、月を経たり」とあるから、すでに五月にはいって不予の状態となっていたことがわかる。この日になって左大臣永手に近衛・外衛・左右兵衛四府の摂知を、右大臣真備に中衛・左右衛士府のことを知らしめているのは、いよいよ回復の見こみがなく、病状が切迫していたことをうかがわせる。そして二か月近くたった八月四日に崩じたのであるが、百川を考えるにあたって、とくに重視され、また評価も分かれるのが、この称徳崩御後の白壁王擁立に関わることである。まず、『続日本紀』条文を次に掲げてみよう。

左大臣従一位藤原朝臣永手、右大臣従二位吉備朝臣真備、参議兵部卿従三位藤原朝臣宿奈麻呂、参議民部卿従三位藤原朝臣縄麻呂、参議式部卿従三位石上朝臣宅嗣、近衛大将従三位藤原朝臣蔵下麻呂ら、策を禁中に定めて、諱を立てて皇太子とす。左大臣藤原朝臣永手、遺宣を受けて曰はく、今詔りたまはく、事卒然に有るに依りて、諸臣等議りて、白壁王は諸王の中に年歯も長なり。また先の帝の功も在る故に、太子と定めて、奏せるまにまに宣り給ふと勅りたまはくと宣る。

この条文については、遺宣を中心に検討した瀧浪貞子氏の研究[72]に詳しい。瀧浪氏は、そこで①事が卒かにあるによって、称徳が皇太子の人選を進めることを永手に求め、②それをうけた永手は諸臣と図って白壁王を擁立することを策定・上奏し、③称徳は上奏によって白壁王を皇儲と定めたものと理解し、結果百川は、この策定会議には出席はしていないし、白壁王の立太子についても直接関わったことなどはありえないとする。

それに対して百川の関与を記すのが、『日本紀略』宝亀元年八月癸巳条の『続日本紀』条文のあとに引く「百川伝」の記事である。そこには、

皇帝遂に八月四日に崩りましぬ。天皇平生未だ皇太子を立てず。此に至りて、右大臣真備ら論じて曰はく、御史大夫従二位文室浄三真人は、是れ長親王の子なり。立てて皇太子となさむと。百川、左大臣・内大臣と論じて云はく、浄三真人は子十三人有り。後世は如何と。真備ら都べてこれを聴かず、浄三真人を冊てて皇太子となす。浄三確辞す。仍りて更に其弟参議従三位文室大市真人を冊てて皇太子となす。(大市亦)これを辞す。百川、永手・良継と策を定めて、偽りて宣命語を作りて、宣命使をして庭に立て宣制せしむ。右大臣真備、舌を巻きて如何ともすることなし。百川、即ち諸杖に命じて、白壁王を冊てて皇太子となす。十一月一日壬子、大極殿に即位す。右大臣真備歎きて云はく、長生の弊、還ってこの恥に遭ふ。致仕の表を上りて隠居す。

とあって、称徳が皇太子を決めないで亡くなったとある。これはさきの『続日本紀』や瀧浪氏の理解と異なる。また条文の掲出を省略したが、百川が称徳の死に直接関与したことなどもみえている。

『水鏡』が史料としての価値を顧みられないのに比して、「百川伝」は先行の業績にもかなり有益な史料として用いられてきている。「伝」の性質上から百川の功績を大書する弊があり、全面的に信用はできない[73]し、使用に際し

てはもちろん厳密なる史料批判も必要であり、依拠するに注意を求められる。しかしながら、この条文に記してあることから得る事柄は、『続日本紀』より以前に成った「家伝」より引いているという(74)、その成立過程をも考慮した場合、認められるところもあると考えられる。

たとえば、白壁王立太子が永手の奏上のうえで、称徳の裁可をうけたものであったとしても、諸臣が策を禁中に定める過程で、「百川伝」にみえるような論争のあったことは認めてもよいのではなかろうか。このようなことも念頭にいれて、白壁王の立太子策定について考えてみる。『続日本紀』条文をみると、永手、真備、良継、縄麻呂、宅嗣、蔵下麻呂の六人が策定に参加したことがみえている。このような会議の場合の参加有資格者として、従三位・参議以上などの条件(75)が思いうかぶが、そうすると当時太政官にあったほかの大納言弓削浄人と大中臣清麻呂、参議石川豊成、文室大市、藤原魚名、多治比土作らが加わっていたかどうか、また法王道鏡が参画していたことも考えねばならない問題である。

まず道鏡が、この策定に参画していたかどうかであるが、中川氏は、法王であるから列席は考えがたい(76)といわれる。しかし、関与したとする見解もある。赤羽洋輔氏は、「百川伝」に「右大臣真備等論曰」「真備等都不レ聴レ之」と「等」の表記があることから真備一人ではないことがわかるとし、この真備に加担した人物こそ道鏡とその一派であり、称徳の危篤にあたって道鏡が寵愛隆渥なことをもって「日夜非望を僥倖(77)」したのは、自らの地位を存続させるための浄三・大市の擁立であったとする(78)。

しかし、これには疑問がある。「非望を僥倖」、すなわち「望むべきでない偶然に得る幸せ」というからには、浄三・大市の擁立ではあるまい。浄三・大市の擁立は、「僥倖」ではありえても、「非望」ではない。見方によっては、白壁王よりも正統性がある。「非望」は、やはり道鏡自身の称徳の遺言による即位と理解した方がよいのではないかと思う。和気清麻呂の宇佐八幡神の託宣によって、一度は即位の望みを断たれたとはいえ、その望みを道鏡は捨てきっていたというわけではない(79)。称徳の遺言に一縷の望みをかけていたからこその「僥倖」なのであろう。真備が道鏡と結託して、浄三・大市を推したとするならば、真備も白壁王立太子後に道鏡一族がうけた憂き目と同じように配流にされていても不思議ではない。

真備が、白壁王の立太子が決まったのち、上啓し骸骨を請うたにもかかわらず、優詔あって許されなかったことからしても、真備の背後に道鏡があって浄三・大市を推したということはありえないと思う。林氏は、「崩伝」に称徳が百余日の伏臥中に謁見を許さず、吉備由利のみ臥内に出入して奏すべきを伝えたとあることからすると、道鏡は排除されていたのではないか、と考えておられる(80)。首肯すべき見解であり、由利が真備の娘であろうことを考慮すると、由利は、真備の指示によって道鏡を遠ざける目的をもっていたとも推測される。

つづいて公卿の策定参加についてであるが、中川氏は永手・良継らの『続日本紀』にみえる六名以外にも、真備に推された浄三・大市も参加していたとされる(81)。『続日本紀』条文をみるかぎりでは、この論議は一回しかもたれていないようでもあるが、「百川伝」にみえるような永手・良継らと真備との論争があったとするならば、何度か会議の場がもたれたと考えたほうがよい。永手・良継の反対にあいながらも、真備が浄三立太子へと合意をとりつけ、浄三が辞退すると、大市の立太子を目指していることなどから、一回だとすると、そこに浄三も大市も参加していなくてはならないと中川氏は考えられたのであろうが、官にいる大市は参加することは想定されるにしても、致仕している浄三が参加することはなかったと考えた方がよいから、やはりこの会議は途中で浄三・大市の意志を確かめるなどのことがあって何度か開かれた、というよりも長時間のゆえに何度か中断があったのかもしれない。

残る弓削浄人や大中臣清麻呂、藤原魚名、藤原田麻呂、藤原継縄、石川豊成、多治比土作などについては、中川氏は出席したかどうかはわからないとする[82]が、林氏は浄人や清麻呂ははずされていた[83]と理解している。どちらともいえないが、『続日本紀』条文によって浄人・清麻呂以下の官人は策定に参与はしていなかったのではないかと思う。この策定メンバーは、称徳の意志をうけて永手が議政官からしぼり込んでいたのではないか、左右大臣に、参議で式・兵・民部卿を兼任する文官の三人、そして近衛大将で仲麻呂の乱鎮圧の功績第一の蔵下麻呂が武官を代表して加わっているのは順当といえばいえる。大市も白壁王も候補に挙がることは予想されていたろうから、含まれてはいなかった。この六名のうち、真備を除いては、のちに詳述するが、白壁王擁立でほぼ意志が統一されていたとみてよく、その点からしてこの人選は、白壁王擁立で意見の集約をはかることを前提としていたが、真備は右大臣で永手につぐ地位にあり、長老でもあったのでメンバーからはずすことができなかったのであろう。

それでは肝心の百川であるが、瀧浪氏のいうように、出席もしていないし、また関与もしていなかったのであろうか。加納重文氏も朝堂に公卿の席を占めずにいたことから表立って光仁擁立に動ける立場になかったという[84]。中川氏は、百川は参加はしていないが、道鏡の行動を早めに察知できる立場にいたため、これに密着して道鏡の参画を未然に阻止するに尽くしたとされたが、具体的にはどのような手段を用いたかは明らかにされてはいない。ただ中川氏はのちに、三位以上、もしくは参議以上が参加有資格者という原則からすると、参加したとはいえないが、左中弁として控えていた可能性はあると見解を修正されている[85]。

これに対して林氏は「雄田麻呂のおかれていた政治社会における位置は、相当に活躍しうる枢要なものであった。（中略）ある程度枢機に画策しうるものであった[86]」とし、高嶋正人氏も良継らとともに光仁の擁立に力をつくしたことはほぼ認めてよいとされて[87]、百川の関与を想定しておられる。また福井俊彦氏は、百川の活躍はあくまでも黒衣的なものであった[88]とするが、どういう役割を果たしたのかは記さない。

わたしは「百川伝」よりも『続日本紀』の記事を信じる常道によって、百川は策定の会議には出席していないと考える。参議である石川豊成や藤原魚名、藤原田麻呂、藤原継縄も参加していないのであるから、蔵下麻呂のような武官の代表という特別な資格をもちえない百川が参加したとは理解しがたいものがある。

では、まったく関与していないかというと、瀧浪氏の理解とは異なる。「百川伝」をでたらめなものとして無視することはできないと思う。百川を称揚するがための「百川伝」であるにしても、『続日本紀』より成立が遡る「家伝」的なものから引いており(89)、淳和朝に息子の緒嗣が父百川を顕賞するという意味から編修したとするならば(90)、『日本後紀』編纂を成し遂げた緒嗣だけに信ずべきものもあると思われる。また『公卿補任』宝亀二年条後付に引く同様の成立過程をもつ「本系」にも「時に議立つるところ、群臣論を異にす。公、右大臣永手朝臣・内臣良継朝臣と策を定めて、白壁王を立てて皇太子と為す」とある。官職名などの表記に矛盾はあるが、これも参考とすべきであろう。また『続日本紀』「百川薨伝」の「天皇甚だ之を信任して、委するに腹心を以てす。内外の機務関かり知らざるといふことなし」ということも併考するとき、百川が白壁王の擁立に何らかの役割を果たしたとするのが妥当であろう。

では具体的なこととは、といわれると窮するのであるが、それは「百川伝」にみえるような一人での立策ではなく(91)、たぶん藤原氏内での白壁王擁立への意見調整のようなものではなかったろうか。百川と兄良継、そして永手とは、良継の娘のうち諸姉は百川に通じ、もう一女は永手の室となって雄依を生み、さらにもう一女は永手の長男家依に嫁ぎ長子三起を生んでいる関係にある。百川は、これら閨閥関係から良継、永手を中心に、弟の蔵下麻呂、良継と従兄弟にあたる石上宅嗣(92)らとのあいだで白壁王擁立の意見調整に尽力していたものと思われる。つまり式家の良継中心の親族的結合から、進んで北家の永手らを含めた藤原氏挙族的結集をなしとげたのではないだろうか。

それでは良継・永手・百川らがどうして白壁王を擁立することになったのであろうか。『続日本紀』では策定の理由として、「諸王の中に年歯も長け」「先帝(天智)の功も在る」とするが、それは本当の理由ではあるまい。これについては①天武皇統を清算する意図があったとする坂本太郎説[93]にはじまって、②律令官人の統領としての即位であったと説く田中正日子説[94]、③当初から山部(桓武)の擁立を目的としていたからだとする北山茂夫説[95]や④消極的穏健で、無難な人柄であった白壁王を擁立することによって皇統を変え、藤原氏の政権掌握を実現しようとしたとする中川説[96]、⑤藤原氏所生の皇子がおらず、皇嗣候補者たる皇子が極めて寥々たるものであって、白壁王しかいなかったとする林説[97]、そして⑥聖武の娘井上を妻として、他戸王を儲けていたからであるとする説[98]、⑥と同様のものとして、⑦聖武傍系である井上の夫を推すのは穏当かつ適切な判断で称徳の希望するところでもあったとする瀧浪説[99]などがある。

このいずれであるかは判断の難しいところであるが、ただこの中のひとつが要因ということではなかろう。いくつかの原因が相互に作用しあって白壁王の擁立へとつながったのであろう。とはいっても、一番考慮されていたと思われるのは、和気清麻呂でしられる宇佐八幡神の託宣に「天之日嗣は必ず皇緒を立てよ」とあったように、やはり皇統のいかんであったろう。

真備が文室浄三・大市兄弟を推したのも、この二人を天武皇統の正統とみていたからで[100]、その浄三に対して永手・良継らは子が十三人いて後嗣が混乱する危険性をあげて反対はしているが、皇統については難色を示していない。浄三・大市兄弟は、天武と天智皇女大江とのあいだに生まれた長親王の子である。長親王は、同母弟弓削皇子によって太政大臣高市皇子薨去後に文武天皇に対抗して皇嗣にあげられたぐらいの人物で[101]、天武の存在に重きをおいた場合、この兄弟が最有力となることは当然のことであった。

それに対して聖武の存在に重きをおいた場合は、その血をひく者、称徳の姉妹である井上がうかんでくる。しかし、井上はすでに結婚しており、その夫が天皇でない場合、つまり皇后的な地位にいない場合は、即位の可能性はない。(102)そこで、その夫である白壁王を即位させ、やがてその子他戸王に位をつなげば、結局は聖武の孫に皇位がうけつがれ、天武(草壁)皇統は守られることになる。当時の政界には、壬申の乱のこともあって天智皇統に戻そうという意識もあったかもしれないが、現実には天武(草壁)皇統ということが重要視されたことと思う。その点で、白壁王は天智の孫ではあるが、父の施基は越道君伊羅都売を母としており、王自身も紀朝臣橡姫を母とするなど、母の出自が重要視される当時にあって、ともにその身分が低いことは、皇位継承者としての資格に乏しいといわれてもしかたがない。やはり井上の存在を認めねばならないし、それが白壁王立太子の大きな理由となったとみるべきである。

井上と白壁王とに関係が生じたのは、天平十八年頃と推察されており、(103)井上の夫となったときから、即位前紀にみえるように、白壁王は皇嗣候補者に挙げられはじめたのであろう。『続日本紀』光仁即位前紀は、

また嘗て龍潜の時、童謡に曰はく、葛城寺の前なるや、豊浦寺の西なるや、於止とど刀志とど。桜井に白璧しづくや。好き璧しづくや。於止とど刀志とど。しかすれば国ぞ昌ゆるや。吾家らぞ昌ゆるや。於止とど刀志とど。時に井上内親王妃たり。識者おもへらく、井は則ち内親王の名、白璧は天皇の諱たり。蓋し天皇登極の徴なりと。

と記して、井上と白壁のふたりをとりあげて、「天皇登極の徴なり」とする童謡が歌われていたことを伝えている。王が皇位をつぐにふさわしいとする理由が、聖武の娘の井上を妃としていたことにあることを、この童謡は顕著に表しているといってよかろう。そして、そのこととともに白壁王が皇位をつぐということの意識が、廟堂内・官人

間だけでなく、広く庶民にまであったことがわかる。またのちに桓武は、弟早良親王廃太子のことを天智・光仁陵とともに聖武陵にも使を派遣して報告しているが、このことは桓武自身はもとより、父光仁も自分が聖武の皇統につながるものとして理解していたことを示しているものと思われる[104]。

真備も永手・良継らも、天武(草壁)皇統ということでは一致していても、結果として意見が分かれたのは、その皇統を考える場合、天武にまで遡って考えるか、聖武の存在を重視するかというところにあったものと思う。そして、このように皇統への意識がふたつに分かれたのは、真備と永手・良継・百川らの世代の相違によっているのではないかと思う。真備が生まれたのは、持統七年[105](六九三)、同九年[106]との二説あるが、いずれにしても持統朝のことで、天武の存在を色こく残していた時代に育ち、また先述のように、高市薨去直後の長親王擁立の機運の中にもいた真備と、降って聖武の時代に育ってきた永手・良継、そして百川とは四十年にわたる世代の隔たりがある。この世代の隔たりが両者の皇統観の相違を生んだともいえるのではないだろうか。

このように聖武の皇統を守るということから、他戸王に皇位を継ぐという前提もあったのであろう、井上の夫である白壁王が選ばれたのであるが、それを主体的に推進していったのは誰であろうか。これについて福井氏は、永手の功績が大きいとされ[107]、瀧浪氏も称徳の遺志をうけた永手であるとする[108]。瀧浪氏は、称徳に白壁王皇嗣の遺志のあったことの証拠として、王に天平神護二年正月以降、立太子までの四年半に官職・位階ともに、補任・昇叙の事実のないことを挙げ、それは皇太子には叙品・任官のないのが原則[109]であったからだとされる。

しかし、これはどうも納得できない。立太子して皇太子となれば叙品・任官がないのはいうとおりであろう。けれども白壁王は、この時点では立太子してはいない、ほかと変わらぬ官人である。もし瀧浪氏のいう理由で、王に叙品・任官がなかったとするならば、皇嗣の決まっていないのが政情不安の原因ともなって、『続日本紀』にも

「諸侍へ奉る上中下の人どもの念へらまく、国の鎮めとは皇太子を置き定めてし心も安くおたひに在りと常人の念ひ云ふ所にあり」とあるように、皇太子の存在が強く求められていたときに、なぜ称徳は早い機会に白壁王を立太子させなかったのであろうか。

このあいだに立太子のこともなく、叙品・任官のこともなかったのは、称徳自身が、その保身のために和気王・淳仁・氷上志計志麻呂ら皇嗣有力者をつぎつぎと除外したのと同様に、白壁王をも嫌っていたからであろうと思う。光仁の「即位前紀」に「勝宝よりこのかた、皇極貳ぎなく、人彼此を疑ひて罪し廃せらるる者多し。天皇深く横禍の時を顧りみて、或は酒を縦にして迹を晦ます。故をもって害を免るるあまたたびなり」とみえているのは、このことをも指しているものと思う。また道鏡にも、対抗する皇嗣候補者として意識されて、疎んじられ不遇な境遇におかれていたからだとも考えられる。道鏡ともかならずしも良好な関係になかったことが藤原氏から擁立をうける一因となったかもしれない。

また瀧浪氏は、称徳の遺志をうけて白壁王擁立の中心的役割を果たしたのが永手であるとする理由として、称徳による信任と期待が他の官人にまさるところがあったことをあげている。氏は永手の、その経歴を細々と掲げて称徳の永手への信任の理由を説明されているが、しかしそれのみでは、永手が白壁王擁立の中心人物であったとするには無理があろう。しかも王の擁立が称徳の意志でないわけであるから、もはやこの論理は成立しない。

それよりも瀧浪氏が看過されたことで、永手にはもっと自らが白壁王を擁立すべき理由が考えられる。それは永手の娘曹子(曹司)が、『続日本紀』宝亀八年八月己丑条に天皇の夫人となったことがみえていて、擁立以前から白壁王に配していたらしいことがしられることである。そのことから加納氏は、永手は曹子を白壁王の室としていることから、「朝堂の第一人者として藤原氏族の代表者として、光仁擁立も永手が中心となり、宿奈麻呂が参謀となって推進された[110]」としている。

だが白壁王は、高野新笠との間に山部・早良、井上とは他戸、尾張女王とは薭田を儲けているのがしられているのに対して、曹子とは子のあることがみえない。すでに六十歳を超えた王と、曹子とのあいだに永手の期待すべき子が生まれるわけもなく、このことが永手の白壁王擁立の主なる理由とは考えづらい。

ただ曹子をいれたくらいであるから、永手と王が旧知の間柄にあり、王は「寛仁敦厚にして意豁然たり」と「即位前紀」に記されるような人格でもあったから、永手が親しく感じて擁立を思い立ったということはありうる。しかし、やはり王擁立の最大の理由となったのは井上の夫であり、聖武の皇統につながるということであったから、これも永手が擁立の中心であったとする根拠としては乏しい。

林氏は、永手・良継を中心として深く内廷・台閣の中核を掌握した重功の銘臣たちの親族的な紐帯で形造った藤原グループの強い結合が大きな役割を果したとしている[111]。このような林氏の見解が、おおよその真実であったとみるべきであろうが、わたしは永手とともに良継の存在をもっと重視してみたいと思う。

良継については、また稿を改めて詳細に検討したいと思うが、いま概述すれば、称徳の崩御と白壁王立太子策定後の動揺にそなえて、その直後の六日には近江国の兵二百騎を臨時に徴発して朝廷を守備させることがあったが、このことを発案し、その責任者である騎兵司に任じたのは良継であった。また称徳崩御の十数日前、その不予中の七月二十日に参議に任じられたことや光仁擁立直後の八月二十日に先任参議である石川豊成(天平宝字六年十二月任)、藤原縄麻呂(天平宝字八年九月任)、石上宅嗣(天平神護二年正月任)、藤原田麻呂・藤原継縄・文室大市(天平神護二年七月任)、藤原魚名(神護景雲二年二月任)らを一挙に超任し、ひとりのみ中納言に昇格し[112]、つづいて半年後の二年三月には内臣に任じたことなど、この昇任のめざましいことをみると、良継が光仁の擁立に果たした役割は大きいものといわざるをえず、注目すべきことであろうと思う。

このように良継・百川・蔵下麻呂兄弟が、白壁王擁立の策定を主導する発言力を有しえたのは、それぞれに兵部卿・右兵衛督・近衛大将となって軍事力を掌握していたからであろう。直木孝次郎氏は、奈良朝後期から桓武朝にかけて、中央直属の軍事機構が増強整備され、それを政府首脳部が掌握する体制がうち立てられたことを論述されている(113)が、このことなどはこれら式家の兄弟が軍事職に就き、軍事力を掌握しようとしたことからはじまっているとみてよかろうと思う。

五　井上廃后・他戸廃太子、山部の擁立と百川

光仁の即位をみて、百川の果たす政治的役割はさらに大きくなった。前述の「薨伝」にみえるとおりである。八月二十二日には越前守を兼任している。『続日本紀』は左中弁・内豎大輔・内匠頭・右兵衛督をすでに帯任していることを記しているが、河内大夫はみえない。河内職は八月二十六日をもって河内国に復され、二十八日には紀広庭が河内守に補されているから、百川は越前守兼任の二十二日までは河内大夫の任にあったものと思われる。

百川の越前守兼任について、赤羽氏は『続日本紀』(114)宝亀六年八月庚辰条にみえる、京官の禄が薄いのに比して国司の利が厚いことによって庶僚が外任を望むとの記述を引いて、百川も自家発展のために経済力の強化を求める目的をもって、利の厚い国司に任じたとされた(115)。これに対して中川氏は、京畿の周囲、交通の要衝を押さえる意図をも兼ねそなえるものといわれる(116)。

八月二十八日には、楓麻呂を襲って右大弁に昇任しているが、まだ内豎大輔・内匠頭・右兵衛督はもとのごとく

であった。そして十月一日には、白壁王が大極殿に即位し、宝亀と改元したのにともなって叙位が行われ、百川も一階昇って正四位下に昇叙している。

二年三月十三日になって百川は大宰帥となっている。この時には『続日本紀』に「右大弁・内豎大輔・右兵衛督・越前守」とみえる。いままで兼任していた内匠頭がここにはみえていない。閏三月に布勢王がこれに任じたことがしられるから、久しく兼任してきた内匠頭から百川は解放されたのである。そしてこの時の『続日本紀』の記事には「百川、本名雄田麻呂」と注記があるから、この頃に雄田麻呂から百川に改名したようである。つまり宝亀元年十月一日から二年三月十三日のあいだに改名したのであるが、良継とともにこれはたぶん光仁の即位が、その契機となったとみて間違いあるまい。

そして、この三月には真備の致仕をうけて、大中臣清麻呂が右大臣になり、良継が中納言から内臣に昇り、その良継のあとをうけて宅嗣が式部卿に、そして宅嗣のあとをうけて百川が大宰帥となったのである。しかし、右大弁を本官としているから、九州には下向せず遙任であった。それだけにこの三月の補任は、良継、宅嗣、百川三人のあいだでのたらいまわしの補任であったことがわかる。

良継は「薨伝」にも「政を専にし、志を得て、升降自由」とあるほどで、ここに右大臣清麻呂をおいて、内臣の良継を中心に百川や宅嗣が周囲を固める良継の主導する体制が成立したとみてよかろう。そこに四品に叙した山部が中務卿として加わったことは、光仁と良継ら太政官とのあいだに入り、意志の疎通をはかる任務のあったことが推察されるとともに、ここに良継・百川と山部の親密度が増すべき状況が整ったことが注目される。そして十一月になると、宅嗣が中納言に、百川が参議となって太政官に参画し、良継の主導体制は確かなものとなっていく。

百川が以前から政治の枢機に関与していると思われるのに、この時まで参議に昇らなかったことについて、その政治力に疑問をもつ見解もあるが、それは式家では田麻呂が早く天平神護二年七月に参議となり、良継が神護景雲四年七月に就任して、すでに二人の議政官を出して、もう議政官を出せない状況にあったからであって、百川の政治力とは直接に関係はない。この時点で藤原氏では、北家は永手・魚名・清河、南家は縄麻呂・継縄を議政官として出しているが、清河は淳仁朝から在唐しており、実質上は式家・北家・南家ともに二人で、三人以上の家はない。ここで百川を加えて式家だけが三人となれば、光仁即位を成し遂げるなどしてきた藤原氏各家の協調協力関係にひびがはいる危険性もあり、[117]互いにそこは遠慮しあっていたというか、暗黙の了解事項となっていたものと思われる。ところが二年二月になって太政官首班の北家永手が薨去、次席右大臣真備も致仕し、それをうけて良継が内臣として主導力を発揮するようになると、そこに百川が加わり式家三人、南・北家各二人ということになって、式家が優位となっていくのである。

そして宝亀三年三月、このような式家主導の政治体制下で起こったのが、井上廃后事件である。井上は元年十一月六日に立后して、一年半皇后としてあったが、このとき裳咋足島の密告によって、巫蠱に坐して廃后となったのである。同じく謀反に加担したとして粟田広上、安都堅石女も斬罪となるところを降され配流処分となっている。また『類聚国史』巻七十九、政理部一、賞功、延暦二十二年正月壬戌条にも、槻本公老が井上の巫蠱のことを告発したことがみえている。しかし、この井上廃后の詔には「巫蠱に坐せられて廃せらる」[118]とあるのみで、その巫蠱の詳しい説明はみえず、具体的な行動もわからない。広上・堅石女に関しても「謀反の事に預りて隠して申さぬ」とあるのみである。また五月丁未条には「魘魅大逆の事、ひとたびふたたびのみにあらず。たびまねく発れ覚ぬ」とみえているが、これも詳細ではない。そして立太子していた他戸も、「皇太子の位に謀反大逆の人の子を治め賜へれば、卿等、百官人等、天下百姓の念へらまくも、恥かし、かたじけなし」として、謀反大逆人の井上の子ということで廃太子とされ、庶民に降された。

そこで、この事件の実態はどうであったかということになる。村尾次郎氏は、白壁王の皇位継承の際には、井上母子がそのあとをつぐ了解があったのに、即位すると一変して、その了解が反故に等しくなったので、焦燥にかられ、光仁を調伏したとする。[119]この村尾説を肯定し、加えて山部と藤原式家の結びつきを恐れた井上が早い他戸の即位をのぞみ、光仁に退位を迫った可能性もあり、退位しない光仁の呪殺を謀って目的を達しようとしたとするのが、中川氏である。[120]また近江昌司氏は、粟田広上は『日本霊異記』の記事などの検討から、呪術力を行う可能性のあることがわかり、本当に魘魅が行われたとしている。[121]しかし、広上が呪術を行う存在であったとしても、それが井上に魘魅の事実があった証明にはならない。魘魅が行われたとして罪を問うているのであるから、広上が呪術を使うことは当然であって、さもなくばかえっておかしいことになる。よって、これをもって魘魅が行われた確証とするには至らないものと思う。

よって、これが無罪ではなかったかということも考えなくてはなるまい。その代表的な論者が角田文衛氏である。角田氏は、井上は、夫人で山部の生母である和史新笠に嫉妬し、呪ったのかもしれないが、確証はないし、あったとしてもそれは謀反とか大逆にはなりえない。よって魘魅・大逆などというものは、皇后を陥れるための口実であって事実に反しているといわれる。[122]また加納氏も呪詛事件の事実無根であるのはほとんど明らかであるとされるし、[123]北山茂夫氏は、藤原氏は最初から山部立太子を策していたから、他戸の皇太子としての将来に不安を抱いた井上が、山部の存在や山部と密接な関係にある藤原氏に不信感をもち巫女に内心をもらしたのが大事になったのではないかといわれ、[124]中川氏も一方で北山説をほぼ首肯しておられる。[125]

諸先学がいわれるとおり、井上廃后の理由となった魘魅謀反などは、おそらく事実ではないであろう。五年後の宝亀八年十二月に井上の墓を改葬したことなどは、光仁の無実の罪に陥れた後悔の念を示しているし、このような場合、井上や他戸の周辺の官人、また井上の母の出自氏族である県犬養氏の官人らが関係して罪を問われるのが普通であるが、この事件によって、これらの官人が不遇を被ったこともみえないことからしても[126]、これは廃后、廃太子のための策謀であったと思われる。

ただ、まったくそのようなことがなかったかというと、そうともいいきれない。角田氏は、井上が新笠に嫉妬して呪ったのが魘魅謀反という過大な事件としてとりあげられたことを示唆しておられるが、そのようなことであったのではないかと思う。しかし、これは井上が新笠に嫉妬したのではあるまい。皇后で、皇太子の母である井上が、新笠を呪わなければならないさしせまった理由はない。

廃后のときの『続日本紀』条文には、魘魅の対象が誰であるかみえないが、幽閉の時の条文には「初め井上内親王、巫蠱に坐せられて廃せらる。後に復た難波内親王を魘魅す。是日、詔して内親王及び他戸王を大和国宇智郡の没官の宅に幽す」と、難波内親王を呪ったとあるから、難波との関係がよくなかったのであろう。井上の呪詛は一度や二度ではなかったとあり、前掲の『続日本紀』条文をみると、廃后のときと幽閉のときの呪詛の相手が違うようにも思うが、一年半のあいだに呪詛の相手が変わることもないということになれば、それは最初から難波であったと考えることもできよう。

難波内親王は、三年五月二十五日には三品に叙され、また四年九月には一品が与えられ、邸宅への行幸もあった。これは難波の病状が思わしくなく、それを慰めるための弟光仁の処遇であったろう。難波の年齢は明確ではないが、光仁の同母姉であるから、七十歳に近かったであろう。中川氏は、急逝に近い状態であったらしいという[127]が、どうも前述の叙品の措置から察して一年半以上にわたる長患いであったともとれる。

三年五月になって三品に叙したのは、症状が一段と悪化したからではないだろうか。その二日後に井上が巫蠱に坐せられて廃后となったのは、難波の病気の原因が、普段から不仲な関係にあった、井上の魘魅によるものと考えられていたからで、また難波の病気を利用して、そのような状況を作りだしていたのではないだろうか。しかし、難波が病気で薨じた五日後の四年十月十九日まで、井上・他戸に幽閉という強硬な処断が下せなかったのは、その確実な証拠をあげることができなかったからであろう。

それでは、このような井上廃后事件を策謀した人物とは誰であろうか。田中正日子氏は、光仁の性格の変化とみておられるが、(128)そうではなかろう。角田氏は、宝亀三年という時点で、百川が「内外の機務関かり知らざるといふことなし」であったとはいっても、それは政治の実権を握ったことを意味しているのではなく、百川による廃后・廃太子を可能としたのは後宮にあって辣腕をふるっていた母の久米若女の加担があったからだとする。(129)また百川の妻藤原諸姉や諸姉の姉妹である人数、(130)そして山部と特別な関係にあり、(131)山部の生母新笠とも縁者であった百済王明信ら、後宮女官の協力があって成功したとする。(132)また林氏は角田氏の説くところを認め、これに良継室で乙牟漏の母でもある安倍古美奈も後宮にいて尽力したとされる。(133)

角田氏は、自訴した裳咋足島は若女が皇后身辺に放った女孺で諜者のひとりであったとし、林氏も、事件後一躍七階級も特進して外従五位下に昇叙したのは、密告人に仕立てられた疑いが強いし、その後まったく史上に姿をみせないのは、事の裏を知った人物として消された可能性もあるとされる。

また角田氏は、井上を告訴した槻本公老は、右兵衛佐の職にいて、当時の右兵衛督百川の配下にあったことから、光仁―山部―百川ラインを通じて、下級官人なりの働きを廃太子事件に果たしたとし、林氏も首肯しておられる。しかし、これは角田氏や林氏の勘違いであろう。老が右兵衛佐に任じたのは、宝亀九年三月十日のことで、百川が右兵衛督を帯任していたのが史料に確認できるのは八年十月までで、その後九年二月には中衛大将に補任されているから、老と百川の接点は、いまのところ確認できない。

角田氏のいうように、後宮がこれに果たした役割も大きかったかもしれない。けれども『公卿補任』に引く「本系」には、「大臣もと心を桓武天皇に属し、龍潜の日に共に交情を結ぶ。宝亀天皇践祚の日に及びて、私に皇太子と為さむことを計る。時に庶人他部（マヽ）儲弐の位にあり。公、しばしば奇計を出し、遂に他部（マヽ）を廃して、桓武天皇を太子と為す」とあり、『続日本後紀』承和十年七月二十四日条にも「緒嗣の父微りせば、予豈に帝位に践ることを得むや」とみえていることからしても、百川がその策謀の中心にいたことは間違いないことであろう。

ただ百川がひとりで行ったかというと、そうともいえず、この事件が、良継と百川の主導する政治体制下になって、はじめて可能となったのであり、この事件の結果、山部が立太子するのであるが、この山部に百川の娘とともに、良継も娘乙牟漏をいれていることから、良継のバックアップがあったことも確かなことであろう。

百川が、この策謀を企んだのは、井上を廃后にすることによって他戸を廃太子にし、山部を皇太子に立てることにあったことは、「本系」や『続日本後紀』条文だけでなく、「百川薨伝」にも「今上の東宮に居せしとき……特に心を属す」とみえていることからもわかる。山部立太子にあたって、『水鏡』には光仁が井上后腹の酒人内親王を、京家の藤原浜成が、光仁と光仁の姪である尾張女王とのあいだに生まれた薭田親王を推して議論があり、百川が強硬に山部を推したとみえるが、その真実のところはわからない。ただ山部が立太子したのは四年正月のことで、他戸廃太子から半年たっていることや、同じ正月に井上の妹で配流になっていた不破内親王を本位四品に復し、さらに五月になって三品を与えるという厚遇をもってしていることが、井上廃后に対する配慮のもとに行われたものであったことを思うと、簡単に山部の立太子があったというわけではないのであろう。このように考えると、福井俊彦氏のいうように、百川の山部擁立のバックには、河内守・河内大夫時代の下僚でもあった葛井根主・河内三立麻呂などの河内を本貫とする渡来人グループの強力な支持があったのかもしれない(134)。

それでは、百川がいつ頃から山部の擁立を考えていたかというと、野村氏は白壁王擁立の時点で、白壁王から山部への継承を期待する意識があったとし(135)、村尾氏も同様の見解を述べている(136)。赤羽氏は、他戸の立太子以前からであるとされるし(137)、林氏も赤羽氏に賛しておられる(138)。たしかに、「本系」などの史料には「宝亀天皇践祚の日に及びて、私に皇太子と為さむことを計る」とある。また前述した『類聚国史』にみえる延暦二十二年正月壬戌条に「帝と穆せず。遇ふに礼なし」ともあって、他戸と山部の不仲が伝えられており、中川氏は、他戸の立太子が光仁即位と同時でなかったのは、藤原氏のうちで他戸擁立派(永手)と良継・百川らの山部擁立派との対立があり(139)、他戸の立太子はその双方の妥協であったとされる(140)。一方、瀧浪氏は、永手歿後に他戸廃太子の工作は始まったのであり、他戸の立太子が光仁の即位と同時ではなく半年後であったことも、皇太子制度の定着していない奈良時代ではむしろ手早い処置であったとされる(141)。

白壁王擁立時、他戸立太子以前、永手歿後と、百川が山部擁立の具体的行動を起こしたとする時期の理解が相違する。白壁王擁立時とする野村説はさておき、他戸立太子時からすでに山部の擁立を目指していたかどうかであるが、その意志を抱いていたかもしれないが、それはあまり表立ってはいなかったのではないかと思う。井上の皇后宮大夫には、永手の息子家依が就き、亮には伊勢老人が補されている。老人は、百川の妻であり長子緒嗣の母でもある伊勢大津の娘の縁者とも思われる人物である。

他戸の立太子にともなって設けられた春宮職も、傅には大中臣清麻呂が就き、大夫には百川の弟蔵下麻呂、亮に大伴伯麿、員外亮には石上家成をもって充てている。この陣容をみると、北家と式家が中心であるが、そこに石上家成もみえるのは、式家閥の石上宅嗣の存在が影響しているものと思われ、どちらかといえば北家よりも式家の主張がより濃く反映した人事となっているように思う。これについて、常に監視して反藤原氏的な動きを押さえこもうとした思惑があったとする見解もあるが、それはうがちすぎた解釈であって、蔵下麻呂をもって大夫にあてた良継や百川に、この時から他戸の廃太子を画策していたとする明確な証拠を挙げることはできないと思う。

それではいつかというと、これはという腹案はないのであるが、その行動の前兆と思われるのが二年三月の山部の中務卿への補任ではないかと思う。中務卿は、他の七省卿に比べても傑出した存在であり、かつて聖武の遺言によって立太子した道祖王も、その直前まで中務卿にあったことから、必ずというわけではないが、皇嗣有力者が中務卿に任じた場合は、立太子につながるイメージのようなものがあったのではないかと思う。また山部の中務卿就任は、文室大市のあとを襲ったものであることは注目されることだと思う。光仁の立太子したときの事情については前述したが、光仁が即位していなかったならば、それは大市であった可能性が高い。光仁が即位したものの、廟堂にはこのような意識は残っていたと思う。山部の中務卿就任は、光仁と太政官との意志の疎通のためでもあったと思うが、のち山部が立太子して中務卿から離れると、また大市が復帰していることからすると、良継・百川らが山部を大市にも匹敵する存在としてアピールし、皇嗣として擁立しようとする意識を行動に示したものとして注目してもよいのではないかと思う。

しかしながら、まだ良継・百川らは思い通りに事を進められる状況にはなかった。それが可能となったのは、やはり良継が内臣となり、百川が参議となって、自分たちの思惑どおりに政治を左右することができるようになった、つまり良継・百川の主導する体制が成立してからであり、そこではじめて廃后・廃太子、山部立太子のことが可能となったのである。もちろん、この良継・百川の主導する体制が成立することになったのは、永手が薨去したことが主要因であるから、瀧浪氏のいうように永手の薨去時と理解してもよいが、永手が薨じて、右大臣の真備も致仕して、良継が内臣となり、百川が参議に加わるという良継・百川の主導する新しい太政官構成が現出して、はじめて山部の擁立が可能となったことを思うと、厳密には二年十一月の良継・百川の主導する体制が確かなものとなったときと理解したい。

宝亀四年正月、山部は立太子する。ところで、良継・百川は、なぜ山部を擁立しようとしたのであろうか。中川氏は、他戸には母井上の縁から橘・県犬養氏がついていて、式家がはいる余地はなく、政権掌握の可能性がなかったことに加えて、この頃に良継は山部に娘乙牟漏を妃として、また百川も娘旅子をいれていたからだとも考えておられる[142]。瀧浪氏も、山部に乙牟漏がはいって安殿(平城天皇)を生んでいたからだともとれるように記されるが[143]、安殿が生まれたのは、宝亀五年八月のことであるから、乙牟漏がはいったのは山部の立太子後のことであろう。また瀧浪氏は、光仁＝他戸体制が確立すれば、これに尽力した永手が権力を獲得し、百川らは疎外されるから、山部の擁立を考えたとされるが、その永手が薨去したあとになって、他戸の廃太子、幽閉、暗殺が行われたことは、永手の存在が直接百川らの山部擁立には関係のないことであったことがわかる。

四年十月になると、難波内親王の薨去を契機として、井上・他戸母子は幽閉されることになる。そして六年四月になって、井上と他戸は歿する。これについて瀧浪氏は、すでに幽閉しているのに、そのうえ殺す積極的な理由がみつからないとするが[144]、中川氏は「暗殺かもしくはそれに近い他人の手になる死であった」[145]とし、林氏も「暗殺の臭いが頗る濃いように思われる」[146]とする。さらに詳しく考えられたのは角田氏で、井上と他戸が同日に歿したというのも、病死ではなく毒殺によるもので、これは光仁の命によるものではなく、首謀者が廃后・廃太子のみに満足せず、後顧の憂いを絶つために断行したものであるとしている[147]。

毒殺はともかくとして、『水鏡』を信用するのもいかがかとは思うが、そこには光仁が再度他戸を皇太子とすべきを考えていたとみえるし、『続日本紀』宝亀十年六月辛酉条に、周防国で他戸と称するものが百姓を誑かせた事実のあったことがみえることを併考するとき、他戸の再立太子を完全に断ちきるために、母子を殺害したと考えるのが順当であるように思われる。

六　式家主導体制と百川

井上・他戸の廃后・廃太子、そして山部の立太子がなったことによって、式家の政治目的はほぼ達成されたといってもよいであろう。よって、これからの百川の政治力は「式家主導体制」の安定化に注がれたものと思われる。五年にはいって百川は、正月に正四位上、そして五月には従三位に昇った。ことに五月の叙位については、同日にすでに従三位にあった蔵下麻呂が参議となったことから、先任参議としての百川が正四位上では不都合であったことに配慮したものであったと思われる。このことは百川と同じ立場にいた北家の楓麻呂とふたりだけの昇叙であったことからもわかる。

大宰帥を二か月ほど兼任した百川は、その後、参議、右大弁、右兵衛督、越前守として、各職を長く兼任した。これら兼任職のうち、右大弁には八年十月の式部卿就任まで、越前守も七年三月まで帯任していたことがわかる。つまり、百川は「参議、右大弁、右兵衛督、越前守」を二年十月から七年三月まで異動することなしに勤めたことになる。

参議として台閣に参画し、そしてその実務を遂行していく右大弁という行政の枢職に位置し、また右兵衛督として軍事要職をも占め、一方で軍事拠点として重要なことのみならず、庄園などの開発が進む経済的にも重視される越前国の国守に長くあったことは、百川の懐いていた政治への思惑が奈辺にあったかを明確に示しているとともに、百川が政治的にどのような存在であったかをも示していると思う。そこには内臣の兄良継を政権の中心におき、良継の主導のもとに、田麻呂、蔵下麻呂とともに、軍事・行政要職を分担しつつ、「式家主導体制」を確固たるものにしていこうとする百川の兄弟の中での立場に立脚した考え方があるように思われる。

百川については、井上・他戸母子を廃后・廃太子においこみ、山部の擁立を画策した中心人物でありながら、昇進がそれに見合うほどめざましくはないことから、その政治的力量を疑問視する見解もある。しかし、そう考えるのは適当ではない。百川の目指したのは、あくまでも式家のためということであり、良継を越えてまで自己の権勢をはかる気持ちがなかったということであろう。兄である良継を支え、兄弟たちとも協調しつつ、自分は実務を全うするという意識が百川の中にはあり、それは兄弟という意識に根ざしたものであることは認めねばならないことであり、百川を考える場合重視すべきことであると思う。そのことは、良継自身は内臣を帯びるのみで、ほかに軍事・行政要職を兼任せずとも「政を専にし、志を得て、升降自由なり」であったことからも納得できる。

このような百川の政治構想の一端が崩れたのは、六年七月の蔵下麻呂の薨去であった。これによって太政官は、式家三人、南家三人、北家二人、京家一人という構成となって、式家の主導体制に危険信号がともることになる。しかし、良継は八年正月、内大臣となってこれをのりきろうとする。いままで任じた内臣は、食封のみ別格であったが、職掌や官位などは大納言と同格であったから、ここに名実ともに大臣である内大臣に任じたことは、良継の政治権力が増したことには違いなかろうと思う。

それだけに、この前後の期間は良継・百川を中心とする「式家主導体制」の政治的特徴が現れたときでもある。

そのところを概述すれば、先朝からの問題を処理する、いわば「ツケ」を背負っていたということでもあったのであろう。仲麻呂の乱などに坐した多くの官人女官を許し、本姓・本位に戻すなどのことを行っていることが挙げられる。また巡察使を派遣し、六年三月には諸国に大少目を増員するなど地方政治の刷新をも重要な政策としていたらしい。その一環であろう、陸奥・出羽の蝦夷対策にも積極的な対応がとられている。これは、その後に桓武朝の蝦夷制圧政策の先鞭ともなるものであって注目される。七年七月には、畿内に検税使を派遣しているなどのことも、地方政治の紊乱とともに疲弊してきた国家財政の再建を意図とした施策として興味あるものといえる。

しかし、このような施策を打ちだしていた「式家主導体制」もつかの間のことで、八年九月に良継が薨去したことによって崩壊することになる。まだ参議に田麻呂がいたが、良継という大黒柱を失った式家にどれだけの政治主導力が発揮できたか頗る疑わしい。十月十三日には異動が行われているが、これは良継の薨去をうけてのものであった。そこでは百川が式部卿となったのがみえるくらいで、式家の対応人事策がみえない。たしかに式部卿は、宇合が十七年も在職した式家にとってはことのほか重視する官職である。そして式部卿前任者で親式家派の石上宅嗣を、北家魚名の後任として中務卿に補したことは式家の、というよりは百川の策略であったといえると思う。

しかし、この人事のみで良継を失ったことによる式家の減退した政治力を挽回することは、百川をもってしても難しかった。これは百川の責任ではなく、その原因は式家の人材難にあった。このときの太政官構成官人をみると、房前の五子である魚名を除いて、継縄と縄麻呂兄弟は南家豊成の二子と四子、是公も南家乙麻呂の子で、ともに武智麻呂の孫、そしてこのとき参議となった家依は、北家永手の一子、房前の孫である。つまり百川も田麻呂も、四家始祖からすると二世代目であるが、魚名以外の継縄、縄麻呂、是公、家依らは三世代目である。その点式家には有力な三世代目はいなかった。ことに良継や百川は男子にめぐまれず、良継のただひとりの男子宅美は、従五位上越前守にすぎず、百川の長子緒嗣においてはまだ四歳であった。

ことに宅美は、叔父百川のあとをうけて四年二月以降から右兵衛督に任じ、(148)五年三月には丹波守をも兼任したことは、良継・百川のみならず式家の期待の大きかったことを示していると思う。そして右兵衛督も、七年三月の越前守補任も百川の後任であることを考えれば、百川の甥宅美への配慮がうかがえる。ところが、なぜかこれ以降の宅美の動向はしられない。ただこののち、従四位下で長岡宮において賊のために殺害されているから、これ以降も官にはあったのであろうが、何かのことがあって七年以降不遇であったのかもしれない。このような宅美に代わって式家の次代を期待されたのは種継であったが、その種継もまだ正五位下近衛少将・山背守にすぎず、良継・百川にとって代わることはできなかった。このように式家に良継・百川に代わるべき三世代目の人材がいなかったことが、「式家主導体制」崩壊の最大要因といえるであろう。

宝亀九年二月、百川は式部卿帯任のまま、中衛大将に任じられた。これにともなって、宅美が越前守に転出したあとを襲って七年三月から再任していた右兵衛督を離れた。この百川の右兵衛督から中衛大将への転任をどう理解すればよいのかはわからないが、翌三月三日に魚名が近衛大将・大宰帥という式家官人が多く任じてきた官職を兼任したまま内臣に就任したことは、ここに「式家主導体制」が終焉を迎えたことを示している。

そして、このことは百川が、度量大きく政権を帷幄にとる良継のような為政者タイプではなく、このような良継のもとで、その政策を実行するというような実務派タイプの官人であったということを物語っている。官僚として抜きんでた能力を発揮したが、いかんせん良継のような政治家としての才能にはあまり恵まれていなかったのであろう。しかし百川がなければ、良継も内臣・内大臣として「政を専にし、志を得て、升降自由なり」とあるような権勢を発揮できなかったであろうし、良継がなければ、百川も「内外の機務関かり知らざるといふことなし」とあるような実務官人としての政治力を行使することはできなかったであろう。

このようなふたりの関係は、その生来の性格に加えて、前述したように、六歳で父宇合を亡くした百川の父代わりを十六歳年長の良継が果たしたという兄弟の生活の中から、自ずと派生してきたものであったと思う。

おわりに

宝亀十年七月、百川は薨じた。佐藤虎雄氏は、『水鏡』『帝王編年記』の記述を併考して、尋常な死にようではなかったとされるが、[149]いかがであろうか。「薨伝」には、「歴る所の職おのおの勤恪をなす。天皇甚だ之を信任して、委するに腹心を以てす。内外の機務関かり知らざるといふことなし」とあり、論述してきた百川の官人としての一生が要を得て記述されている。

薨去にあたって、光仁は従二位を贈り、治部少輔阿倍謂奈麻呂と大和守従四位下石川豊人を第に趣かせて詔を宣せしめているものの、良継の薨去に際して中納言石上宅嗣と壹師濃王を遣わし弔さしめているのには比すべくもない。かえって百川の存在が評価されるようになるのは、桓武の即位以後のことである。延暦二年(七八三)二月には右大臣を追贈され、同十六年二月には山城国相楽郡に田二町六段を墓地として賜っている。また弘仁十四年(八二三)五月には、即位したばかりの淳和天皇が、外祖父である百川に太政大臣、正一位を贈っている。

このように平安時代の現出を演出した百川の評価は、平安時代の現出の主役桓武によってなされ、またその余光は種継、そして緒嗣の登場を促すことになるが、それはまた稿を改めることにしよう。

（1）木本「草壁皇統と皇位継承」（『奈良朝政治と皇位継承』所収、髙科書店、一九九五年）。

（2）良継に関する研究としては、中川収氏の「藤原良継の境涯」（『北海道私学教育研究協会研究紀要』十二号掲載、一九六七年）。中川収「藤原良継の変」（『続日本紀研究』七巻二・三号掲載、のち『奈良朝政治史の研究』所収、髙科書店、一九九一年）。百川に関しては順次注記していく。

（3）佐藤虎雄「桓武朝の皇親をめぐりて」（『古代学』十巻二・三・四号掲載、一九六四年）。林陸朗「県犬養家の姉妹をめぐって—奈良朝後期宮廷の暗雲—」（『国学院雑誌』六十二巻九号掲載、のち改題「奈良朝後期宮廷の暗雲」として『上代政治社会の研究』所収、吉川弘文館、一九六九年）。

（4）宇合には、広嗣、良継、清成、田麻呂、綱手、百川、蔵下麻呂など九人の男子のあったことがしられる。長子広嗣は、和銅末年頃の生まれ（木本「藤原広嗣の乱について」『山形県立米沢女子短期大学紀要』二十八号掲載、のち『奈良朝政治と皇位継承』所収、髙科書店、一九九五年。稲光栄一「藤原広嗣の乱に関する一考察」『歴史教育』六巻六号掲載、一九五八年。野村忠夫「藤原式家—宇合と子息たち—」『政治経済史学』二二八号掲載、のち『奈良朝の政治と藤原氏』所収、吉川弘文館、一九九五年。高嶋正人「奈良時代中後期の式・京両家」『奈良時代諸氏族の研究』所収、吉川弘文館、一九八三年など参照）。二子良継は、霊亀二年（七一六）生まれ（『続日本紀』宝亀八年九月丙寅条）、三子の存在はわからない。四子は清成であると考えられており、宝亀八年（七七七）九月十一日に六十二歳で歿したとする（『尊卑分脉』）が、これは『続日本紀』に宝亀八年九月十八日、六十二歳で薨去したとみえる良継と混同したのであり、にわかに信じがたい（本書、第五章参照）。五子は田麻呂で、養老六年（七二二）生まれ（『続日本紀』延暦二年三月丙申条）、六子綱手（『尊卑分脉』）については、明確でない。七子は未詳であり、九子蔵下麻呂は天平六年（七三四）生まれである（『続日本紀』宝亀六年七月壬辰条）。

（5）木本「藤原四子体制の実体について—野村氏の房前重視説への反論を中心として—」（『山形県立米沢女子短期大学紀要』二十五号掲載、のち改題補訂「藤原武智麻呂政権の成立」として『奈良朝政治と皇位継承』所収、髙科書店、一九九五年）。

（6）『続日本紀』天平九年八月丙午条。

（7）『尊卑分脉』宇合卿孫。

（8）『続日本紀』天平十一年三月庚申条。

（9）佐伯有清編『日本古代氏族事典』（雄山閣出版、一九九四年）。

（10）宇合の九子の母をみると、広嗣と良継は石上国盛（咸）大刀自（木本「石上朝臣氏と藤原式家」『米沢史学』十号掲載、のち改題「石上乙麻呂と橘諸兄政権」として『奈良朝政治と皇位継承』所収、髙科書店、一九九五年）、清成は高橋笠朝臣女阿禰娘（『尊卑分脉』）、田麻呂は小治田朝臣牛養の娘（『尊卑分脉』『公卿補任』）、綱手と七子は不詳であるが、九子蔵下麻呂は佐伯徳麿の女家主娘（『尊卑分脉』『公卿補任』）とみえる。よって若女が生んだのは百川のみであった可能性が高い。

（11）神田秀夫「懐風藻と光仁天皇」（『国語国文』四十八巻一号掲載、一九七九年）。

（12）五味智英「若売の恋」（『アララギ』一九六六年九月号掲載）。

（13）『尊卑分脉』広嗣項には「母左大臣石川麿女、従五位下国咸大眉」、『公卿補任』天平神護二年条には「母左大臣石川麿女、従五位下国盛大刀自」、同神護景雲四年条には「母左大臣石上朝臣麿女、従五位下刀自」とある。宇合の嫡妻となりうる女性の父の世代の時代には、「左大臣」というと石上朝臣麻呂しかいない。「石川麿」は、「石上麿」の間違いであろう。

（14）広嗣は和銅末年の生まれであるから、その母である国盛（咸）大刀自は、持統天皇八年（六九四）生まれの宇合よりも少し年下、持統天皇の末年から文武天皇初年（六九五～七〇〇頃）にかけての生まれであるとすると、乙麻呂とほぼ同年齢である（木本註（10）前掲論文）が、乙麻呂が弟である可能性が高い。

（15）当時の婚姻形態として、妻妾の同居はないと考える説（森田悌『長屋王の謎』、新人物往来社、一九九四年）もあるが、長屋王の場合を考えても、吉備内親王のほかに「石川夫人」「石川大刀自」「安倍大刀自」(奈良国立文化財研究所編『平城宮発掘調査出土木簡概報』二十一)との木簡もみえて、妻妾同居を指摘する説もある(大山誠一『長屋王木簡と奈良朝政治史』、吉川弘文館、一九九三年。木本「長屋王と政権の実体」『米沢史学』五号掲載、のち補訂『奈良朝政治と皇位継承』所収、髙科書店、一九九五年)。乙麻呂と若女との関係の派生原因を考えた場合には、宇合と国盛(感)大刀自・若女との妻妾同居を思ったほうが理解しやすいものと思う。

(16)　一は、若女が釆女か宮中に奉仕する女性であったので綱紀粛正の意味で厳罰になったとする説(日本思想大系『律令』名例律補注、岩波書店、一九七六年など)。二は、権勢者であった宇合の妻を姦したから厳罰に処せられたとする説(鴻巣盛広『万葉集全釈』、広文堂、一九四三年など)。三は、二重結婚の咎めとする説(折口信夫『日本文学の発生序説』、斎藤書店、一九四七年)。四は、宇合の喪中に再嫁して『戸婚律』にふれたとする説(市村宏「石上乙麻呂考」『文学論藻』三十二号掲載、一九六五年)。五は、固有法・慣習法から追放刑になったとする説(吉田一彦「石上乙麻呂と久米若女の配流について―姦通と追放刑―」『続日本紀研究』二七一号掲載、一九九〇年)。六は、百川にとっても藤原氏出身の光明皇后にとっても不利であったので、光明と藤原氏が圧力をかけて配流にしたとする説(北山茂夫「天平悲恋の一情景」『万葉集とその世紀』下巻所収、新潮社、一九八五年)。七は、乙麻呂を恐れた橘諸兄が、吉備真備と語らって陥れたとする説(五味註(12)前掲論文)。なお詳細は、木本註(10)前掲論文参照。

(17)　木本註(10)前掲論文。

(18)　『続日本紀』宝亀八年九月丙寅条、延暦二年三月丙申条。

(19)　『続日本紀』天平十四年六月丁丑条に、長屋王の変に坐して流罪となっていた上毛野宿奈麻呂が許され、本位に復したことがみえている。これは長屋王の事件、もしくは宿奈麻呂ひとりにかかわる「赦」だけではなかったのではないかと思われる。宮川久氏の研究(「養老律令施行と『告密』」『立教日本史論集』六号掲載、一九九五年)によれば、『続日本紀』の最終編纂段階では、長屋王の変での評価が逆転して無罪と認識されており、天平十年七月丙子条にみられるように「誣告」などと部分的な修正が加えられたとする。とすると、同十四年六月の「赦」は、宿奈麻呂だけでなく、良継や田麻呂などの広嗣の乱にも連座した人びとをも含めての「赦」でもあったが、長屋王への関心から最終編纂段階で宿奈麻呂のみの復帰が記述されたとも考えられる。

(20)『義解選叙令』五位以上条。

(21)『続日本紀』天平宝字三年六月庚戌条。高嶋氏は、百川が二十八歳で授爵して、十歳年長の兄田麻呂よりも二年早いのは、藤原仲麻呂の引き立てであるとされる(高嶋註(4)前掲論文)。しかし、その後の仲麻呂政権下での百川の官途をみればそうではない。田麻呂は、出身直前に広嗣の乱に連坐して隠岐に流され、また天平十四年許された後も蜷淵山中に隠居したというから、それで百川よりも授爵が遅れたのであろう。

(22)野村註(4)前掲論文。

(23)『続日本紀』天平宝字七年四月丁亥条。

(24)『続日本紀』天平宝字二年八月甲子条。

(25)薗田香融「恵美家子女伝考」(『史泉』三十二号掲載、のち『日本古代の貴族と地方豪族』所収、塙書房、一九九二年)。

(26)薗田註(25)前掲論文。木本「藤原恵美朝臣訓儒麻呂」(『政治経済史学』一〇七号掲載、のち『藤原仲麻呂政権の研究』所収、みつわ、一九八一年)。木本「藤原久須麿と大伴家持の相聞歌」(『日本歴史』四六八号掲載、のち『大伴旅人・家持とその時代』所収、桜楓社、一九九三年)。

(27)薗田註(25)前掲論文。

(28)中川註(2)前掲論文。

(29)『続日本紀』天平宝字八年九月乙巳・丙午・丁未・甲寅条、天平宝字八年十月丙寅・庚午・己丑・壬辰条。

(30)『続日本紀』神護景雲二年三月乙巳条。
(31) 林陸朗「巡察使の研究」(『国史学』六十八号掲載、のち『上代政治社会の研究』所収、吉川弘文館、一九六九年)。
(32)『続日本紀』天平神護元年二月丙寅条。
(33)『続日本紀』天平神護元年二月己巳条。
(34)『続日本紀』神護景雲二年十一月癸未条には、兵部卿を帯任していることがみえる。良継の前任者は和気王(『続日本紀』天平宝字八年十月癸未条)であったから、和気王が天平神護元年八月に謀反によって誅されたのちに、良継が補任されたものと思われる。
(35) 百川の左中弁帯任に関して、以下のような平城宮出土木簡がある。この木簡には「正四位□藤原朝臣縄麻呂　正四位下石上朝臣宅嗣　従四位下右［大弁藤原朝臣継ヵ］縄　左大弁従三位中臣朝臣清麻呂　中弁正五位下藤原朝臣小田［□□］　少弁従五位下［　　　］」との記述がある。「中弁正五位下藤原朝臣小田□□」は、「中弁」とあることから、この頃「雄田麻呂」と称していた百川のことであろう。以上六名の官人の官位と官職を『続日本紀』にみてみると、上限は、宅嗣が正四位下に叙した天平神護二年十月二十三日から、下限は清麻呂が左大弁から離任した神護景雲元年八月二十九日までの十か月間のものであることがわかる。問題なのは最後の、「少弁従五位下［　　　］」が誰かであるが、これは神護景雲元年七月十日に任じた「左少弁従五位下弓削御浄朝臣秋麿」であろう。そうすると、この木簡が記されたのは神護景雲元年七月十日から八月二十九日までの五十日間のことと推断される。この木簡の看見にあたっては、奈良国立文化財研究所の渡辺晃宏氏のご高配を賜った。感謝申し上げる次第である。
(36)『大日本古文書』五巻五三二頁。
(37)『公卿補任』延暦二十二年条。

(38)『続日本紀』天平神護元年十一月庚辰条。
(39)『続日本紀』天平宝字八年十月己巳条。
(40)『続日本紀』天平神護元年七月庚戌条。
(41)『続日本紀』神護景雲元年二月戊申条。
(42)木本「『続日本紀』天平神護元年十月甲申条をめぐって」(『日本歴史』四九七号掲載、一九八九年)。
(43)『続日本紀』天平神護元年二月甲子条。
(44)『続日本紀』天平神護元年二月丙寅・己巳条。
(45)『続日本紀』天平宝字五年十月壬子条。
(46)『続日本紀』天平宝字五年十月癸酉条。
(47)『続日本紀』神護景雲二年二月癸巳条。
(48)『続日本紀』神護景雲元年二月戊申条。
(49)『続日本紀』神護景雲元年三月己巳条。
(50)『続日本紀』神護景雲二年二月癸巳条。
(51)『続日本紀』神護景雲元年六月癸未条。
(52)赤羽洋輔「奈良朝後期政治史に於ける藤原式家について(中)」(『政治経済史学』四十号掲載、一九六六年)。
(53)日本思想大系『律令』名例律補注。瀧川政次郎「宮人と私通するは不敬罪」(『万葉律令考』所収、東京堂出版、一九七四年)。
(54)木本註(10)前掲論文。
(55)角田文衛「藤原袁比良」(『古代文化』六巻五号掲載、のち『平安人物志』上巻所収、法蔵館、一九八四年)。
(56)『続日本紀』神護景雲二年十月戊申条。

(57) ここには右兵衛督兼帯のことはみえないが、三年十月癸丑条からひきつづいて宝亀二年三月庚午条まで在任していたことが確認できるから、その記事が『続日本紀』にみえないからといって去任していたわけではなく、ひきつづいてその任にあった。『続日本紀』が略したか落したのであろう。
(58) 『完訳注釈続日本紀』第四分冊(現代思潮社、一九八七年)。
(59) 阿部猛『日本古代官職辞典』(髙科書店、一九九五年)。
(60) 中川収「称徳・道鏡政権の構造とその展開」(『国学院雑誌』六十六巻七号掲載、のち『奈良朝政治史の研究』所収、髙科書店、一九九一年)。
(61) 山本信吉氏は「内豎省の研究」(『国史学』七十一号掲載、のち『律令国家』所収、有精堂、一九七三年)で、天皇側近の護衛的なものであったともいわれるが、三年五月に不破内親王と氷上志計志麻呂の事件が起きたりしているから、これに備えたものであろう。
(62) 木本註(5)前掲論文。
(63) 直木孝次郎「称徳天皇・光明皇后と飽浪宮」(『奈良平安時代史の諸相』所収、髙科書店、一九九七年)。
(64) 岸俊男『日本古代の宮都』(岩波書店、一九九三年)。
(65) 横田健一『道鏡』(吉川弘文館、一九五九年)。
(66) 野村註(4)前掲論文。
(67) 赤羽註(52)前掲論文。
(68) 林註(3)前掲論文。
(69) 中川収「称徳・道鏡政権下の藤原氏」(『続日本紀研究』一二六号掲載、のち『奈良朝政治史の研究』所収、髙科書店、一九九一年)。
(70) 直木孝次郎他『続日本紀』三(平凡社、一九九〇年)。北山茂夫氏は、「清麻呂の背後にあって、その立場と主張を支持した」とする（「道鏡をめぐる諸問題」『立命館法学』四・五号掲載、のち『日本古代政治史の研究』所収、岩波書店、一九五九年）。また横田氏は、同心者とされたのは、法均とともに称徳に仕える明基尼や道鏡の師である路豊永であったとする（註（65）前掲書）。平野邦雄氏は、式家の人々が栄達したのに対して清麻呂が不遇であったことを挙げて、百川らが清麻呂と同陣営にあったという証拠はないとされる（『和気清麻呂』、吉川弘文館、一九六四年）。

（71）中川収「光仁朝の成立と井上皇后事件」（『日本歴史』二二七号掲載、のち『奈良朝政治史の研究』所収、高科書店、一九九一年）。

（72）瀧浪貞子「藤原永手と藤原百川—称徳女帝の『遺宣』をめぐって—」（『日本古代宮廷社会の研究』所収、思文閣出版、一九九一年）。

（73）林註（3）前掲論文。

（74）加藤静子「家伝・国史・説話」（『相模女子大学紀要』五十四号掲載、一九九〇年）。

（75）本書、第四章。

（76）中川註（71）前掲論文。

（77）『続日本紀』宝亀二年二月己酉条。

（78）赤羽洋輔「奈良朝後期政治史に於ける藤原式家について（上）」（『政治経済史学』三十九号掲載、一九六六年）。

（79）横田註（65）前掲書。

（80）林註（3）前掲論文。

（81）中川註（71）前掲論文。

（82）中川註（71）前掲論文。

（83）林註（3）前掲論文。

(84) 加納重文「藤原百川」(『女子大国文』一一一号掲載、一九九二年)。
(85) 中川註(71)前掲論文。
(86) 林註(3)前掲論文。
(87) 高嶋註(4)前掲論文。
(88) 福井俊彦「山部親王の立太子と官人」(『史観』一〇六号掲載、一九八二年)。
(89) 加藤註(74)前掲論文。
(90) 林註(3)前掲論文。
(91) 林註(3)前掲論文。
(92) 木本「石上宅嗣と藤原式家」(『政治経済史学』三四四号掲載、一九九五年)。
(93) 坂本太郎『日本全史』(東京大学出版会、一九六〇年)。
(94) 田中正日子「奈良末・平安初期の政治上の問題」(『日本史研究』四十二号掲載、一九五九年)。
(95) 北山茂夫「藤原種継事件の前後」(『日本古代政治史の研究』所収、岩波書店、一九五九年)。
(96) 中川註(71)前掲論文。
(97) 林註(3)前掲論文。
(98) 加納註(84)前掲論文。村尾次郎『桓武天皇』(吉川弘文館、一九六三年)。
(99) 瀧浪註(72)前掲論文。
(100) 宮田俊彦『吉備真備』(吉川弘文館、一九六一年)。
(101) 直木孝次郎『持統天皇』(吉川弘文館、一九六八年)。
(102) 木本註(15)前掲論文。
(103) 林註(3)前掲論文。福井註(88)前掲論文。

(104) 瀧浪貞子「桓武天皇の皇統意識」(『日本古代宮廷社会の研究』所収、思文閣出版、一九九一年)。
(105) 『続日本紀』宝亀六年十月壬戌条薨伝には、薨じるとき「年八十三」とある。
(106) 『続日本紀』宝亀元年十月丙申条には、天平宝字八年正月に七十歳に満ちたとある。
(107) 福井註(88)前掲論文。
(108) 瀧浪註(72)前掲論文。
(109) 今江広道「皇太子と位階制」(『日本古代の政治と制度』所収、続群書類従完成会、一九八五年)。
(110) 加納註(84)前掲論文。
(111) 林註(3)前掲論文。
(112) 『公卿補任』神護景雲四年条。
(113) 直木孝次郎「桓武朝における政治権力の基盤」(『歴史学研究』二二八号掲載、のち『奈良時代の諸問題』所収、塙書房、一九六八年)。
(114) 山本幸男「宝亀六年八月庚辰格の発効と停止」(『続日本紀研究』二二〇号掲載、一九八二年)。
(115) 赤羽洋輔「奈良朝後期政治史に於ける藤原式家について(下)」(『政治経済史学』四十一号掲載、一九六六年)。
(116) 中川収「光仁朝政治の構造と志向」(『日本古代の政治と制度』所収、のち『奈良朝政治史の研究』再収、高科書店、一九九一年)。
(117) 中川収氏は、北家の永手は「前朝の反省からくる皇統観の再認識の上に立っての政局の転換を謀った」のに対して、式家は「自家一流による領導権掌握を最終目的として行動する事において、北家のそれとは対立する可能性を有していた」とする(「光仁朝の政治動向(上)」『政治経済史学』四十五号掲載、一九六六年)。
(118) 『続日本紀』宝亀三年三月癸未条。
(119) 村尾註(98)前掲書。

(120) 中川註(71)前掲論文。
(121) 近江昌司「井上皇后事件と魘魅について」(『天理大学学報』三十九号掲載、一九六二年)。
(122) 角田文衛「宝亀三年の廃后廃太子事件」(『律令国家の展開』所収、法蔵館、一九八五年)。
(123) 加納註(84)前掲論文。
(124) 北山註(95)前掲論文。
(125) 中川註(71)前掲論文。
(126) 近江註(121)前掲論文。
(127) 中川註(71)前掲論文。
(128) 田中註(94)前掲論文。
(129) 角田註(122)前掲論文。
(130) 角田文衛「藤原人数の素性」(『平安人物志』上巻所収、法蔵館、一九八五年)。
(131) 『類聚国史』巻七十五、歳時部、曲宴、延暦十四年四月戊申条。
(132) 角田註(122)前掲論文。
(133) 林註(3)前掲論文。
(134) 福井註(88)前掲論文。
(135) 野村註(4)前掲論文。
(136) 村尾註(98)前掲書。
(137) 赤羽註(115)前掲論文。
(138) 林註(3)前掲論文。
(139) 中川註(71)前掲論文。

(140) 中川註(116)前掲論文。
(141) 瀧浪註(104)前掲論文。
(142) 中川註(71)前掲論文。
(143) 瀧浪註(104)前掲論文。
(144) 瀧浪註(104)前掲論文。
(145) 中川註(71)前掲論文。
(146) 林註(3)前掲論文。
(147) 角田註(122)前掲論文。
(148) 『大日本古文書』二十一巻二七四頁。
(149) 佐藤註(3)前掲論文。

第四章　藤原蔵下麻呂

はじめに

奈良時代の政治史を概括すれば、それは藤原氏の歴史といいかえても過言ではないと思うが、その藤原氏も四家に分立後、中期には不比等の長子武智麻呂を始祖とする南家の仲麻呂が権勢をふるった。その仲麻呂が倒れた後期にはいって、称徳・道鏡政権という異形な仏教政治が現出したが、これも一時的なもので、称徳の逝去とともに崩壊したあとをうけて、再び政界に権力を構築したのはやはり藤原氏であった。その藤原氏とは、宇合の次子良継を中心に田麻呂・百川・蔵下麻呂ら光仁天皇・山部皇太子を擁立した式家兄弟であった。式家には、長子広嗣が乱を起こし六男綱手ともども誅殺され、次兄良継・五男田麻呂が配流となって政治的に低迷を余儀なくされた時期があり、そのために勢力の挽回という意識が南家・北家よりもより強くあった。

このように奈良時代末期、光仁朝から桓武朝初期における時代、前述のように政治は式家を中心に展開されていくことから、この前後の政治史研究にあっては、四家それぞれが何人の議政官を出したか、このことを目安に四家の政治的力関係を推測し、政治動向を追究しようする方法が一般的であり、その成果は中川収・野村忠夫両氏の業績に顕著である。(1)

しかし、式家のように始祖の次世代である兄弟で「家」を構成している場合と相違して、三世代時代にはいっていた南家・北家の人々に、「南家」「北家」という家意識が、また紐帯的意識がどれほど存していたかというと懐疑的にならざるをえない。その意味で亀田隆之氏が「氏族的原理意識の稀薄化」や「藤原氏の参加は天皇との個人的結びつき、また個人の資質が比重を占め、しかも特定の家の勢力拡張とは結びつかない」[2]などとして、南・北・式各家の「家意識」、藤原氏としての「同族意識」が稀薄化していくことを指摘されたことは注視されるべきであるように思う。

そのなかで、先述したように、式家は宇合が南家・北家始祖の武智麻呂・房前より十年以上も年少であったために、南・北両家が三世代目になったときにも次世代の、すなわち兄弟時代であり、それだけに紐帯心も強く、この時期にあってもなお式家という「家意識」が政治動向の中にも現れていた。しかし、藤原四家はその中でも互いに婚姻を結びあい、「血族」としてだけではなく「姻族」としての関係をもあわせもっており、女系性を重視すればかならずしも「家意識」のみを前提として政治動向を考察できるものではない。たとえば筆者は別稿で、式家と石上氏について、宇合と石上乙麻呂、良継と石上宅嗣の父子二組の姻族関係を念頭にしての政治動向に矚目したことがあった[3]。

このようなことを念頭にすれば、「家」を単位としての政治動向の研究にはおのずと限界があり、それを打開するためには各個人の考察を通して、「四家」の、「藤原氏」の、ひいては奈良朝末期の政治動向を把握していくよりほかないと考えられる。以下に述べる藤原蔵下麻呂(倉下麻呂とも書くが、ここでは蔵下麻呂に統一する)の個人考察も、このようなことを意識した「式家」研究の一端であることを前記しておく。

一　蔵下麻呂の出生と出身

蔵下麻呂は、『続日本紀』宝亀六年七月壬辰条の「薨伝」には「平城朝の参議正三位式部卿大宰帥馬養が第九の子なり」と宇合の九子であることがみえて、やはり「薨伝」に四十二歳で同日に逝去したとみえているから、逆算すると天平六年（七三四）、父宇合四十一歳の時の生まれとなることがわかる。一方、『尊卑分脉』は四十三歳、天平五年の生まれとして相違をみせる。どちらとも断定するに足る材料をもちあわせていないが、ここでは一応正史ということで四十二歳薨去説をとっておくことにする。

母については、正史にはみえないが『尊卑分脉』宇合卿孫は「母は従五上佐伯徳麿の女、家主娘」とし、『公卿補任』も同様とする。佐伯徳麿については、この『尊卑分脉』『公卿補任』以外にその記事を見出すことはできない。宇合と佐伯氏のあいだに特別な関係を指摘することはできないが、天平宝字七年（七六三）四月頃に良継が仲麻呂暗殺を企んだとき[4]、従兄弟の石上宅嗣、そして大伴家持とともに、佐伯今毛人も加わって左降処分を被ったことがあった。この当時佐伯氏を代表する今毛人と良継との親密さを考えた場合、これには式家と佐伯氏との姻族としての密接な関係が底辺にあったことが想起できるかもしれない。

宇合は、嫡妻として左大臣石上麻呂の娘国盛（咸）大刀自を迎え広嗣・良継をもうけ、その後高橋笠朝臣の娘とは四男清成を、小治田牛養の娘とは五男の田麻呂、久米若女とは八男百川をもうけるなどしているが、石上氏以外は高橋・久米・小治田氏と中下級氏族出身の娘を納れていることからすれば、蔵下麻呂の母は石上氏につぐ旧氏族の出身ではあったが、やはり末子の蔵下麻呂を生んでいることからすると国盛（咸）大刀自に比べればかなり若く、宇合との年齢差も二十歳近くはあったものと推量される。

蔵下麻呂が生まれて四年目、天平九年八月、父の宇合が亡くなる。蔵下麻呂自身にとっての早過ぎる不幸は、さらに天平十二年、式家を継いだ長兄広嗣の九州での謀反の決起によって再びもたらされることとなる。この時に綱手はともに殺され、次兄の良継は伊豆に、田麻呂も隠岐に配流となった。すぐうえの八男百川は九歳、七歳の蔵下麻呂ら幼い兄弟は罪に坐すことは免れたものの、謀反人を出したことは式家はもとより、この幼い兄弟にも深い傷をうえつけないではおかなかったものと考えられる。

蔵下麻呂が官途についたのは、「薨伝」に「内舎人より出雲介に遷され」とみえているから、内舎人による出身であったことがしられる。内舎人は『職員令』中務省条によれば、中務省に属し、帯刀宿衛して雑使に供奉し、行幸のときには前後に分衛するのを職掌とする。また『軍防令』五位子孫条には性職聡敏にして儀容のよいのを採用すると規定されていて、多くは大臣の子弟が任じられた。式家の兄弟でも内舎人からの出身者は、この蔵下麻呂くらいであるから、それだけに蔵下麻呂が周囲から将来を矚望されていたことがわかる。

内舎人の位階については、特に定めることをしなかったらしいが、野村氏の研究によれば、十八歳八月より出仕して内長上で四年後の二十二歳の七月に選限となり、叙位にあずかることになっていたらしい(5)。そうすると蔵下麻呂の内舎人への出身は、天平勝宝三年(七五一)ということになる。そして順調にいけば同七歳、蔵下麻呂は結階ではなく蔭階をもって直叙されたものと思われる。父宇合は正三位の位にて歿したから、その庶子としての蔭階は従六位下であるが、祖父贈正一位不比等の庶孫としてのそれは従六位上となる。たぶん蔵下麻呂はこの年、従六位上の官位を授けられたものと推測される(6)。

その後「薨伝」によれば出雲介に任じたという。出雲国は上国であるから、官位相当は従六位上である。まずは順当な補任といえるのではなかろうか。この補任は、常例として蔭叙をうけた直後のことであると想像されるから勝宝七歳中のことであろうと思う。しかし、もし『尊卑分脉』を信じて、天平五年生まれとすれば、その前年勝宝六年中ということになるが、この年七月十三日には阿倍綱麻呂が出雲守に任じられたことがみえる。七月早々に蔭叙した蔵下麻呂が、綱麻呂とともに介に補任されたとも考えられなくもない。蔵下麻呂が実際に出雲に赴任したか遙任であったかはまったくわからないが、守は遙任であっても介は現実に国務を勤めることが普通であることを考慮すると赴任したのでないかと思う。

出雲介に任じた蔵下麻呂が、いつまでその任にあったかは判然としない。出雲介につづいて蔵下麻呂が任じたのは、『続日本紀』によれば天平宝字二年正月の山陽道問民苦使であるが、この間二年半がある。出雲介から直接に山陽道問民苦使に遷任したか、その間に何かの官を経たかはわからない。蔵下麻呂の出雲介補任前後の国守の異動は思いのほかはげしく、六年七月に任じた阿倍綱麻呂は同八歳五月以前に得替解任して帰京し、この時には大伴古慈斐が朝廷を誹謗して国守を解任され、後任として山背王が任じ、翌天平宝字元年六月には百済王敬福が就任することになる。介については、『続日本紀』のこの間の勝宝七歳から八歳正月にかけての記事が編纂の都合で簡略になっており、国守・介などの外官の異動の記事を欠いてしることができないが、出雲介からいきなり問民苦使への登用というのもないように思うし、あとで述べるが昇叙のこともあり、たぶん八歳中に出雲国を去って帰京していたのではないかと思う。

二　藤原仲麻呂政権下の蔵下麻呂

天平宝字二年(七五八)正月、前述のように蔵下麻呂は山陽道問民苦使に任命されている。その時には「正六位上藤原朝臣倉下麻呂を山陽道の使と為す」と『続日本紀』にはみえている。(7)勝宝七歳中に蔭叙従六位上に叙してから二年半、六年中としても三年半の間に正六位上に二階昇っていたことがしられる。出雲介という外官に就き、帰京して内長上の官職に補されたとしても、その選限は四年であるから考選をえたものではない。大伴古慈斐の朝廷誹謗事件などについてなにか功績をあげて二階を一挙に昇ったのかもしれないが、『続日本紀』の記事をもとに想像するに、天平宝字元年五月に養老令施行にともなう叙位が、五位以上で七十八人にあったから、(8)この時に一階昇叙で正六位下になり、また同年八月四日には奈良麻呂の変鎮圧をうけて「この遍の政、明く浄く仕へ奉れるに依りて治め賜ふ人も在り」(9)として、船王ら十四人に一階の昇叙があったこともみえているから、このときに正六位上に昇ったなどのことが考えられる。もしこのような想像が許されるとするならば、やはり出雲介ではなく在京していることが求められるものと思うが、もし赴任していたと仮定するならば、さきに触れたように勝宝八歳中に帰京していたことが推測される。

さて蔵下麻呂の任じたこの問民苦使であるが、詳細は別稿(10)にゆずるとして、ここではその概要を述べるにとどめる。問民苦使は、『続日本紀』条文にも「使を八道に別ち、民苦を巡問せしめ、務めて貧病を恤みて、飢寒を衿み救ふ」とあるように、民苦を巡問する職務をもっていたのであるが、これは藤原仲麻呂が政権確立の過程において、地方政治の紊乱など律令制の破綻による民衆の政府への不満を懐柔するために施行したものであって、唐の太宗の貞観八年(六三四)正月創設の観風俗使に倣ったものと考えられる。

蔵下麻呂の政績についてはしられていないが、七月三日には東海東山道使藤原浄弁が老丁・耆老年齢の一歳繰下げによる課役の負担軽減、そして口分田の荒廃を防ぐための毛野川掘防工事の必要性などを申上したことがみえ、また九月三日には西海道使藤原楓麻呂が民の疾苦二十九件を採訪・奏上し、これを大宰府に処理させたことなどの成果がみえているから、蔵下麻呂も六月から八月末頃まで問民苦使として山陽道の諸国にあったものと推察される。

しかし注目すべきは、仲麻呂によって選任された官人達である。京畿内使には石川豊成、東海東山道使に藤原浄弁、北陸道使に紀広純、山陰道使に大伴潔足、山陽道使に蔵下麻呂、南海道使に阿倍広人、西海道使に藤原楓麻呂という七人が任じられている。これを表に整理したものをみていただくとわかるように、まず藤原氏の中で衰亡して補任するのに足る官人のいなかった京家を除いて、南家の浄弁、北家の楓麻呂、式家の蔵下麻呂と、それに石川・大伴・紀・阿倍という旧氏族から選任されている。なかでもこれらの旧氏族出身の官人は、すべて太政官の構成員でかつ仲麻呂の権力基盤の官司で自ら長官を勤める紫微中台の次官紫微大弼を歴任したことのある仲麻呂政権の中枢官人の親族者であることがわかる。

道別	補任官人	関係	関係者	歴任職
東海東山道使	藤原浄弁	父子	南家、藤原仲麻呂	紫微令
西海道使	藤原楓麻呂	父子	北家、藤原房前	
山陽道使	藤原蔵下麻呂	父子	式家、藤原宇合	
京畿内使	石川豊成	兄弟	中納言・石川年足	紫微大弼
山陰道使	大伴潔足	父子	参議・大伴兄麻呂	紫微大弼
北陸道使	紀広純	従兄弟	参議・紀飯麻呂	紫微大弼
南海道使	阿倍広人	？	参議・阿倍沙弥麻呂	紫微大弼

このように問民苦使の選任には、藤原氏の南・北・式家から有望な官人各一名を採用し、また旧氏族からは信頼

できる自派官人の息子・兄弟たちを登用することによって、老齢化した自己政権の将来に備えて、その新旧交替を目的に、新進官人を育成しようとした仲麻呂の意図があったものと思われる。この仲麻呂の目的は結局は達成されず、仲麻呂の子浄弁は父と運命をともにしたものの、除く六人のうち、阿倍広人のその後はよくわからないが、石川豊成は中納言、残る藤原楓麻呂・大伴潔足・紀広純そして蔵下麻呂自身も参議にまで昇り、議政官となっていることを思えば、やはり仲麻呂の意図とした将来を嘱望される新進官人を登用したとのことが、皮肉にも仲麻呂歿後になって実証されたということになる。嫡子ではなく末子の、それも九男の蔵下麻呂が内舎人から出身して、そして二十五歳という若さで時の権臣仲麻呂によって問民苦使に抜擢されたことは、蔵下麻呂が政界にあって将来を期待される有望な若手官人であったことを物語るものであろう。

天平宝字五年、二十八歳となった蔵下麻呂はこの年、粟田馬養の娘廉刀自[11]とのあいだに縄主をもうけている[12]。馬養は、訳語であって漢語を教授したりしているが、馬養とともに同じく漢語教授を命じられた秦朝元の娘も、蔵下麻呂の兄清成に嫁して種継を生んだと伝えられるから、式家兄弟にはこのような漢語に詳しい人物との関わりが指摘される。これには入唐の経験もある宇合の意向があったのかもしれない。もちろん蔵下麻呂が馬養の娘をいれた時は、宝字年間の初年であろうから、宇合はもとより馬養も天平十九年十一月に備中守に補任して以降史料にみえないことから、この頃にはすでに歿していたのであろうが、宇合・馬養歿後も両家には何かしらの関係がつづいていたものと推察される。また『尊卑分脈』は、縄主の兄として第一子宗継(嗣)をあげている。このことは正史などには確認できないが、宗継は宝亀十一年(七八〇)正月に従五位下になっていて、『公卿補任』延暦十七年条が「長子」とする縄主のそれの延暦二年(七八三)四月よりも早いから、『尊卑分脈』の記事を信じるとすると、宗継は縄主よりも三～四年年長で、ちょうど蔵下麻呂が問民苦使に任じた宝字二年頃の生まれになるではないかと思う。

さて問民苦使補任後に、蔵下麻呂がどのような官職に就いていたかがわからない。しばらく史料に蔵下麻呂の記事を欠くが、それから五年を経た宝字七年正月になってようやく従五位下に昇叙したことがみえる。問民苦使に任じた七人のうち、京畿内使の石川豊成は従五位下であったが、その年の同二年八月に従五位上、同四年正月に正五位下、同五年四月に正五位上、同六年正月に従四位下と進み、この年の十二月には参議に就いている。藤原楓麻呂は蔵下麻呂と同じ正六位上であったが、その年の八月に従五位下に、藤原浄弁も正六位上であったが、同じくその年の八月に従五位下に昇っている。阿倍広人は、従六位下から同三年十二月には正六位上にあって、同五年正月に従五位下になっている。紀広純は正六位上で、同七年正月に従五位下になり、大宰員外少弐に任じている。大伴潔足はやはり蔵下麻呂と同じ正六位上であったが、同八年正月に従五位下に昇り、その間は式部少丞にあったことがしられている。

こうして昇叙をみてくると、問民苦使七人のうち、その任務が解けるか否かの宝字二年八月、淳仁天皇即位によって一階昇叙する石川豊成・藤原楓麻呂・藤原浄弁の三人と、遅れて宝字五年正月となった阿倍広人、そして蔵下麻呂と同じように宝字七年正月に昇った紀広純、さらに遅れて宝字八年正月となる大伴潔足の四つに区分することができる。しかし阿倍広人は、正六位上からではなく三階も低い従六位下からの昇叙であったことからすると大きく昇進しており、それに比べて蔵下麻呂と広純の従五位下への入内は、藤原楓麻呂・藤原浄弁に比して五年も遅れている。これは淳仁天皇を擁立して政権の確立を成し遂げた仲麻呂の、七人に対する評価がそのまま表れているといってもよいのであろうか。

そして偶然でもあるのか、早い昇叙にあずかった三人のうちで、最も官位の高い石川豊成を除いて、問民苦使としての政績が『続日本紀』にしられる二人、楓麻呂と浄弁がともに藤原氏を出自としていることは注目されることかもしれない。これをみるかぎり、蔵下麻呂は、同族で従兄弟でもありながら、政権を掌握し専権をふるう仲麻呂からは特別に親近な官人とはみられなくなっていたようである。それでは入内直後の宝字七年正月に少納言に任じられたことは、どう理解すればよいのであろうか。

少納言の官位相当は従五位下であって、蔵下麻呂の官位と相当する。妥当な人事といえるであろうと思う。このとき少納言の補任とともに、前出の右大弁石川豊成を残して左右弁官はすべて、そして大外記など太政官事務組織は集中的に異動をみている。補任した官人を一瞥すると、左中弁となった小野都久良はのちに仲麻呂を追討した功績により勲四等を授けられているが、左大弁に任じた中臣清麻呂はこのとき仲麻呂派と目されており、また左少弁大原今城[13]、右中弁粟田人成、右少弁紀牛養の三人はともに仲麻呂の乱に坐して無位に貶され、のち宝亀年間になって復位した仲麻呂派官人である。蔵下麻呂とともに少納言となった大伴東人、大外記となった伊吉益麻呂については何ともいえない。

この宝字七年正月の補任について、野村氏は押勝(仲麻呂)派官人の主要ポストへの就任がみられないことなどから孝謙上皇の意図の反映とみることができるとされる[14]が、太政官事務組織にかぎれば、仲麻呂の思惑が反映されているといってもよいと思う。この人事は、前年の同六年六月に仲麻呂の擁立した淳仁天皇が孝謙上皇から国家大事賞罰二柄の天皇大権を簒奪され、このことによって自己の権力基盤がゆるぎはじめたことに対して、あくまでも令制にもとづき行政機構を掌握し、その行政機能によって政権を維持しようとした仲麻呂の意図からでているものと思う[15]。

このような仲麻呂の政治的意図によって、蔵下麻呂が「小事を奏宣し、鈴印伝符を請け進り、(中略)官印を監る」という太政官事務を掌る、早川庄八氏のいう「秘書官たるべき官[16]」の少納言に任じられたことは、仲麻呂には蔵下麻呂は少なくともこの時には上皇派に属する官人とはうつってはいなかったことを示しているのではないかと思う。しかし仲麻呂政権下での少納言の前任者をみてみると、それは豊野出雲・大野広立・菅生王・紀牛養らであって、出雲は少納言ののち安芸守、広立は若狭守、菅生王は阿波守など外官に任じており、内官となったのは後に仲麻呂の乱に坐し無位に貶された牛養が転じて右少弁となったのみである。よって少納言という職は、宝字七年正月という前述した政治情勢からくる補任意図を考慮しなかった場合には、仲麻呂にとっては重視すべき官職でもなく、また蔵下麻呂にとってもあまり歓迎すべき職ではなかったかもしれない。

蔵下麻呂が少納言に任じてから四か月たった宝字七年四月、石上奥継も少納言に任じられた。これに関して角田文衛氏は、「兄の宿奈麻呂(良継)の『良継の変』に連坐して解官され(天平宝字七年四月)、翌年本位に復され、備前守に補されていた」(17)とされる。しかし蔵下麻呂の解官、本官への復官などは『続日本紀』にはみえない。角田氏は、奥継の任少納言が蔵下麻呂の解官をうけての後任人事と理解されたのであろうか。しかし、これは菅生王が同日に阿波守に転じた後任であったと考えられるし、蔵下麻呂の兄の田麻呂や百川らも次兄良継の変に連坐していないことから、この角田氏の見解は憶測の域をでるものではないと思う。それよりも少納言は定員が三人であるから、ここに大伴東人、蔵下麻呂そして奥継の三人になったと理解したい。東人も奥継もともに仲麻呂の乱に坐さないで、称徳・道鏡政権下においても官人としての命脈を保ったようでもあるから、蔵下麻呂としても特別に政治的な派閥にとらわれるような問題を同僚に抱えることはなかったものと思う。

この年宝字七年(七六三)、蔵下麻呂に五男綱継が誕生している。『続日本後紀』承和十四年七月己丑条には、「綱継は、……参議従三位勲二等大宰帥蔵下麿の第五子なり……年八十五にして終る」とみえている。『尊卑分脉』には八十六歳ともあるが、今は正史によっておく。母は『公卿補任』天長二年条も『尊卑分脉』宇合卿孫も、ともに掃守王の娘乙訓女王とする。どのような関係で乙訓女王をいれることになったのかはわからないし、女王の父の掃守王についても、その系譜が明らかでない。乙訓女王が二十歳と仮定すれば、掃守王は四十歳前後で、蔵下麻呂より十歳前後年長と推測される。宝亀九年八月に従四位下に昇ったのが史料にみえる最後であるから、それからまもなく歿したのであろう。そうすると五十五歳前後ということになり、常識の範囲におさまるのではないかと思う。

また綱継のほかに、『尊卑分脉』は先にあげた宗継・縄主につづいて綱継の兄として、網主・浄本・八綱・清綱の順に四人をあげている。浄本は『尊卑分脉』では四男とあるが、『公卿補任』天長七年条には「従三位参議蔵下麿の九男」ともある。『日本紀略』天長七年七月癸巳条には「大蔵卿従三位藤原朝臣浄本薨ず。年六十一」との記事がみえ、逆算すると宝亀元年(七七〇)生まれとなる。渡里恒信氏は縄主と同胞ではないかとされている。[18] 五男綱継が宝字七年生まれであるから、浄本を九男とする『公卿補任』の記事とに矛盾はない。残りの網主・八綱・清綱の長幼の順は明確でない。「網」主は、たぶん綱継・八綱などの兄弟の名前からして「綱」主の間違いであろう。「網」主はみえないが、「綱」主ならば『日本後紀』延暦十八年六月丙申条に従五位下から従五位上に昇ったことがみえている。綱継は延暦二十二年正月に従五位下に昇っているから、綱主は綱継の兄、第三子か第四子ではないだろうか。

また八綱は弘仁六年(八一五)正月に従五位下になっている。浄本は弘仁二年に従五位下になったとあるから、八綱は第九子の浄本よりも年少である可能性が高い。残る清綱については正史にはみえないが、「綱」と「縄」を通用することもあるから清縄との表記もありそうである。清縄なら正史にみえて、『日本後紀』弘仁元年九月癸丑条にすでに従五位下にあったことがみえるから、浄本の兄で綱継の弟、第六子～第八子かとも思われる。

まとめると宝字二年(七五八)年頃出生の第一子宗継、同五年(七六一)の第二子縄主、第三子か第四子の綱主、宝字七年（七六三）生まれの第五子綱継、第六子～第八子の清綱、宝亀元年（七七〇）生まれの第九子浄本、そして八綱となる。

三　称徳・道鏡政権下の蔵下麻呂

天平宝字八年正月二十一日、蔵下麻呂は備前守に任じた。甘南備伊香が主税頭に遷ったあとをうけてのものであって、蔵下麻呂の後任の少納言には山村王が任じられている。この一連の補任の性格について、野村忠夫氏は「押勝は力をつくして、体制の維持に努めたが、反対派の進出をも阻止しえなかった」といわれている。概ねこのように理解してよいと思うが、「反対派の進出をも阻止しえなかった」とは具体的には、造東大寺司長官に吉備真備が、そして大宰大弐に佐伯今毛人、少弐に石上宅嗣が就いていることの人事をいい、それには反対派との妥協がみえると推測されている。[19]

しかし真備の人事はともかくとして、今毛人・宅嗣の大弐、少弐への補任は、前年同七年四月の良継を首謀者とする仲麻呂の暗殺未遂事件に絡んで、仲麻呂が今毛人らの現職を解任、九州に体よく追放した人事であり、仲麻呂の反対派との妥協的人事とはいえない。この事件は良継が「独り謀首たり。他人は曾て預かり知らず」といったこともあって、仲麻呂は今毛人らの叛意の確たる証拠をつかめず断罪することができなかったことから、この九州への左降によってその決着をはかったのであり、この人事は仲麻呂の意志によるものと考えてよい。[20][21]

このように理解し、かつこれ以外の人事が、阿倍小路の左少弁、高丘比良麻呂の大外記、七男薩雄の右虎賁督、八男辛加知の越前守、九男執棹の美濃守など仲麻呂派官人の枢要職への人事であることを考えれば、この八年正月の人事異動には、別稿でも述べたように仲麻呂の主導性が認められるのであり、かならずしも孝謙上皇の淳仁天皇・仲麻呂に対する政治的優位を示すものではないのである。[22]

ことにこの時の人事では外官も重視されたようで、三関国のうち美濃守と越前守に仲麻呂の息子二人が任じ[23]、それ以外では播磨・備前・備中・備後そして周防と大道が通る山陽道諸国の国守の人事が中心となっている。これは今毛人・宅嗣ら大宰府官人の挙動に備えたというよりも、『続日本紀』天平宝字七年八月戊子条に「山陽・南海等の諸国旱りす」とあるのにはじまって、同年十二月己丑条にも、摂津・播磨・備前三国の飢えによる賑給がみえて、同八年にはいっても正月丙寅条に備中・備後二国の、三月辛亥条にも摂津・播磨・備前・備中・備後五国に同様のことがみえているから、これらの旱天による不作からくる食料不足の状況に対応するため、新しい国守の任命によって事態の打開を図ろうとした仲麻呂の意図によったものと考えられる。河合ミツ氏の研究によると、仲麻呂の乱後、同八年中に行われた国守・介の遷替は、三十六か国で五十人にのぼるという[24]。そのうち仲麻呂派官人として解任されたことがはっきりしているのは半数の二十五人であるが、実数は遷替数の五十人に近いものであったに相違なく、仲麻呂が国守の補任についても政権の強化のことを念頭にして十分に意をつくしていたことがしられるのである。

出雲介・少納言、そして上国の備前守と、蔵下麻呂はその時々の官位に相当する職に補任されてきており、また前述のように少納言前任者のその後の補任職と比較しても不遇とはいえないことから、蔵下麻呂の仲麻呂政権下での官途は傍目には順調なもののようにみえる。しかし蔵下麻呂本人にとっては、どうであったかはわからない。

その蔵下麻呂のこののちの人生を一転させるできごとが、すぐそこに近づいていたのである。天平宝字八年九月、広嗣の乱以降なかった戦闘が勃発する。つまり皇権の政治的な確立をいう孝謙上皇と、律令による行政体制を政治基調とした専権貴族を目指す仲麻呂との政治的対立を原因とする「仲麻呂の乱」が起こったのである。戦闘は淳仁の許にあった鈴印の争奪にはじまった。この鈴印争奪という緒戦に勝利した上皇は、直ちに仲麻呂が「兵を起こして逆を作す」との勅を発して、固関を命ずるとともに、貴族官人を自派に引き入れるためを目的とした昇叙を行った。仲麻呂は京中での緒戦に敗れたものの、態勢を整えるため太政官印を奪取して宇治を経て基盤国近江へと逃亡する。そして十八日に至って、高嶋郡三尾埼において仲麻呂軍と佐伯三野・大野真本ら上皇軍との最後の死闘がくりひろげられた。その三尾埼での戦闘で、上皇軍が「疲頓」し劣勢となったところに、蔵下麻呂が援軍に駆けつけて、仲麻呂軍の主鋒であった息子真先を討ったのに乗じて、三野らは反撃に転じて上皇側は勝利をえることになる。

二十日に近江から戻った蔵下麻呂らは凱旋して戦勝を報告しているが、この時のことを『続日本紀』は「討賊将軍従五位下藤原朝臣蔵下麻呂等凱旋して捷を献ず」[25]と記している。どのような理由で蔵下麻呂が「討賊将軍」に任ぜられたか、中川氏もいうように明らかでないし、この「討賊将軍」とはいかなるものであるかもわからない。もちろん臨時職であろうが、広嗣の乱のときに大野東人が全権を委任されて任命された大将軍のようなものではあるまい。角田氏は、吉備真備が「近国の軍団の兵力と衛府の兵力をもって急遽討賊軍を編成し、従五位下藤原朝臣蔵下麻呂を将軍に起用[26]」したとする。

『軍防令』将帥出征条には、「凡そ将帥征に出でむ、兵一万人に満る以上には、将軍一人、副将軍二人……」とみえている。蔵下麻呂が何人の兵を率いていたかはわからないが、良継が数百であったから、まさか一万人を越えるものではなかったはずである。『続日本紀』宝字八年九月壬子条の「仲麻呂薨伝」には、「山背守日下部子麻呂、衛門少尉佐伯伊多智等……勢多の橋を焼く」とみえていることが、延暦四年七月庚戌条の淡海三船の「卒伝」には

「尋いで将軍日下部宿祢子麻呂、佐伯宿祢伊達等、数百騎を率て至りて、勢多橋を焼き断つ」として、数百騎を領率した山背守日下部子麻呂もまた将軍であったとしている。

前掲のように凱旋の時、捷を蔵下麻呂が献じたことがみえており、これをもって角田氏のいうように討賊軍の最高指揮官に任じられたとの理解もできるが、一方「蔵下麻呂等凱旋して捷を献ず」ともみえて、これは蔵下麻呂が代表してというよりも、蔵下麻呂のみでなく、例えば日下部宿祢子麻呂も将軍として捷を献じた可能性もあるように思う。このようなことからすると「討賊将軍」とは、隼人や蝦夷征伐の時のような将軍ではなく、臨時に数百人から数千人の兵を率いて戦闘に加わることを命じられた幾人かの官人が、この時に将軍とよばれたものとも考えられる。

では蔵下麻呂はいつ、なぜに討賊将軍に選任されたのであろうか。戦闘が始まったのは十一日、十八日に蔵下麻呂が兵を率いて参戦したのであるから、角田氏がいうように「十六日頃に都を出発し、相坂道をとり、仲麻呂を追跡した」ものと考えられるから、当然備前国には遙任で、在京していたのであろう。さて蔵下麻呂が任命された背景には何があるのであろうか。いままでみてきたように、蔵下麻呂は、出雲介、問民苦使、少納言、備前守と史料にみるかぎりにおいては武官を歴任することもなく、また軍功をあげたこともない。適任者はほかにもいそうである。ただ蔵下麻呂は、天平勝宝三年頃より内舎人として上皇の在位中に四年間身近に仕えたことがあり、その時の帯刀宿衛ぶりが上皇に評価されての討賊将軍の選任であったかもしれない。

いずれにしても、追討軍の主要部隊を指揮していたのは蔵下麻呂であったのであり、三尾埼での戦闘に蔵下麻呂が活躍したことが転機となって上皇側が勝利したのであるから、蔵下麻呂の軍功は大きいものがあったようで、二十一日には従五位下から一挙に八階昇って従三位に叙せられている。「薨伝」にも「八年の乱に、賊近江に走るとき、官軍追討す。蔵下麻呂、兵を将て奄に至り、力戦してこれを敗る。功を以て従三位勲二等を授けらる」とみえている。

仲麻呂との戦いにおいて、上皇側は九月十一日にその緒戦の功として十三人を、十二日に十六人を、十三日に七人を、二十日には八人を昇叙し、そして二十一日には蔵下麻呂ひとりに昇叙している。この昇叙をみてみると、最も官位が昇ったのは、仲麻呂の首級をあげた大初位下石村石楯で十四階昇って従五位下に叙されているが、五位クラスにあった官人では蔵下麻呂が最も昇って、しかも従三位にいたったことは注目される。また良継も従五位上から従四位下へ、そして正四位上と六階昇って、蔵下麻呂に次ぐ評価をうけたことは、「良継薨伝」に「仲満謀反して、近江に走れり。即日に詔を奉けたまはりて、兵数百を将て追ひてこれを討つ」とみえていることによるものと思われる。

『続日本紀』にみるかぎりにおいては、良継・蔵下麻呂兄弟のように兵を率いて仲麻呂軍と交戦したのは、微官の衛門少尉佐伯伊多智、授刀物部広成、佐伯三野、大野真本ら以外には多くなく、それだけに良継・蔵下麻呂兄弟の活躍が特別視されるのであるが、それはこの兄弟にとっては大きな決断を要したものと思う。ことに良継は、前述のように、同七年四月に仲麻呂の暗殺を企んだものの露見して、「除姓・奪位」されていたことを思えば、その怨みをはらす絶好の機会となったはずであって、その行動にも首肯できるのであるが、角田氏がいわれたように、これに縁坐して解任・奪位されていたならともかく、そうではなく仲麻呂政権下でもそれほどの不遇をかこっていたとも思えない蔵下麻呂が、上皇の意志であったとはいえ討賊将軍となって兵を率いて参戦するにいたったのには、式家の政治的復活の目的があったからではなかろうか。

蔵下麻呂が戦勝を報告してから月もかわった十月九日、上皇は兵部卿和気王・左兵衛督山村王・外衛大将百済王敬福らの率いる兵数百を派遣して、中宮院にいた天皇を図書寮西北のところまで拘引、そこで山村王をして、天皇を廃し淡路公として退ける旨の詔を宣せさせた。さらに廃帝とその母當麻山背を小子門から配所の淡路へと送ることとしたが、この時『続日本紀』宝字八年十月壬申条に「右兵衛督藤原朝臣蔵下麻呂、配所に衛り送りて、一院に幽む」とあるように、その任務をになったのが蔵下麻呂であった。

蔵下麻呂がこの任務にあたったのは、仲麻呂軍との戦闘においてめざましい功績をあげたことにより、三位以上の貴族中で最も武官として評価されていたからであろうと思われる。それにくわえて、淳仁の処分が、鈴印争奪から始まった仲麻呂の乱の事後処理としての一面性をもつものであったからであり、そのためこの役割が討賊将軍として軍功をたてた蔵下麻呂に課せられたのであろう。九日に平城京を発った蔵下麻呂たちは、南海道のルート、宇智郡を南下し、紀伊国賀太から紀淡海峡をわたり、淡路国由良にあがり、そして現在の三原町にあったとされる国府の一院に廃帝を幽閉したのである。平城京から淡路国までは、往復六日の距離であったが、これは廃帝の衛送という任務であったから、さらに早く十三日頃には蔵下麻呂は京師に戻ったものと推察される。

ところでここで注目すべきは、蔵下麻呂が「右兵衛督」を帯任していたことである。宝字八年正月、備前守に任じたのち、いつ右兵衛督に遷っていたのであろうか。右兵衛督の前任者、すなわち仲麻呂政権下で右虎賁督にあったのは、八年正月に任じた仲麻呂の息子薩雄であったから、九月十一日までは薩雄がこの任にあったものと考えられる。またこの十月九日当時の比僚左兵衛督は山村王であったが、その山村王は上皇に遣わされ九月十一日に中宮院の鈴印を奪取せんとした時は少納言であったから、山村王の左兵衛督補任も九月十一日以降である。このことからすると、九月十一日以降に蔵下麻呂・山村王が、ともに左・右兵衛督に任じたのであろうことが推量される。

くわえて蔵下麻呂の補任は、討賊将軍としての功績によっての抜擢であったろうことをも考慮に入れれば、近江から帰京後の九月二十日以降十月九日までの間であったに相違ない。この間で『続日本紀』に補任の記事をひろってみると、九月二十五日と十月三日くらいしかみえない。もちろん、この両日以外にも補任が行われたことの可能性は否定できないが、この両日には現実に補任のあったことが確認できるのであり、十月三日の補任職がすべて外官であったことを考えれば、山村王の左兵衛督、蔵下麻呂の右兵衛督補任は九月二十五日にあったとするのが蓋然性が高いように思う。

このように仲麻呂の乱は、官人としての蔵下麻呂を「従五位下備前守」から、「従三位右兵衛督」へと一挙に勇躍させるとともに、これまでの歴任職にみえる文官としてのイメージを一新して、有望な武官としての姿に変えることになる。これは当時の政界にあっても驚きとして受けとめられたのではないだろうか。ただ翌年といっても二か月後の天平神護元年正月には、軍功を含めた「武功」著しい者に贈る勲二等を授けられ[27]、翌月に近衛大将に任じられるなどして、武官としての蔵下麻呂のイメージの定着には、そうは時間はかからなかったはずである。

蔵下麻呂は天平神護元年(七六五)二月八日に近衛大将に任じたのであるが、この近衛府はもとは授刀衛といって、二月三日に改称されたばかりであった。授刀衛は、三年半以上も授刀督の任にいた仲麻呂の女婿藤原御楯が宝字八年六月九日に歿して以降、仲麻呂の支配下より離れて、仲麻呂の乱に際しては仲麻呂側に立った中衛府に対抗して、上皇の軍事的基盤となった。上皇がこの動乱に勝利したのも、先述したようにその緒戦である鈴印争奪において先制したからであったが、そこには授刀少尉坂上苅田麻呂、授刀将曹牡鹿嶋足、授刀紀船守らの活躍があった。いわば授刀衛は、上皇の最大の軍事的拠りどころであったといってよい。

その授刀衛を、督・佐・尉・志の四等官から、中衛府と同じ大将・中将・少将制に改革し、官位相当も授刀督の従四位上から、近衛大将を中衛大将と同じ正三位の官とするなど整備充実させているのは、淳仁を廃帝にし淡路に幽閉したとはいえ再度の擁立を企てる政治勢力もまだまだあり、政情も不安定であったことを考えれば当然のことであったろう。それだけに上皇側の軍事的基盤であった授刀衛を改称・充実させた近衛府の、はじめての長官である近衛大将に蔵下麻呂をもって任命したことは、上皇にとって蔵下麻呂は最も信頼するに足りる人物であったことを示していると思う。(28)

また、この時外衛大将には兄の田麻呂が任じ、石上宅嗣も中衛中将に任じて、式家閥で軍事の枢要職を占めることになっている。やはり仲麻呂の乱においての良継・蔵下麻呂の功績が大きく影響していることは否めないが、そのような中でも道鏡の意向によって、衛門督に弓削御浄浄人、近衛少将に弓削牛養、右兵衛佐に弓削御浄秋麻呂をもって補していることは、道鏡の政治力拡大のためのものとして注目される人事といえよう。

以後、称徳(上皇)朝では、藤原式家を中心とする勢力と、道鏡を主体に、その親族と出身地である河内国を出自とする氏族官人をもって構成された勢力(29)との併存のなかで時はうつっていくことになるが、蔵下麻呂はその間は称徳の一番の軍事基盤であった近衛府の大将としてありつづける。そして立太子をめぐる貴族・官人の政治的蠢動(30)、廃帝の再擁立勢力との抗争、廃帝の暗殺、和気王を首とする反逆事件などあいついで起こった称徳の皇位を揺るがす事件にあたって、その政権を支える軍事的要職にあったのである。

このように蔵下麻呂が近衛大将にあった頃、「近衛大将藤原家」として、正倉院より染漆盖骨一具を借用したであろうことがしられている。『正倉院文書』「北倉代中間下帳(31)」にみえる「近衛大将藤原家」というのが、蔵下麻呂のことであろうと思われているのである。ただ、この年については明確ではない。月日は「十二月廿七日」とあるが、これを「宝亀元年」のことと理解して、宝亀元年十二月二十七日まで蔵下麻呂が近衛大将に在任していたと考えるものもあるが(32)、どうであろうか。

この「北倉代中間下帳」と名付けられた二十三枚からなるであろう文書は、続々修四十四に収められ、『大日本古文書』編纂者も「本文モマタ整理の際前後シタルトコロアルニ似タリト」というように年月日を欠くものも多く、肝心の「近衛大将藤原家」とみえる一枚にも、順に「十一月七日」「十二月廿七日」「神護二年正月十四日」「四月七日」の日付がみえるのみである。あくまでも『大日本古文書』でみたのみで、実物を確かめたわけではないので、はっきりしたことはいえず、また十二月二十七日部分には「主典葛井荒海」「史生凡判万呂」「蔵人田辺田道」「少寺主承天」らの署名もみえるが、この四人についても天平神護年間から宝亀三・四年頃まで同じ官職にあり、四人の官職から年月日を限定することもできない。

しかし凡判万呂と承天のふたりは、天平神護二年十二月に校田使として伊賀国に赴いていたらしいことが「東大寺伊賀国玉滝杣券」[33]にみえているから、この「十二月廿七日」は天平神護二年の十二月二十七日ではなかろう。ただ、ここには「神護二年正月十四日」というのがみえるから、その前の「十一月七日」と「十二月廿七日」は、天平神護元年の十一月七日と十二月二十七日で、「四月七日」は天平神護二年の四月七日のことであろうと思う。そうするとこの年、天平神護元年十二月二十七日に、蔵下麻呂は前述したように正倉院より染漆盖骨一具を借用したということになるのである。

このように蔵下麻呂は、称徳・道鏡政権の軍事的よりどころの近衛府の大将としてあったが、その間に『続日本紀』神護景雲元年三月丙寅条にみえるように、近衛将曹間人足人ら十九人が忠義武勇を賞せられて、象牙の笏と銀装の刀・腰帯の使用を許されるなど特別な待遇を認められているのは、近衛府への期待が大きかったことを示し、それだけに蔵下麻呂の職責には重いものがあったといえる。神護景雲元年(七六七)三月の補任では、近衛大将に加えて、「従三位藤原朝臣蔵下麻呂を伊豫・土左二国按察使と為す。近衛大将・左京大夫は故の如し[34]」とみえているように、さらに左京大夫にも任じて、そして伊豫土左按察使をも兼帯することになったことがしられる。

天平神護元年二月に近衛大将に任じたときは、左京大夫兼任の記事はみえないことから、それ以後の就任であろう。京職大夫は、宝字八年九月までの仲麻呂政権下では左右京尹として改編されており[35]、仲麻呂の息子訓儒麻呂が任じていた。官制が復した以後は、蔵下麻呂の在任を示すこの神護景雲元年三月までの二年半のあいだに、確実とはいえないが『続日本紀』神護景雲三年十月癸亥条にみえる「大和長岡卒伝」に「(宝字)八年右京大夫に任ず。年老たるを以て自ら辞して職を去る」とあって、長岡が宝字八年十月頃に右京大夫に任じたらしい[36]から左京大夫にもこの時に誰かをもって補したものと推察される。そうすると蔵下麻呂が、近衛大将の就任以前に左京大夫に任じたという可能性は少なく、近衛大将となった天平神護元年二月以降とした方がよいように思う。

そのあいだの補任を『続日本紀』にみてみると、二年三月辛巳(二十六日)・二年五月甲子(十日)・二年七月乙亥(二十二日)各条に行われたことが確かめられるから、二年五月から七月頃の可能性が高い。もし、そうだとするとこの時にはすでに左京大夫の在任は一年を過ぎていたことになり、『続日本紀』神護景雲二年七月壬申条にみえる小野竹良の補任まで、蔵下麻呂の左京大夫兼任は二年ほどであったと考えられる[37]。

さて、新たに任じた伊豫土左按察使であるが、この時はこの蔵下麻呂の補任のみであった。この前後の按察使をみてみると、前年の天平神護二年七月二十二日には、文室大市が出雲按察使に任じており、また翌年の神護景雲二年二月十八日には藤原縄麻呂が近江按察使となっている。大市はかつて宝字五年十月に出雲守となったことがあり、按察使補任について新日本古典文学大系本は「大市の地位を飾るものか」とされている。しかし、出雲守に任じたのは大市だけではないし、なぜこの補任の時に大市のみ地位を飾る人事がなされたか、すこぶる疑問である。

近江国については、仲麻呂がその国守に天平十七年九月になって以来、二十年近くも在任していたこともあって、動乱の際にも京師内での緒戦に敗れて態勢を立て直そうと、入国を謀ったくらいであり、高嶋郡では前少領角家足宅に泊まったことなどもみえているように、乱後にもその勢力が強く残っており、また称徳にとっては早い宣撫が求められていたものと思う。

縄麻呂は、天平神護二年三月から近江守に任じており、按察使としてその権限の強化をはかったものであろう。出雲にはどのような政治的課題があったかはわからないが、出雲守の経験のある大市を任じているからには事情に通じたことが要求されたのであろう。しかし蔵下麻呂の任じた伊豫土左二国は、どのような政治的なことで按察使を任ずる必要性があったのであろうか。また蔵下麻呂は、この二国の国守に任じたこともなく、また南海道に関与したことも認められず、この補任は、縄麻呂の近江、大市の出雲按察使とは状況が少し異なるようである。按察使は、時代が降るにしたがって、藤原氏官人に占められ、兼任が多くなり、それゆえに名誉化していく傾向が強くなるとの見解もある。伊豫・土左の国情、またこの二国への蔵下麻呂の関与が不明であったとしても、新日本古典文学大系本のいう大市と同様に「地位を飾るためのもの」とはやはり理解しがたい。何らかの政治的な事情があったものと思う。

それでは蔵下麻呂は、いつまでこの任にいたのであろうか。これについても明確ではない。縄麻呂は神護景雲四年(宝亀元)五月までは在任していたことがわかるもの(38)の、大市とともにいつまで帯任していたかはみえない。想像するに、縄麻呂は光仁天皇が即位した宝亀元年八月~十月頃までか、同二年三月の中納言昇任までであろう。ただ蔵下麻呂が、その頃まで伊豫土左按察使に任じていたかは疑問で、前述のように、縄麻呂・大市のふたりはいずれも国守に経験があるのに比べて、蔵下麻呂がこの二国の国守になったことは史料上には確認できないことからしても、長いあいだの帯任ではなかったような気がする。いつまでかの確かな見解はないのであるが、神護景雲二年六月二十九日、伊豫守に阿倍弥夫人、土左守に豊野出雲が併せて新たに任じられているから、この時に蔵下麻呂は伊豫土左按察使の任を終えた可能性があるように思う。

宝亀元年三月中旬頃になると、称徳は河内国由義宮にて不予となったらしい(39)。このような不穏な状況の中で、道鏡の実弟弓削浄人が白雀を献じた。これは称徳の治政を称賛しようとの演出であるが、この行為と連動したものであろう、前後して伊豫国からも白鹿がつづいて二回献上されている。もし蔵下麻呂がこの時まで伊豫按察使にあったとしたら、それは無関係ではなく、称徳・道鏡派としての存在を強く印象づけることになったかもしれない。

六月になると、称徳の病状もかなり重くなったのであろう。左大臣藤原永手に近衛・外衛・左右兵衛府の、右大臣吉備真備に中衛・左右衛士府の摂知を命じている。道鏡の弟弓削浄人が督に任じる衛門府がこれからもれていることについて、新日本古典文学大系本は浄人の存在を重んじたものか、道鏡の軍事的基盤を弱めたものか、定かでないとする(40)。

この措置は称徳の重体にともなうものであったことを考えれば、衛府の統率権を天皇に代わって左右大臣に代行させる、つまり太政官の管理下におこうとしたものであったと思われる。このこと自体は当然のことだと理解されるが、ここに勅言をもってしたことは道鏡の衛府への影響を排除しようとする意図のもとに、どちらかといえば称徳の発意ではなく、永手ら議政官からの要求によってなされたものと推測される。

左右大臣ふたりのもとに管理を集中する形式をとったのは、近衛大将蔵下麻呂・外衛大将藤原継縄・右兵衛督藤原百川・中衛大将真備・左衛士督吉備泉などの独自の行動を制御し、結束を保とうとしたからであろう。それゆえに浄人が、督として衛門府を左右大臣の管理下に入れることに抵抗したものと思われる。このように永手らは、称徳の歿去目前に衛門府以外の衛府をまとめて太政官の管理下において、道鏡の影響力を排除して(41)、称徳歿後の道鏡との政治闘争に絶対的優位に立った。ここにすでに道鏡の命脈は断たれていたものと理解されよう。そして八月四日称徳が歿去すると、実質上議政官が政治権力を掌中にし、政治的収拾が図られることになるのである。

『続日本紀』宝亀元年八月癸巳条には、

天皇、西宮の寝殿に崩りましぬ。春秋五十三。左大臣従一位藤原朝臣永手、右大臣吉備朝臣真備、参議兵部卿従三位藤原朝臣宿奈麻呂、参議民部卿従三位藤原朝臣縄麻呂、参議式部卿従三位石上朝臣宅嗣、近衛大将従三位藤原朝臣蔵下麻呂ら、策を禁中に定めて、諱を立てて皇太子とす。

とみえて、称徳歿後の皇位継承をめぐるなどの事態収拾にあたって、蔵下麻呂も重要な役割を果たしたことがわかる。この策定には『続日本紀』にみえる六人だけではなく、真備に推された文室浄三・大市兄弟も参加していたのではないかと中川収氏はいわれるが[42]、別稿でも論述したように[43]、ここは六人と考えたほうがよい。

さてこの六人をみてみると、蔵下麻呂を除く五人はいずれも太政官に席次を有する貴族官人である。皇太子となった大納言白壁王、また同じ大納言の弓削浄人は別にしても、七月に大納言となっていた大中臣清麻呂[44]、石川豊成・文室大市・藤原魚名・藤原田麻呂・多治比土作・藤原継縄ら参議の職にある官人らが参加していないにもかかわらず、蔵下麻呂がここに加わっているのはいかなる理由によるものであろうか。林陸朗氏は「光仁擁立のとき従三位で近衛大将の地位にあり、親衛軍を掌握する最高の武官であった。彼が光仁擁立の一翼をになったのは、良継・百川の兄弟、永手・縄麻呂の一族に加わって、こうした親衛軍を握る武官として意義があった[45]」とされ、また中川氏も「彼が参議の地位なくして皇太子決定の場に臨んだのは、この日、遣いを使って三関を固執させた事によっても明確な如く、その職掌故のものと考えられるのである。故に白壁王立太子に関しても自ら立策に加わったとは考えられず、もっぱら朝議決定後における秩序の安寧を計る為の命を待って列席していたと思われる[46]」として、表現の違いこそあれ、ともに武力を背景とした軍事責任者としての参加であったとの理解で一致をみているようである。

左大臣永手と右大臣真備は別にしても、宅嗣と縄麻呂が、そして七月二十日に参議になったばかりの宿奈麻呂(良継)が、大納言大中臣清麻呂や先任参議石川豊成などをおいてなぜ参加しえたか疑問が残る。参議にくわえて、式・兵・民部三省卿であったことも勘案されたとも思うが、ここは視点を変えて、これは称徳と道鏡に対する不信・非難派が、称徳の歿後、道鏡を排除し、その後に皇位継承についての策をたてんとしたものであり、その中心勢力が藤原氏であったということが認められるとすると、永手は太政官首班の左大臣としての職責上からのことだけではなく、藤原氏の結束をはかるうえから北家をも代表し、南家は縄麻呂が、式家では田麻呂が早く参議になっていたが、宿奈麻呂が兄で位も上であったことから参議となって一か月に満たないものの、式家の代表者として参加したとの推測もなりたつのではないだろうか。

しかし「百川伝」にもみえるように、藤原氏は白壁王擁立で一致をみていたものの、真備は文室浄三、そして弟の大市の擁立を企てていた。このこともあって藤原氏のなかでも白壁王擁立の中心人物であった宿奈麻呂は、自らも中衛大将を兼任して息子吉備泉も左衛士督を帯任している真備に対抗する武力的圧力を欲したのであった。そこで最強の親衛軍である近衛府を創設以来五年間にわたってずっと掌握し、かつ仲麻呂の乱において討賊将軍として活躍し武官として隠然たる発言力のあった弟の蔵下麻呂をこれに加え、皇位継承の策定会議を有利に進めんとしたのではないかと思われる。

このようにして北家永手と良継を中心とする式家兄弟は、白壁王を擁立することに成功したが、やはり政治的な混乱は避けられなかった。右大臣の吉備真備が文室浄三・大市兄弟を推して対立したことは、真備自らが中衛大将に任じ、また息子泉も左衛士督にあって軍事的影響力を発揮しうる立場にいたことからしても油断できない状況にあった。それだけに良継ら式家兄弟にとっては、真備らの行動に備えての武力の確保が重要な意味をもった。急遽、根拠地の近江から騎兵二百人を呼びよせ、朝廷を守らせる措置をとったのは、良継の発案であり、自らがその騎兵司の責任者になっていることは、かなりさしせまった状況にあったことを物語るものであろう。このような状況下では、「仲麻呂の乱」での活躍でしられるように、衛府のなかでも精兵をもって組織する近衛府の動向が状勢を左右しかねなかった。とくにこの時には、中将道嶋嶋足が蝦夷宇漢迷公宇屈波宇らの騒擾のために東北に派遣されて京師を留守にしており、それだけに近衛大将の蔵下麻呂の果たした役割は重要であったし、期待も大きかったものと推量される。それはさらに翌月に兵部卿をも兼任したということによっても理解できる。

良継は光仁天皇を擁立したのにつづいて、称徳天皇体制下の官人組織を改め、新たなる政治体制を構築する必要に迫られていた。そのためには人事権を行使して、自派閥の官人を官司の要所に配置することが求められた。そのことから良継は兵部卿から式部卿に転じたのであろう。しかし、光仁天皇の擁立には成功したとはいえ、一か月をすぎたばかりである。いつ武力を要する事態が起こらないともかぎらない。そこで自分にかわって、武官を管理する兵部卿にはもっとも信頼できる官人を充てる必要があった。このことからしても、良継のあとをついで九月十六日に兼兵部卿に任じた蔵下麻呂がいかに信頼されていたかがわかる。

宝亀二年正月二十三日、他戸親王の立太子にともなって、蔵下麻呂は兵部卿にくわえて春宮大夫をも兼任することになった。ただ、『続日本紀』条文には「兵部卿従三位藤原朝臣蔵下麻呂を兼春宮大夫」とみえて、そこには天平神護元年二月から六年間にわたって帯任していた近衛大将の在任が確認できない。『続日本紀』などの史料には、宝亀元年九月の蔵下麻呂の記事以降、同八年十月の藤原魚名の在任まで近衛大将に任じた人物のことは確認できないから、この宝亀二年正月辛巳(二十三日)条文が兵部卿を載せて近衛大将を落したとも考えて、宝亀元年九月以降、このときも在任していたと考えられなくもないが、この可能性は少ない。たぶん同元年九月からこの二年正月までのあいだに近衛大将から去っていたのであろう。あるいは春宮大夫を兼任することから近衛大将を罷めたのかもしれない。

蔵下麻呂が春宮大夫に選任されたのは、近衛大将を長く帯任するなど武官としての経験がかわれたからであろう。すでに良継・百川ら兄達が他戸にかえて山部親王の擁立を考えていただろうから、兄達からは春宮大夫への任官は歓迎されなかったかもしれない。本人も自ら望んでなったものではなく、おそらくは特別な支持勢力をもたない他戸のことを思って、そのサポートを願った他戸の母井上皇后の意図をうけた光仁天皇の配慮であったかもしれない。(47)この春宮大夫には、いつまでの在任であったのであろうか。亮大伴伯麻呂、員外亮石上家成も他戸廃太子の三年五月までは他の官職への補任がみえないから、蔵下麻呂も他戸廃太子まで大夫の職にいたのであろう。

宝亀二年五月、蔵下麻呂は大宰帥に遷った。大宰帥には良継が元年八月に任じ、そのあと式家兄弟の盟友で従兄弟でもある石上宅嗣が就き、二年三月には百川が後任として兼任している。このように大宰帥には、式家の兄弟がつぎつぎと就任している。これは日羅関係の悪化に備えたものでもあるが、(48)父宇合が長いあいだ大宰帥の職にあったことから、この兄弟にとって大宰帥というのは他の官職とは違って特別な官職としての意味があったからでもあり、また第一章で述べたように、人的なつながりも考えられよう。

そして『続日本紀』には、五年四月壬辰(二十四日)ふたたび大宰帥に任じたとみえている。しかし六年七月壬辰朔日条「薨伝」には、「宝亀五年、兵部卿より大宰帥に遷さる」ともみえている。そうすると蔵下麻呂は元年九月からずっと兵部卿に任じていて、五年四月に大宰帥に遷されたということになり、二年五月己亥(十三日)条の任大宰帥記事が重出記事ということになる。しかし、そういうことはあるまい。二年七月には兄田麻呂が兵部卿に補任されたことがわかっている。また『公卿補任』は二年五月から五年四月まで「大宰帥」と注記して、ずっと大宰帥に在任していたとする。これに拠れば、五年四月壬辰条の記事が重出と理解しなければならなくなるが、『続日本紀』の記事を確かな理由もなく単純に重出記事としてしりぞけることもできない。この『続日本紀』条文を矛盾なく理解しようとすると、二年五月に兵部卿から大宰帥となり、また兵部卿に復帰し、ふたたび五年四月に大宰帥になったとする考えかたがある。が、それも田麻呂の兵部卿在任が五年九月の藤原継縄の補任までであったらしいことを考えあわせると成り立たない。ここは二年五月に兵部卿から大宰帥に任じ、しばらくして兵部卿以外の官職に遷り、五年四月になってふたたび大宰帥に任じたと考えるしかないと思う。

ふたたび大宰帥となった翌月の五年五月五日、蔵下麻呂は参議に昇任する(49)。これで式家兄弟は、良継が内臣、百川・田麻呂にくわえて蔵下麻呂も参議となって、四人そろって議政官の地位を占めることになった。また前年の正月には、宿願である山部の立太子をも果たしていたことから、これをもって式家主導体制は全盛期をむかえたことになる。蔵下麻呂は、仲麻呂の乱での武功によって一挙に従三位にまで昇っていたが、末子であって、良継よりは十八歳、田麻呂よりは十二歳、百川よりは二歳年少であったから、官位のうえからはもっと早い参議昇任があってもよかったが、兄弟の長幼のうえから二年十一月の兄百川の参議就任を待って補任されたのであろう。兄田麻呂の四十五歳、百川の四十歳にくらべても、四十一歳というのは遅くはない。この前後で参議に昇任した官人をみてみると、蔵下麻呂とともに昇任した南家の是公は、式家に近い立場にいたものと思われるが、四十八歳であり、三年四月に任じた京家の浜成は四十九歳、北家の楓麻呂も五十歳であったことを考えれば、蔵下麻呂の任参議はすこぶる早い昇任といえるであろう。ここに末子蔵下麻呂をも早く議政官として登用し、太政官内での式家の発言力を強化、その主導体制を確固たるものにしたいという良継ら兄達の意図があったことは明白であろう。

おわりに

一家兄弟四人がそろって太政官内にその地位を占めるという、式家の全盛期は一年と思いのほか短かった。翌年七月一日、皮肉にも一番若い蔵下麻呂が死歿するのである。『続日本紀』は「薨伝」に、筆者がここまで冗長に論述してきたことを以下のように簡潔に記している。

参議大宰帥従三位勲二等藤原朝臣蔵下麻呂薨しぬ。平城朝の参議正三位式部卿大宰帥馬養が第九子なり。内舎人より出雲介に遷さる。宝字七年、従五位下を授けられ、少納言に任せらる。八年の乱に、賊近江に走るとき、官軍追討す。蔵下麻呂、兵を将て奄に至り、力戦してこれを敗る。功を以て従三位勲二等を授けらる。近衛大将兼左京大夫、伊豫土左等国按察使を歴たり。宝亀五年、兵部卿より大宰帥に遷さる。薨しぬる年卌二。

磐石ともみえた式家兄弟四人の連携による式家主導政治体制は、蔵下麻呂の死によって一年しかつづかずほころびをみせはじめる。そして二年後の宝亀八年九月、その中心であった内大臣の良継の死歿で瓦解することになるのである。先にも論述したように、式家宇合は南・北家の武智麻呂・房前よりも十四歳ほど年少である。よってこの式家四人兄弟が壮年にいたったとき、南北家では二世代の人々、つまり式家兄弟の従兄弟達は歿し、三世代目はまだ弱冠であった。その時期が称徳・道鏡政権から宝亀年間にあたっている。よって、この時期に式家四人兄弟が南・北家にぬきんでて政治的に主導権をもつことができたのである。しかし、兄弟が老年化し、その将来を託さんとしたとき、九人という兄弟がいながら、その主導体制の次代をになう人材は式家にはいなかった。わずかに清成の子種継が、五位で近衛少将・山背守の官職にあったにすぎなかったのである。これが式家主導体制が短命で終わった最大の理由であろう。

（1）中川収「称徳・道鏡政権下の藤原氏」（『続日本紀研究』一二六号掲載、一九六五年）。中川収「光仁朝政治の構造と志向」（『日本古代の政治と制度』所収、続群書類従完成会、一九八五年）。ともに補訂『奈良朝政治史の研究』（髙科書店、一九九一年）再収。野村忠夫『奈良朝の政治と藤原氏』（吉川弘文館、一九九五年）。
（2）亀田隆之「藤原魚名左降事件」（『関西学院大学創立百周年文学部記念論文集』所収、一九八九年）。
（3）木本「石上乙麻呂と橘諸兄政権―乙麻呂配流事件の政治史的考察―」（『奈良平安時代史の諸相』所収、髙科書店、一九九七年）。木本「石上宅嗣と藤原式家―宅嗣と藤原良継・百川兄弟―」（『政治経済史学』三四四号掲載、一九九五年）。
（4）中川収「藤原良継の変」（『奈良朝政治史の研究』所収、髙科書店、一九九一年）。
（5）野村忠夫「藤原京家―麻呂と浜成―」（『奈良朝の政治と藤原氏』所収、吉川弘文館、一九九五年）。
（6）一位庶孫の蔭位は正六位下であるが、不比等の一位は死後の贈位であるから、大宝令制下では、一階降って従六位上となる。
（7）『続日本紀』天平宝字二年正月戊寅条。
（8）『続日本紀』天平宝字元年五月丁卯条。
（9）『続日本紀』天平宝字元年八月庚辰条。
（10）木本「問民苦使発遣とその政治的背景」（『藤原仲麻呂政権の基礎的考察』所収、髙科書店、一九九三年）。
（11）『公卿補任』延暦十七年条。
（12）『尊卑分脉』宇合卿孫。『日本紀略』弘仁八年九月壬寅条に五十八歳で歿したとある。

(13)木本「大原今城と家持・稲君」(『大伴旅人・家持とその時代』所収、桜楓社、一九九三年)。
(14)野村忠夫「仲麻呂政権の一考察―律令官人の動向を中心に―」(岐阜大学学芸学部研究報告『人文科学』六号掲載、一九五八年)。
(15)木本「仲麻呂と孝謙上皇、淳仁天皇」(『藤原仲麻呂政権の基礎的考察』所収、高科書店、一九九三年)。
(16)早川庄八「律令太政官制の成立」(『続日本古代史論集』上巻所収、吉川弘文館、一九七二年)。
(17)角田文衛「恵美押勝の乱」(『律令国家の展開』所収、法蔵館、一九八五年)。
(18)渡里恒信「藤原吉野と淳和天皇」(『続日本紀研究』三〇九号掲載、一九九七年)。
(19)野村註(14)前掲論文。
(20)岸俊男氏は、「東大寺をめぐる政治的情勢」(『日本古代政治史研究』所収、塙書房、一九六六年)において、「反仲麻呂的な人物が出てきたことは、仲麻呂の勢力をその支配下にあった造東大寺司からも除去しようとする計画が、道鏡と反仲麻呂的な貴族・僧侶の手によって着々と実行に移されつつあったことを示すものであろうし、これを防ごうとする仲麻呂派との間に微妙な政争の存したことが推察されよう」と述べられている。
(21)『続日本紀』宝亀八年九月丙寅条。
(22)木本註(15)前掲論文。
(23)北山茂夫氏は、「藤原恵美押勝の乱」(『日本古代政治史の研究』所収、岩波書店、一九五九年)において、「仲麻呂はこの時には、もう美濃、越前を確実に掌握しておこうという魂胆をもっていたのである。そこにはすでに二年前から、豪族の子弟を主体とする健児制が布かれていた。国守はいざという時には、軍団の兵士のほかに、これをもつかうことができた」といわれている。
(24)河合ミツ「仲麻呂の乱後における国司の異動」(『続日本紀研究』一九九号掲載、一九七八年)。
(25)中川収「称徳・道鏡政権下の藤原氏」(『続日本紀研究』一二六号掲載、のち補訂『奈良朝政治史の研究』所収、高科書店、一九九一年)。
(26) 角田註(17)前掲論文。
(27) 秋山侃「奈良時代における『勲位』の実態について」(『続日本紀研究』八巻一号掲載、一九六一年)。渡辺直彦『日本古代官位制度の基礎的研究』(吉川弘文館、一九七二年)。
(28) 木本「『続日本紀』天平神護元年十月甲申条をめぐって」(『日本歴史』四九七号掲載、一九八九年)。
(29) 栄原永遠男「称徳・道鏡政権の政権構想」(『追手門経済論集』二十七巻一号掲載、一九九二年)。
(30)『続日本紀』天平神護元年三月丙申条。
(31)『大日本古文書』十六巻五六六〜五六九頁。
(32) 竹内理三他編『日本古代人名辞典』第六巻(吉川弘文館、一九五三年)。
(33)『大日本古文書』五巻六三六頁。
(34)『続日本紀』神護景雲元年三月己巳条。
(35) 木本「左右京尹設置とその政治的背景」(『藤原仲麻呂政権の基礎的考察』所収、高科書店、一九九三年)。
(36) 木本「大和宿祢長岡の卒伝について」(『藤原仲麻呂政権の基礎的考察』所収、高科書店、一九九三年)。
(37) 新日本古典文学大系本『続日本紀』四(岩波書店、一九九五年)。
(38)『大日本古文書』四巻一九六頁。
(39)『日本紀略』宝亀元年八月癸巳条に引く「百川伝」に三月十五日に不予となったことがみえる。
(40) 註(37)前掲書。
(41) 林陸朗「奈良朝後期宮廷の暗雲」(『上代政治社会の研究』所収、吉川弘文館、一九六九年)。
(42) 中川収「光仁朝の成立と井上皇后事件」(『日本歴史』二二七号掲載、一九六七年)。
(43) 本書、第三章。

(44)『公卿補任』神護景雲四年条。
(45) 林註(41)前掲論文。
(46) 中川註(42)前掲論文。
(47) 近江昌司氏は、他戸の動向を常に監督、監視するために任じたとする(「井上皇后事件と魘魅について」『天理大学学報』三十九号掲載、一九六二年)。
(48) 赤羽洋輔「奈良朝後期政治史に於ける藤原式家について(下)—宝亀年間を中心に—」(『政治経済史学』四十一号掲載、一九六六年)。
(49) 参議に任じられた蔵下麻呂が在京していたかは疑問である。大宰帥として九州に赴任していた可能性もある。蔵下麻呂が死歿した十日後、急遽石川名足を大弐、多治比豊浜を少弐とする人事が発令されているのが気になる。蔵下麻呂のあと、しばらく帥の任官はみえない。蔵下麻呂以降は帥をしばらくおかないことを前提に大弐・少弐を任じたのか、九州に西海道の責任者としてあった蔵下麻呂が死歿したので、大弐・少弐を任じてその欠けたところを補おうとでもしたのであろうか。

第五章　藤原種継

はじめに

　筆者は予てから、奈良朝中期の政治を領導してきた武智麻呂・仲麻呂親子による、いってみれば「藤原南家の時代」について関心をもってきたが、(1)また一方で宇合・広嗣などにはじまる式家にも深い興味を抱いてきた。そして仲麻呂滅亡後、称徳・道鏡政権という変則な一時期はあったものの、その道鏡を追放し、光仁・桓武を擁立した良継・百川兄弟から種継へとつづく奈良朝後期の政治における式家の果たした役割は大きなものがあり、この時期を「藤原式家の時代」ともよんでよいものと思っている。

　このような意識のもとに、わたしは宇合以下、(2)本書にとりあげた式家官人以外にも、広嗣、(3)良継、(4)緒嗣(5)などの考察を試みてきたが、ここでは種継をとりあげて、考えてみようと思う。

　種継については、北山茂夫氏の研究(6)を端緒とするが、それはその前後の政治政策の考究を中心としたもので、かならずしも種継を中心にとり扱ったものではない。その後も発掘などによる長岡京跡の解明にともない、その造営推進者としての関連からの考察が多く、(7)種継を政治史の中でとらえようとしたものは、佐藤宗諄・栄原永遠男氏の成果(8)がみられるくらいある。しかし、この両氏の成果も、その題目にみられるように「官人構成」「任官人事」を主題としたものであって、わたしの目的とする「藤原式家の時代」ともいうべき時代を現出せしめた式家の特性を有する、その一員としての種継の人物像解明と政治動向に焦点をすえたものではない。

以下、このようなことを念頭におきながら考えてみたいと思う。

一 種継の出自・出生と出身

種継について、『続日本紀』延暦四年九月丙辰条の「薨伝」には、「時に年卌九」で薨去したとあり、『尊卑分脈』にも同様のことがみえている。逆算すると、種継は天平九年(七三七)の生まれということになる。

一方『公卿補任』は、「天平十三年辛巳生」、そして天応二年(延暦元年・七八二)参議に昇ったときは、「五十六」とし、延暦四年には『続日本紀』を参考としたのであろう、「四十九」で薨じたことを記している。しかし天平十三年(七四一)生まれだとすると、四十五歳で薨じたということになり矛盾し、天応二年のとき「五十六」だとするのも、本来は「四十六」(とすると、延暦四年四十九歳薨去で矛盾しない)で、「卌六」を「卌六」と勘違いしたものであろう。

種継の父は、宇合の子である清成とされている。清成は、「種継薨伝」の世系表記の記事にも「其の種継は、参議式部卿兼大宰帥正三位宇合の孫なり」とのみ記されて、その名がみえていないように、存在感に乏しく無位無官で終わった人物であった。(9) 清成が種継の父であることは、『類聚国史』巻六十六、人部、薨卒四位に引く天長八年三月己酉条の「藤原世嗣卒伝」にみえ、また宇合の子であることは『朝野群載』巻四、朝儀上にみえる康和三年正月六日の藤原守信給爵申文にみえている。『尊卑分脈』は、宇合の九男中でも五男と明確である田麻呂(10)のすぐ上の兄四男とし、また宝亀八年（七七七）九月十一日、六十二歳で薨じたとする。

逆算すると、霊亀二年（七一六）の生まれとなる。田麻呂は、養老六年（七二二）生まれであることが『続日本紀』「薨伝」にみえているから、清成と田麻呂の生年には矛盾はない。しかし二男の良継をみてみると、宝亀八年九月十八日に、やはり六十二歳で薨じている。(11) つまり良継と清成は、同じ霊亀二年生まれで、同じ六十二歳で、日付こそ十一日と十八日と異なるが、これもまた同じ宝亀八年九月に薨じたことになる。どうみてもこれは事実として納得することはできない。良継については、『続日本紀』によって確認できるから、『尊卑分脈』の清成の記事が、良継と混同したのかもしれないが、いずれにしても、その亡去の日付は事実を伝えたものではあるまい。

このように清成は、はっきりしない人物であるが、それは『尊卑分脈』にもみえるように、無位無官で終わったからであろう。天平十二年九月、広嗣が九州で兵をあげ謀反したのに連坐して、良継は伊豆に、十九歳であった田麻呂も隠岐に流罪となっている。その弟の六男綱手は、広嗣とともに敗死した。弟の田麻呂も流罪となっているのであるから、この時二十歳を越えていたであろう清成も配流になった可能性は高い。清成が無位無官で終わったのは、これが契機となったのかもしれない。田麻呂も良継とともに同十四年に許されたものの、復帰まで蜷淵山中に十年余も隠棲したというから、清成もその後なぜか官途に戻らなかったのではなかろうか。

種継の母については、『公卿補任』は秦朝元の女とする。『尊卑分脈』が「養源」とするのは、「秦」を「養」と伝写の際に間違えたのではなかろうか。一方で『尊卑分脈』は、弟綱手の子菅継の母を秦朝元の女とし、『公卿補任』との相違をみせる。つまり秦朝元の女は、清成の妻でかつ種継の母か、綱手の妻でかつ菅継の母か、『公卿補任』と『尊卑分脈』で分かれる。

これについては朝元に二女があったとも解せるが、判断のしようがない。ただ橋本政良氏(12)や『国史大辞典』（吉川弘文館）種継の項のように、種継の母を安易に秦朝元の女とすることには問題がありそうである。[13] ただ清成についていては、前述のように種継の父として『類聚国史』に、宇合の子として『朝野群載』に載せるのみで、その存在を直接に示す史料がなく、亡時と享年は兄の良継と、その妻についても弟の綱手と混同するところがあることからみて、この二つの事柄にかぎらず、その存在には頗る疑問とするところがあるといわざるをえない。

かといって、宇合の息子と秦朝元の女との婚姻を否定するものではない。宇合は霊亀二年八月、遣唐副使に任じ、[14] 養老二年十月に帰国している。[15] 秦朝元は、父弁正が大宝年中に入唐し、父も兄朝慶も唐において病没したため、ひとり帰国し、[16] 養老三年四月に忌寸姓を賜っている。[17] この賜姓が帰国直後のものである可能性が高いことからすると、朝元の帰国は宇合と一緒の養老二年帰国の遣唐使船に便乗したものであったことは確かであろうと思う。このように帰国の苦楽をともにしたことから、宇合と朝元は親近な関係をつづけて、宇合が息子に朝元の女を娶ることになったものと思われる。

もし『公卿補任』を信じるとして、種継の母が秦朝元の女とすると、その婚姻は種継の出生からして、天平七・八年頃というところであろう。清成は前述の考察から、その生誕は霊亀二年から養老六年の間であるので、それは霊亀二年生まれだとすると二十〜二十一歳、養老六年だとすると十四〜十五歳の時のことということになり齟齬しない。種継の出生時は十六〜二十二歳くらいであろう。そうすると種継は、清成の一男であると考えたほうがよい。母は、朝元が帰国してからのちに生まれたのであろうから、十八〜十九歳くらいであったと思われるので、母との年齢の釣合いから考えると、清成の年齢はさらに狭めて二十〜二十二歳くらい、その出生は養老元年から三年前後が妥当のように思われるが、確証はない。

種継が官人として出身したのは、『選叙令』の規定によって二十一歳に達したとき、天平宝字二年（七五八）の頃であろうか。当時の習慣でこれよりも少し遅れたかもしれない。その時は、父の清成が無位であったから、祖父宇合の極位、正三位庶孫の蔭によって、蔭階である正七位上に叙せられたはずである。官途についた種継が、南家の仲麻呂政権下で、どのような官人生活をおくったかはよくわからない。その種継が史料に初出するのは、天平神護二年(七六六)十一月に従六位上から従五位下に叙せられたときである。出身から七〜八年のあいだに二階の昇叙が確認できるが、これは早いとも遅いともいえない普通のものと考えてよく、仲麻呂政権下での種継の官人生活も同様であったと理解して大過あるまい。

この時、種継は三十歳になっている。式家出身の官人を概観してみると、良継三十一歳、田麻呂四十歳、百川三十八歳、蔵下麻呂は三十歳で従五位下に辿りついているから、種継の三十歳というのも、とりたてて遅いというわけではない。父の清成が無位無官であったことを思えば、かえって早い昇叙と考えねばなるまい。天平神護二年というと、良継は仲麻呂の乱で功績をあげ大宰帥に任じ、また田麻呂も参議に外衛大将を兼ね、蔵下麻呂も仲麻呂の乱で討賊将軍として凱旋し、近衛大将となるなど、式家は仲麻呂の乱を契機に称徳天皇・道鏡の信頼をえて(18)、その政権下で軍事職をおさえ、次第に政治力をつけてきていたときにあたる。

そして考慮しなくてはならないのは、この時の叙位が、隅寺の毘沙門像から仏舎利が現れたことへの徳を賞して、道鏡に法王の位を授けたことにかかるものであったことである。このことを契機にして、藤原永手は左大臣に、吉備真備は右大臣に、道鏡の弟弓削浄人が中納言に昇格する一方で、円興を大納言に准じる法臣、基真を参議に准ずる法参議に任ずる令外官が創設され、称徳・道鏡政権がさらに確固たるものになるのであるが(19)、この叙位がこのような政治背景をもつものであったことにも留意すべきであろう。つまり種継の昇叙には、このような称徳・道鏡政権の確立の影響と、そのもとで政治力をつけつつあった式家の伯叔父達の配慮があったであろうことは想像するにかたくない。そのことは種継の昇叙が、他の官人と相違して一挙に三階の昇叙であったことからも理解される。

ことに式家においては、その中心である良継に男子は託美ひとりがしられるのみであり、その託美も詳細なことはわからないから[20]、式家の次代を担う存在ではなかったのかもしれない。また田麻呂には男子はなく、綱手の子の菅継が従五位下に昇ったのは、種継よりも遅れて宝亀四年のことであった[21]。また蔵下麻呂の子の縄主や百川の子の緒嗣は、種継よりも二十歳以上も年下である。

当時、藤原四家で従五位下以上の官位を有するのは、南家の継縄・乙縄・縄麻呂・黒麻呂の四人、北家の永手・魚名・楓麻呂・小黒麻呂・家依・清河(在唐)の六人、京家の浜足の一人、式家は良継・田麻呂・百川・蔵下麻呂の四人である。式家でも、他家に対抗するうえから早い新進官人の育成が課題となっていたものと思われる。このような式家の事情から、次世代では年長の種継が、良継ら伯叔父達の期待のもとに従五位下に昇進してきたのであろう。二十六人の昇叙者の中で、良継と魚名という重要官人が正三位に昇っているほかに、藤原氏では種継がただ一人の昇叙者であったことも、このことを物語っているように思う。

従五位下昇叙後に、種継がどのような官職についていたかは明確ではない。しかし、神護景雲二年(七六八)二月には美作守に補任される。この時の補任は『続日本紀』の記事に確認できるだけでも五十人を越え[22]、称徳・道鏡政権成立後では一番大規模なものであった。しかし、その内容をみてみると、太政官では左大臣永手・右大臣真備くらいで異動は少ない。それにともなって太政官構成者によって兼任される八省卿の異動の少ないことも、その特色といえよう。ただ弓削浄人が大納言に、その後任の中納言に中臣清麻呂が、さらにその後任であろうか、それとも前年に薨去した山村王の補充であろうか、藤原魚名が参議として就任したのが目をひくくらいである。

それに対して注目されるのは、八省大少輔クラスと地方国司に異動が多いことである。これは仲麻呂の乱とその後の皇位継承問題による政治上の不安定さが、時を経て漸く克服されて、政治的にも称徳・道鏡政権が安定化してきたことに伴い、従来は目がゆきとどかなかった八省大少輔クラスから地方国司までの官職を、称徳・道鏡政権の方針のもとに、あらためて人員配置しなおそうとした結果であると推測される。

すなわち、この補任が行われたことによって、称徳・道鏡政権というものが、内豎省・法王宮職が創設されたことをも考えあわせて、行政組織のうえからも、官人構成のうえからしても、政治体制として整ったものと評価できる。このような意図のもとになされた補任で、種継が美作守に任じたことは、主として式家の要求によるものであるとしても、種継が称徳・道鏡政権の一翼をになう官人であったことを意味することには間違いないものと思う。しかし、このような種継が称徳・道鏡政権の崩壊に際して、どのような立場を示したかは明確でない。式家の良継・百川が、称徳・道鏡の信頼をえながらも、称徳の崩御にあたって道鏡を追放し、白壁王を擁立し、そのもとでの政治力の拡大をもくろんだことを考えれば、種継の態度もその延長線上から大きくそれるものではなかったであろうことが想像できる。

宝亀元年(七七〇)九月、美作守から近衛員外少将、同二年閏三月には紀伊守を兼任することによって、種継の本格的な官人生活がはじまった。出身して十年余、天平神護二年(七六六)十一月には従五位下に昇り、それなりの官人としての生活を過ごしてきていたのであろうが、その間、神護景雲二年(七六八)二月からの二年間は美作守として任国に在勤していることが多かったであろうから、たとえば伯叔父良継・百川らによる白壁王擁立という式家主導体制の成立にいたる政争にも直接に参与することもせず、その権力闘争の埒外にいたのである。

しかし、近衛府という枢要衛府に転任し、叔父の大将蔵下麻呂の許に員外少将として補任されたことは、別稿(23)でも論じたように、光仁天皇を擁立し、その下で政治権力を確立していこうとする良継・百川を主導者とする藤原式家の方針の中で、その与力を期待されてのものであったことは確かであろうと思われる。そして、具体的には近衛大将であった蔵下麻呂が、兵部卿を兼任したことによって考えられる近衛府への管掌力の低下を種継をして補助させ、近衛府への式家の影響力を確保しようとしたためであろう。

この時には近衛中将に道嶋嶋足がおり、少将には佐伯国益がいた可能性が高く[24]、員外少将には紀船守がいたが[25]、そこに種継が員外少将として任じられたのである。しかし、この種継の補任については、『続日本紀』の記述が「正官」「員外官」を明確に区別しない場合も少なくないこともあって疑義がある。この件については「付　種継の近衛員外少将・紀伊守補任について」に詳論したので、ここでは省略する。

二　式家主導体制下の種継

前述したように、宝亀二年閏三月に、種継は近衛員外少将に加えて紀伊守に補任されるが、これより前の三月には良継が内臣に任じ、百川は大宰帥、政治的に連携する石上宅嗣が式部卿になっている。これは二月の左大臣永手の薨去と、右大臣吉備真備の致仕にともなうもので、左大臣空席のまま、右大臣に大納言大中臣清麻呂を充てるというものでもあった。この一連の人事で注目されるのは、なんといっても良継の内臣への就任であった。この良継の内臣就任などについては、別稿[26]に詳しいので省略するが、この人事によって式家主導体制が徐々に確立していったことは念頭におかねばならない。

また、この議政官人事が済んだ翌閏三月には、八省の大・少輔と主要国守を中心とする異動があったが、これは旧来の政治体制を刷新し、称徳朝下の永手・真備体制から、光仁朝下の式家主導体制への官人構成の構築を目的としたものであったと考えてよいであろう。しかし、一度の人事異動で先の式家の政治的意図が果たされるわけもなく、五月にも国守クラスの、七月には再び大・少輔と国介クラスの異動が行われて、はじめて式家の主導する政治体制を構成する官人組織が成立したものと思われる。種継が紀伊守、つづいて宝亀二年九月に山背守に補任されたのも、このような政治的意図の中にあったものと理解されよう。

そして種継の山背守帯任は、同六年九月に近衛員外少将から正官の少将に昇ったときにも、「山背守故の如し」との記述があるから、この頃まで確認できる。[27]その後、同七年三月六日になって大中臣継麻呂が山背守に補任されたことが『続日本紀』にみえているから、たぶんこの時にその任から去ったのであろう。そうすると四年半、山背守にあったことになるが、その間に、柴田利雄氏のいうように、外戚とも思われる秦氏と私的な関係を結び、[28]また赤羽洋輔氏のいう「百済王氏と秦氏を媒介として山部親王と式家の連帯が成立したものではないかと考える」[29]こともでき、そして中村修也氏もいわれるように、[30]この在任中における経験が、のちの長岡京の造営を進める一因ともなったものと推察される。[31]

また注目されるのは、種継在任中の同五年九月に、尾張豊人が権介に補任されたことである。[32]豊人は同四年二月には大和国佐保川堤修理使となっており、つづいて大和国班田判官、のち延暦元年(七八二)には園池正になるなど、土木・開墾田・灌漑などの田池開発に才能を有していたようにみうけられる。種継や式家では、このような豊人の才能を十分に用いて山背国の巨椋池、木津・淀川水系の開発を目論んでいたのかもしれない(「付　種継と南山背」参照)。このような延長線上に長岡京の造営があったとも考えられる。なお在任中に介として大伴継人がおり、この時から継人が種継をひどくにくんで、のち種継の暗殺へとつながったとする説もあるが、[33]のち詳述するが、これは事実誤認であろう。

宝亀二年十一月には、宅嗣が中納言に昇るとともに、百川が参議に任ずるなどの補任があった。これは「式家主導体制」が一層確固たるものになっていったことを示すものであり、それを反映してか、同三年三月には井上皇后を巫蠱を行ったとして廃后にし、廃后の子を皇太子とすることはできないとして、他戸皇太子をも五月になって廃太子にしている[34]。これは山部を立太子しようとの式家の良継・百川らの画策が具体的行動として表面化したものであろうが、種継も早くから山部とは親交があり、その立太子には協力したものと考えられる[35]。

宝亀四年があけた正月は、種継のみならず式家の人々にとっても重要なときとなった。良継・百川らが中心となってすすめてきた山部の立太子がなったのである。井上の廃后、そして他戸廃太子と強引ともいえる方法ですすめてきただけに、良継・百川にとっても重要な意味をもっていたといえる。この二人にとどまらず、式家の人々にとっても、もちろん種継個人にとってもかならずしも軽い出来事ではなかったはずであり、種継の果たした役割も少なくはなかったものと推察される。このような強引なことをおしすすめることができたのも、良継が内臣におり、田麻呂が参議・兵部卿、百川が参議・右大弁となり、また蔵下麻呂も近衛大将を経験して大宰帥に、式家に近い石上宅嗣が中納言・式部卿にいるなどして、太政官を左右する勢力を形成し、「式家主導体制」を堅持していたからであろうと思われる。

このような中、十二月には種継が東大寺写経所に、左京に住む坂本松麻呂を校生として貢進していることが、『正倉院文書』「藤原種嗣校生貢進啓」[36]にみえている。この頃は、光仁の二男で、受戒ののち大安寺に住し、当時「親王禅師」と称されていた早良親王[37]の影響もあってか、光仁は親仏的であった[38]。そのために宝亀元年から七年間にわたり、五部の一切経の書写が行われる[39]など、写経事業はさかんであったが、貴族官人もそれに与力することがあり、種継もそのために校生を貢進したのであろうと思う。

五年正月になると、種継は従五位上に昇叙した。天平神護二年十一月に従六位上より一挙に三階昇って従五位下になって以来のことであるから、七年余もかかっている。前述のような政治体制下にあって、ことに二年から四年の間に一階の昇叙もなかったのは不思議なこととせねばなるまい。この間にも良継は正三位、田麻呂は正四位上に、百川も正四位下へと昇叙している。しかし、考えてみると、良継と百川は元年以来五年近くというもの、また田麻呂も由機国守たる特別の叙位があったのみで、伯叔父たちもそう目覚ましい昇叙に預かってはいない。そのようなとき、良継が従二位に、百川も正四位上に、揃ってこの五年正月の叙位で昇叙したことは、このときになって良継・百川らが叙位においても恣意的に行いうるようになってきたものと考えられ、この同じときに昇ったことは、種継もまちがいなく式家の一員であったことを示している。その一方で、翌八日に藤原楓麻呂と、翌々日に藤原浜足、それぞれ一人の昇叙が行われたことも政治的に注目される。

六年になると、式家にも少なからざる動揺が起こる。それは七月の蔵下麻呂の死である。「薨伝」にも「八年の乱に、賊近江に走るとき、官軍追討す。蔵下麻呂、兵を将て奄に至り、力戦してこれを敗る」[40]とあるように、仲麻呂の乱鎮圧の大功績があり、白壁王擁立の際にも、左大臣永手、右大臣真備以下、参議兼兵部・民部・式部卿の宿奈麻呂・縄麻呂・宅嗣らに加わって、ただひとり議政官でない蔵下麻呂が議論に参与したのは軍部を代表してのものであったといえよう[41]。それだけに「式家主導体制」の基盤をなす軍事力掌握の一端が崩れたわけで、式家にとっても、また近衛府に登用され、見守ってもらっていたであろう種継にとっても重要な意味をもっていたのである。

九月二十七日になって、蔵下麻呂の補充として大伴駿河麻呂と紀広庭が参議に登用されている。と同時に前述のように、種継は員外少将から正官に遷った。その後任には紀船守を補す人事もあった。これは十三日に少将国益を河内守に任じたのに伴う措置であろう。国益の近衛少将帯任がみえるのは神護景雲三年十月頃であるが[42]、それ以降も河内守補任まで少将の任にあったものと思われる。

八年正月になると、良継が内大臣となった。これは大きな政治的意味をもっている。いままでの内臣は、職掌・官位・禄賜・職分・雑物すべて大納言と同じであって、ただ食封のみ一千戸であった[43]。しかし、内大臣となることによって、良継は「政を専にし、志を得て、升降自由なり[44]」といわれたような大きな発言力を有することになったものと思われる。これにともなって十日に種継が従五位上から三年を経て正五位下に昇ったことは、まず順当な昇叙と考えてよいであろう。

しかしながら、これで良継が本当に専権を奮う状況になったかというと、そうでもないように思われる。すでに六十二歳となって、七月には病をえることになる良継にとって[45]、北家の魚名の台頭ぶりは無視できないものがあったはずである[46]。魚名は、正月には従二位に昇り、三月にはいって光仁は特に魚名の曹司に幸し、その息子である末茂にも三階昇らせて従五位下を授けるという恩遇を与えている。これは光仁の信頼が、良継から魚名へと移っていることを示すものであったといってよいであろう[47]。

九月十八日になって良継が死去する。種継にとっても大きな出来事であったに相違ない。そしてこれは光仁の擁立を契機として、永手・真備以後の政界に主導力を発揮してきた「式家主導体制」がもろくも瓦解したことを示している。この良継歿後の措置として、藤原家依を参議に補充するなどの人事がなされている。これによって北家は魚名・小黒麻呂と三人になり、南家は縄麻呂と継縄兄弟に是公の三人、京家は浜成一人、そして式家は百川と田麻呂という太政官構成となった。宝亀二年に百川が参議となって、それまでの京家を除いた南・北・式家が各二人という原則が崩れて以来、蔵下麻呂が亡くなるまで式家が四人という優位を保っていたのが、蔵下麻呂、良継がつづいて欠けたことによって、ついに式家は南北両家にその主導権をとって代わられることになったのである。

さらに、この人事で注目すべきは、新たに左大弁に是公、右大弁に田中多太麻呂、右少弁に美和土生が任命されるなどして弁官局が一挙に刷新され、新たな弁官局体制が成立し、十年もの長いあいだ在職していた百川が弁官局から追われたことである。良継の主導のもと、百川が弁官局にあってその政策を実行する実務面を担うことによって成り立っていた「式家主導体制」が、システムのうえからも終焉を迎えたのである。

このように「式家主導体制」が崩壊して、大納言・近衛大将・大宰帥を一人で兼職する魚名の主導力が徐々に増しつつあったというものの、いまだ確立するまでにはいたらず、一つの政治体制が崩壊した後の不安定感が政界にはあったものと思われる。それに加えて年末の十一月にはいって光仁が不予に陥り(48)、また十二月には皇太子の山部もともに不予になったことは(49)、一層政情の不安をかきたてるものがあった(50)。

九年二月に入って種継は近衛少将から左京大夫に転じた。百川も式部卿にくわえて、中衛大将となって、それなりの地位を保ったものの、魚名は息子の鷲取を中務大輔とし、式家派の中務卿宅嗣(51)を牽制する一方で、翌三月には近衛大将・大宰帥兼任のまま、昇って内臣となった。中川収氏は、魚名には良継ほどの実権はなく、いきおい天皇の意向を求める傾向が多くなったというが(52)、やはりこれによって右大臣大中臣清麻呂の存在があるといっても(53)、魚名は太政官内での地位を徐々に確固たるものにし、その発言力は高まっていたものと思われる(54)。このように魚名が内臣となり、一挙に主導権を発揮しうる立場にたつことができたのはいかなる事情によるものであろうか。良継が内臣となったのには、光仁の即位・山部の立太子という現政治体制の成立に主導的な働きを果したという明確な功績があるが(55)、魚名の光仁朝おける良継に匹敵する政治的な働きはみえない。

考えるところ、これはいままで政治に主導性を発揮してきた式家が勢力を保持することが困難になったのとともに、良継亡き後、その既成政治勢力の空白を埋めるべき作用、太政官を拠点に議政官組織を中心とする政治体制を保持しようとする意識[56]が、太政官構成者のなかにあり、それが太政官内に占める一大勢力藤原氏九人のうち、一番の上席者であり、三人という優位性をもつ北家の代表者でもあった魚名を、良継によって少なくとも既成化に近い形になっていた内臣におしあげることになったものと思われる。藤原氏内でも各家・各人の複雑な思惑を抱えながらも、このような議政官による太政官構成が意外とスムーズにできたことは、これと対極的な政治体制、つまり天皇の政治的主体性を志向する皇太子山部が前年末から引き続いて重病に陥り、これを抑制することができず、傍観していなければならない状況下にあったこともその要因に挙げられる。

ことに良継亡き後、百川をはじめ田麻呂や種継ら式家の人々が厚遇されていないのは、式家と密接な関係をもっていた皇太子山部の不予[57]と無関係ではあるまい。この時の山部にどれだけの政治的発言力があったかは明確ではないが、光仁が老齢でもあり、山部の積極的な性格を勘案するとき、北山茂夫氏が「宝亀以来、皇太子として、ひたすら父天皇を支えて枢機に参与し、その政治的体験にも豊富なものがあった[58]」というように、その政治的影響力は無視することはできないものと思われる。

山部の不予は、前年の十二月二十五日にはじめてみえ、正月にもそのことで廃朝となるくらいであったから、かなりの重病に陥っていたものと思われる。三月二十日になっても病状は好転せず、東大寺・西大寺・西隆寺で回復を祈って誦経せしめ、二十四日には「皇太子病に沈みて安らかならざること、稍く数月を経たり。医療を加ふといへども、猶いまだ平復せず。聞くならく、病を救ふの方は、実に徳政により、命を延すの術は、慈令にしくはなしと。宜しく天下に大赦すべしと。（中略）また皇太子のために三十人を度して出家せしむ[59]」とみえて、また伊勢大神宮に奉幣するほどであり[60]、山部が回復するのは、十月にはいってからのことであった[61]。「百川薨伝」にみえる

「時に上不予にして、已に累月を経。百川、憂色に形はれて、医薬・祈禱、備に心力を尽す。上、是に由りてこれを重んず。薨ずるに及びて甚だ悼惜す[62]」とあるのは、このときのことであろう。

山部が不予にあったとき、百川はその回復に必死になったのである。百川にしてみれば、井上と他戸を非情とも思われる手段で葬りさり、やっと立太子させた山部に病死されては元も子もあるまい。この百川の行為を、山部は重く感じたというのであるから、これ以前にも増して、百川あるいは残る式家と山部との関係は親密になっていたものと思う。そして、この頃の政情も複雑で、山部・百川ら式家閥に対立意識をもち[63]、山部を廃して薭田親王を擁立しようとし、山部即位後に大宰府に左遷される藤原浜成らのグループ[64]、氷上川継擁立に加担する大伴家持グループ、また魚名グループと分立して勢力争いをしており、光仁も当初は山部の立太子を考えていなかったらしいことからすると[65]、山部自身も式家の人々に頼るところもあったものと思う[66]。即位して魚名を追放したあと、直ちに式家の田麻呂をもって右大臣にすえ首班としたことは、なによりもそのことを物語っているものと思われる。

このような十か月以上にわたる重病によって、この期間の山部にはほとんど政治的発言力がなかったものと思われる。この魚名嫌いの山部の不予が、結果的には魚名を内臣に押し上げ、またその実態が明確ではないが、のち「忠臣[67]」とも改まる任にもつく、魚名主導体制成立の一歩ともなったものと思われるのである。

十年正月、魚名は忠臣から内大臣となった。魚名の主導する政治体制が固まりつつあったが、その年の七月になって参議中衛大将式部卿の百川が死去した。葬送にあたって、従二位を贈り、大和守石川豊人らを遣わし、官給をもってする厚遇を与えたことは、「薨伝」に「天皇甚だ之を信任して、委するに腹心を以てす」とあるように、光仁の百川に対する気持ちを察することができるが、「葬事に須るところは官より給し、并びに左右京の夫を充つ[68]」ともあることから、種継も百川の葬送に甥としてのみでなく、左京大夫としての職掌からも関わりあったはずである。

その百川の存在を欠くことになって、式家の政治への発言力は極端に小さくなり、それに反して愈々魚名の政治力は大きくなっていったのである。それを反映してか「式家主導体制」下に行われた政策を修正する施策が現出してくる。八月の新・旧銭を同価にして併用するというのもそのひとつである。[69] つづいて六年八月十九日に京官の経済的救済のために設けられた諸国の公廨を割いて俸禄にあてる政策[70]も、百川の死を待っていたかのように撤廃された。[71] またこれは百川薨去の少し前であるが、閏五月に国司史生の員数を国の大小に準じて大国五人・上国四人・中国三人・下国二人などに定めたことなどもそうである。[72]

魚名の主導によるこれらの政策を、亀田隆之氏は「天皇の意図を撤回、或は修正さすといった貴族の行動、そしてまたその代表的地位にいる魚名の意図」[73]と理解されているようであるが、それでは「式家主導体制」下で行われた政策は、「天皇の意図を撤回、或は修正」するものではなかったのか、良継や百川を、亀田氏のいう「天皇とせめぎ合いをする太政官を拠点とする議政官組織」の代表者として把握するならば、良継・百川らを中心とする政策に、天皇としての光仁はどのように対処したのか、このことに矛盾は生じないか、疑問である。これらの検討も詳細になされる必要もあろうかとは思うが、私はここでは、魚名の修正政策を、魚名自身が実権を握り、自己主導体制を成立させたことによって、光仁と山部の二人を擁立した式家の良継・百川らの主導した既成政治路線から、新たに独自な政策を展開しようとした政治的意図の結果であると理解したいと思う。

三　式家主導体制崩壊後の種継

魚名が近衛大将に加えて、ついに良継のあとをついで内臣、内大臣となって太政官の主導権をとる一方、十年七月に百川が薨去したことは式家主導体制の崩壊を意味するものといえる。しかし、だからといって魚名が絶対的な政治権力を有したともいえない。百川の有していた政治的役割は『続日本紀』宝亀十年十二月己酉条の「藤原縄麻呂薨伝」に「式部卿百川薨じて後、相継ぎて事を用ふ」とあるように、そののち南家の中納言縄麻呂にもひきつがれている。九月四日の人事異動では、縄麻呂は勅旨卿・侍従にくわえて中衛大将にもなっている。魚名の近衛大将を意識してのことであろう。

また十三日には、すぐ上の兄の弟(乙)縄が参議に擢用された。ここに豊成の息子三兄弟が縄麻呂を筆頭として参議に継縄・弟縄と揃って太政官に位置し、甥の是公をくわえて南家は四人体制となった。このように百川薨去後の政治体制は、魚名と縄麻呂が相互に牽制しつつあったと思われるが、その間にあって右大臣の大中臣清麻呂も息子の今麻呂を左兵衛員外佐に、九月七日には諸魚を中衛少将に就かせている。一方、魚名も佐伯瓜作を近衛員外少将に任じている。瓜作は天応元年(七八一)六月に近衛大将が魚名から藤原田麻呂になる直前に参河介に遷じているから魚名に近い官人であったのであろう。ここに近衛府に拠る魚名と、中衛府を軍事的基盤としようとする縄麻呂・清麻呂の意図がはっきりしてきているようである。

十月二十日、魚名の長男鷹取が従五位上から正五位下に、翌日には正五位上に叙せられた。この二日つづきの昇叙はあまり例がない。魚名の焦燥ぶりがうかがわれるが、その魚名と縄麻呂との主導権争いの決着は意外と早くやってきた。七歳下の縄麻呂が十二月十三日に薨じるのである。この好機を魚名は見逃さなかった。その欠員の補充として甥の小黒麻呂を参議に登用するのに成功した。

十一年二月になると、また太政官に異動があった。石上宅嗣が大納言に、式家の田麻呂と継縄が中納言に昇任した。これは縄麻呂のあと弱体化した南家を考えて継縄を、また田麻呂と宅嗣という「式家主導体制」を支えた二人を昇らせ、さらに大伴家持、石川名足、紀広純という諸氏出自の中間派を登用することによって、南北両家の政治的対立を緩和し、かつ魚名に権力が偏らないようにとの意識があったに相違ない。このような意識は、もちろん魚名にでるものではありえず、継縄の意図でもなかろう。これは良継・百川の尽力によって皇位についた光仁が、この二人が主導権を発揮した「式家主導体制」下では確立できなかった天皇として政治的権力を、「式家主導体制」崩壊後の南北家の闘争によって生じた政治的混乱に乗じて確立しようとしたためのものとみることができる。その証が三月十六日の神王の参議登用である。神王はこの日に従四位下から正四位下を授けられている。一挙に二階の昇叙をなしたのは参議登用を前提としたものであって、それだけに神王の参議登用には強い意志が働いていたことが想像されるのであるが、実はこの神王は光仁の弟である榎井親王の子である。神王の登用は光仁自身の意図からでたものに間違いあるまい。ここに光仁が親政の確立を意図としていたことが確かめられる。

しかし、ただちに天皇としての光仁の権力が確立したわけではない。魚名は、九月一日には息子の末茂を中衛少将に、十月には鷹取を従四位下に任じ参議に擢用する時機をねらい、天応元年正月には自らが正二位に昇るなど、亀田隆之氏のいうように貴族政権の代表者たる地位[74]を確固たるものとすべき行動をとりつづけ、光仁は結局はその目的を遂げることなく退位することになるのである。退位にあたっての詔に「かくの時に当たりつつ人々よからざる謀りごとを懐ひて天下をも乱り己が氏門をも滅ぼす人どもまねくあり。若しかくあらむ人をば己が教へ諭し訓へ直して各々己が祖の門滅ぼさず」というのは、このことを念頭にしたものであろうが、その意図は桓武によって引きつがれることになるのである。

「式家主導体制」崩壊後の政治はこのように推移したが、ここにはもう式家の昔日の姿はない。十一年三月十七日に種継は下総守を兼任する補任にあずかる。[75]左京大夫となって以降の、この時同十一年三月までの二年間、種継の動向がしられないのもこのような政治状況を反映したものと思われる。しかし、時がうつって宝亀十一年から天応元年にかけて種継の昇進はめざましい。下総守を兼官したかと思うと、十一年十二月には正五位上に昇り、[76]翌年天応元年正月には従四位下、[77]四月には従四位上[78]とわずか半年にみたないあいだに三度三階昇叙している。これは参議への昇任を前提とした昇叙ではあったが、[79]なぜ種継であったのかというと、光仁・桓武を擁立した良継・百川ら式家への政治的な恩遇を、この二人があいついで薨去したため、残された種継に向けたものということができると思う。式家では蔵下麻呂が六年七月、良継が八年九月、百川が十年七月に逝去して、残るのは田麻呂一人のみとなっていた。

また南北両家では、すでに武智麻呂・房前の孫の世代が政界にあって活躍していたにもかかわらず、良継や百川ら式家の人々は男子に恵まれず、良継ただ一人の男子宅美も、従五位上右兵衛督、越前守、丹波守などに任官したものの、宝亀七年三月以降、なぜか動向がしられなくなる。また百川の男子である緒嗣にいたっては幼少であって官に出仕するまでには至っていない。ここに無位無官で終わった清成の子でありながらも、種継が政界に登場することができた要因があったものと思う。

また、この頃になると老齢にて一年のちには譲位する光仁に代わって、皇太子山部の発言力が増してきていたのではないかと想像する。[80]種継の宝亀十一年から天応元年にかけての山部即位前後の昇進のめざましいことの背景には、山部の意思が働いていたのではないかと思う。宝亀八年十二月から不予に陥り、体調のすぐれなかった皇太子山部は、翌九年十月にも「寝疾」久しく平復しないため伊勢神宮に宿禱を賽するために赴いているが、伊勢にまで行啓できることは比較的軽度な症状で、そこまで回復してきていたと解してよい。伊勢行啓後の山部の病状については明確ではないが、その後しばらくして回復したものと思われる。

そして十一年にはいると老齢化した父の光仁にとって代わる状況になってきていたものと推測される。山部も即位後の親政体制の確立のためにも腹心たるべき官人の必要を感じていたのであろう。そして自分の擁立につくした良継・百川らの恩にも報いるため、良継・百川後、次世代を担うべき人材の少ない式家の中で挙用すべき目にとまったのが、種継ではなかったか。さきに述べたように、即位したばかりの山部は天皇権力の確立をめざして、貴族権力の中心者で専権をふるっていた魚名[81]に対抗するために、大中臣・大伴・石川・紀などの出自官人を用いることとし、中でも種継に期待することも大きかったのではないかと思う。山部と種継は前述したように、これ以前の、種継が山背守に在任中の宝亀二年～同七年頃[82]から懇意となっていた可能性もありうると思う。

四　桓武即位後の種継

天応元年四月三日、山部は光仁の譲りをうけて即位し、皇太子に実弟早良親王をたてた。そして十五日には大極殿に出御し「天下を治め賜ふ君は賢き人の能き臣を得てし、天下をば平く安く治むるものにあるらしとなも聞しめす」と詔しているが、そこには魚名をはじめとする権臣への遠慮がみられる。これは卑母出で立太子にも問題があった桓武にとって、その後援者であった良継と百川をすでに失っていたことによる。

桓武にとって早急になさねばならなかったことは、光仁体制から脱した新しい親政体制の確立であり、良継・百川に代わる腹心たる官人の育成であった。その第一歩となったのが、即位にともなう叙位で、この時に種継は従四位上に昇叙する。この叙位には太政官にある十五人のうち、石上宅嗣、藤原田麻呂、藤原是公、大伴家持、大伴伯麻呂、石川名足らがあずかっているのに対して、魚名、大中臣清麻呂のふたりはすでに正二位であったからしかたないものの、北家の家依・小黒麻呂、南家の継縄・乙縄、京家の浜成が叙位の選からもれている。藤原氏で昇ったのは、式家の田麻呂と南家の乙麻呂の子の是公のみである。

即位にともなう叙位では一律に一階の昇叙がふつうではあるが、詔中にも「仕へ奉る人どもの中にしが仕へ奉る状に随ひて一二人ども冠位上げ賜ひ」と勤務態度によることをあげていることを考えれば、ここに太政官構成員への桓武の対応がみえているといっても過言ではあるまい。このような性格を体していた叙位にあって、種継は従四位上に昇ったのであり、同じく従四位上に叙した六人のうち、石川名足はすでに参議となっており、残る五人のうち、大中臣子老と紀船守のふたりが二か月後の六月に参議に昇任することを思えば、種継が桓武より期待される人材であったことがうかがわれる。

そして、この叙位にもとづいて五月七日と二十五日に桓武即位後のはじめての大幅な補任が行われ、これによって桓武朝政府の陣容が整えられることになる。種継は、『続日本紀』天応元年五月癸未(二十五日)条に「左衛士督従四位上藤原朝臣種継を兼近江守と為す」とあることから、この人事ですでに任じていた左衛士督にくわえて近江守をも兼任するところとなったらしい。しかし、同じく『続日本紀』天応元年七月丁卯(十日)条には「従四位上藤原朝臣種継を左衛士督と為す。近江守は故の如し」ともみえる。これは五月二十五日以前に左衛士督となっていて、そののちに離任して七月十日になって再任したともとれるが、その期間に他者の左衛士督任官はみえないし、二か月に満たないあいだにそのようなことはまずあるまい。また両条のいずれか一方が「左」「右」の誤記、たとえば右衛士督から左衛士督へと異動したとするケースも考えられるが、すでに五月七日には坂上苅田麻呂が右衛士督に任じていたからその可能性もない。これはたぶん誤写などではなくて、どちらかの『続日本紀』条文が編纂時から間違っていたのであろう。
これについて高嶋正人氏は、五月癸未条について「左京大夫」に加えて「近江守を兼ぬ」と記しておられるから、「左衛士督」を「左京大夫」の誤写と理解されているのであろうか。[83] 山田英雄氏は、延暦四年九月丙辰条の「種継薨伝」に「左衛士督兼近江按察使に遷さる」とあって、左衛士督が本官と考えられるから五月の方が正しいのかもしれないとされる。[84]
しかし、これには疑問がある。種継が左衛士督となったのは、問題となっているように天応元年五月か七月であるが、近江按察使となったのは延暦二年七月のことである。たぶん近江按察使は近江守の間違いであろうが、それにしても「左衛士督兼近江按察使に遷さる」の字句は、ただ左衛士督が本官であることを示しているにすぎず、かならずしも左衛士督の先任を示すものではない。近江守がさきで近江守のみの帯任であれば近江守が本官となって、のちこれに加えて京官の左衛士督に任じれば左衛士督が本官となることもある。山田氏の説くところでは納得しづらい。
では種継が、前任職の左京大夫・下総守を去って左衛士督に転じたのはいつのことであろうか。『続日本紀』によれば、このとき五月二十五日に藤原鷹取の左京大夫任官がみえ、また下総守もこの日に、藤原家依が任じている。だからといって二十五日以前の左衛士督任官が否定されるわけではないが、種継が左衛士督に任官したということは本官であった左京大夫から去ったということでもあるので、それ以後二十五日の鷹取任官まで左京大夫が欠員になるということになる。そう考えれば二十五日以前の種継の左衛士督任官はありえない。とすると五月癸未条の「左衛士督従四位上藤原朝臣種継を兼近江守と為す」と七月丁卯条の「従四位上藤原朝臣種継を左衛士督となす。近江守は故の如し」はどう理解したらよいのであろうか。五月癸未条であるが、この日に種継が近江守になったのは間違いあるまい。該条は山背守・介以下の十九か国の国司補任条中にみえ、かつ大伴継人の近江介任官記事をつづけて記している。

思いつきを申しあげるならば、種継の左衛士督の補任も、近江守への補任も二十五日であったのではないかと思う。つまり五月癸未条に「従四位上藤原朝臣種継を左衛士督と為す」と「左衛士督従四位上藤原朝臣種継を兼近江守と為す」の両文があったのではないかと思う。このようなことは『続日本紀』にはよくあることである。ところが編纂にあたって前文が間違ってやはり衛府督の補任のあった七月丁卯条に混入した。しかしさきの五月癸未条には「兼近江守と為す」との字句がみえている。そこで「従四位上藤原朝臣種継を左衛士督と為す」に「近江守は故の如し」の字句を余計なことにつけたしたのではないだろうか。しかしそうすると五月癸未条の「兼近江守と為す」に留意して、すでに五月癸未条に「左衛士督」とあるのに七月丁卯条に「左衛士督と為す」とする矛盾をなぜおかしたのかという疑問が残る。再任とでも考えたのであろうか。どうもよい解決方法がみつからない。

桓武即位直後の補任で、種継が左衛士督となり、かつ藤原氏の基盤国であった近江の国守にもなったことは桓武の種継への信頼を表すものであろう。この五月七・二十五両日にわたる補任を中心に重要職だけではあるが、当時の任官を一覧表にして次頁に示してみた。

ここには北家の代表たる魚名が近衛大将としているものの、すぐに式家の田麻呂にとって代わられるし、南家の継縄も中務卿に任じたのみであって、この南北家両代表者以外には小黒麻呂が兵部卿としてみえるのみである。概して多くの諸氏がみえているが、中でも大伴氏では家持と伯麻呂がそれぞれが参議・左大弁、参議・衛門督となり、弟麻呂も左衛士佐にいる。また右大臣清麻呂を中心とする大中臣氏も、式部大輔子老、衛門佐継麻呂、右衛士佐諸魚という清麻呂の三子に中衛少将安遊麻呂を加えて五人がみえている。これは即位したばかりの桓武の間隙を

八省		
	卿	大輔
式部省	石上宅嗣	大中臣子老
兵部省	藤原小黒麻呂	高賀茂諸魚

弁官			
	大弁	中弁	少弁
左弁官	大伴家持	大神末足	多治比豊浜
右弁官	石川名足	紀家守	阿倍石行

衛府								
	大将	中将	少将		督		佐	
近衛府	藤原魚名	紀船守（員外）	大神船人	衛士府	（左）藤原種継	（右）坂上苅田麻呂	（左）大伴弟麻呂	（右）大中臣諸魚
中衛府		佐伯久良麻呂	大中臣安遊麻呂	兵衛府	（左）紀家守		（左）藤原弓主	（右）紀馬借
				衛門府	大伴伯麻呂		大中臣継麻呂	

ついた右大臣清麻呂の政治力によるものであろう。大伴、大中臣氏とともに注目されるのが紀氏の船守、家守、馬借の三人である。三人の関係はかならずしも明らかではないが、光仁の母が紀橡姫であるところからこのような結果となっているのであろう。(85)

そうしているうちに、六月六日には参議藤原乙縄が歿して、同月十六日には参議大宰帥の藤原浜成が解任、員外帥に降格されたうえに、職務は大弐の佐伯今毛人に委ねることとなった。浜成は公廨も三分の一に削られ、傔仗も八人から三人を限度とされる処分を蒙っている。『続日本紀』は「歴るところの職、善政聞ゆることなし」としているが、これは一日にとられた郡司・軍毅以外の員外官を全廃し、巡察使を派遣して地方国司の黜捗を厳しくするという桓武の振粛政策の一環ととらえることもできるが、それよりもこれは政治的なことによる理由が大きい。

野村忠夫氏は桓武の果断ないわゆる律令制再建の意図と能吏活用の方針に対応しなかったとするが、(86)高嶋正人氏は桓武の即位に反対か、あるいは異論を述べるなどのことがあったのかもしれないとされ、(87)山口博氏は娘法壹の夫氷上川継と結んだ反体制派政治集団へのきりくずしだといわれる。(88)また佐藤信氏は「桓武の皇位継承をめぐって、京家浜成が別の立場に立つと目されたところに背景を求めるのが穏当であろう。先の任大宰帥も含めて、もちろん藤原式家等による京家排除の性格とともに、のちの氷上川継謀反事件を先取りして浜成を大弐佐伯今毛人の監視下に置く措置でもあったと考えられる」(89)とされている。また阿部猛氏は、山部立太子に反対したことが尾を引いたもので、その首謀者は種継と佐伯今毛人であり、桓武自身の個性もあるていど働いていたかと思われるとする。(90)

順当な解釈であり、首肯せられるべき見解であるが、ただ藤原式家が京家の排除を行ったわけではないと思う。すでに述べたように、この頃には式家はこのような政治的力量を有してはいない。また種継が今毛人をして浜成を監視せしめるようなことができるわけがない。ただ種継と今毛人が桓武の信任のもとに、長岡京の造営などに活躍することを考えれば、この二人が桓武の意をうけて浜成の左降を謀ることは十分にありうる。この陰謀は桓武から出たものと理解したい。

六月二十七日には、魚名の左大臣兼大宰帥、田麻呂の大納言兼近衛大将、是公の式部卿兼中衛大将、大中臣子老と紀船守の任参議も発令された。即位後二か月余にして桓武の主導性がみえてきたといえよう。これは乙縄と宅嗣の逝去、そして浜成の貶捗に影響をうけたのであろう、桓武の自分への気持ちを察知した大中臣清麻呂の辞職にともなうものであった。新しく参議となった子老と船守のふたりは、四月に鷹取、種継とともに従四位上に昇叙した人たちであり、種継の参議就任も近いところまできていることを思わせる。

延暦元年(七八二)になると、閏正月に氷上川継の逆乱が露わになった。この結果、川継は伊豆に遠流、その母不破内親王と姉妹は淡路国へ配流されている。しかし、この事件はこれのみにとどまらず、川継の室法壹が浜成の娘であったことから、浜成もまた一味とされて参議・侍従を解任され、また参議・左大弁の大伴家持、右衛士督坂上苅田麻呂らまでもが連坐し解任されている。つづいて二月三日には、参議・中宮大夫・衛門督の大伴伯麻呂が薨じた。ここに浜成と大伴氏を出自とする家持・伯麻呂、三人の参議を欠くことになった。

しかしこの事件は種継に幸運をもたらした。二月七日には事件後に対処するための大幅な人事異動が行われ、三月二十六日になって種継は参議に昇っている。この種継の参議昇任について中川氏は、三月十六日に三方王が魘魅を起こして日向に配流されるが、実はそのことを纔言したのが種継であって、三方王を反体制勢力の一方の中核とみていた桓武は、その功績によって種継を参議に登用したのだといわれる(91)。しかし、それはあるまい。前述のように、種継と同位の船守・子老がすでに参議となっており、そこに浜成、家持、伯麻呂の三人が欠ければ、順序として種継が昇任するのは当然のことであろう。

六月十四日になると、魚名が左大臣を罷免される。鷹取・末茂兄弟はそれぞれ石見介・土左介に左遷され、末弟の真鷲も魚名とともに大宰府に行くことになった。これは川継事件と関係するとの見解もある[92]が、半年もたってお り、その後の魚名と鷹取らも順調であったからそのようなことはない。佐藤宗諄氏は式家の陰謀事件とするのが妥当であるとし[93]、中川氏は桓武の夫人及び皇后策定問題に絡んだもので、是公ら南家の行動によるものとする[94]が、のち見解をかえ種継の政略によるものではないかともいわれる[95]が、それよりも桓武が天皇親政の確立のために魚名を政権外に追放したものと考えたい[96]。この魚名の追放によって、貴族政治はその支柱を失い瓦解することになった。亀田氏のいう帝王の権力確立への志向が、諸氏族共同制的原理にもとづく議政官に勝利したということになる[97]。

魚名の左大臣解任によって、二十一日には田麻呂が右大臣に任じられ、是公が大納言となって新たに紀家守が参議に加わった。野村氏は「式家の政府首班がついに生まれたのである」といわれるが、それは田麻呂が魚名にとって代わって強い政治権力を握ったということではない。魚名の左大臣解任の首謀者は桓武であり、それは天皇権力の確立の意図からでているに違いなく、田麻呂はこれには何ら関与していない。『続日本紀』延暦二年三月丙申条の「田麻呂薨伝」には「性は恭謙にして物に競ふことなし」とあって、また野村氏も田麻呂は「強い権力志向を示さなかったとみられる[98]」としている。このような田麻呂の性格は、桓武にとっては好都合であって、だからこそ田麻呂も右大臣に昇りえたものといえる。そしてこの時に佐伯今毛人が従三位に、石川名足・紀船守・種継が揃って正四位下に叙したのである。

これは右大臣田麻呂、大納言是公を主軸としながらも、自分の信任のもとに登用した参議石川名足・紀船守[99]・紀家守・種継らを中心とした議政を桓武が望んでいたこと[100]を物語っている。光仁朝から在任している中納言藤原継縄、参議藤原小黒麻呂・藤原家依・神王らの存在感はうすい。ここに桓武の強い政治への主導性が現れてきていることを確認せざるをえないが、その現れが八月十九日になされた「延暦」への改元であろうと思う。

光仁の諒闇が明けたことにもよるが、改元詔にも「寰宇に君とし臨むに、既に歳月を経れども、いまだ新号を施さず。今は宗社霊を降して、幽顕福を介して、年穀豊稔にして、徴祥仍に臻れり。思ふに萬国とこの休祥を嘉せんことを」と言っている。これは先朝からの議政官であった浜成を除き、魚名を貶し、大中臣清麻呂・石上宅嗣・大伴伯麻呂が去り、信任する種継・船守ら参議を中心とする新しい議政組織をつくりあげたことによって、貴族政治勢力を葬り去って、ひとまず天皇権力の確立をなしとげた桓武の自信の現れといってよいと思う。種継は、桓武の良継・百川への恩寵を田麻呂亡きあと一身にうけつつ、またこのような桓武の政治目的にとって必要な人材となったことによって、徐々に桓武の信頼をえていくことになる。延暦二年正月の「最澄度縁案」には「参議正四位下行左衛士督兼守[101]」とあるが、そこには「在京」とあって、君側にあったことがしられる。

二年三月十九日になると、右大臣の田麻呂が歿去した。ふつうは叔父である田麻呂が亡くなったことは種継にとっては痛手となるに相違ないが、実は種継のここまでの栄達が、この叔父の誘掖によるものではなかったがために大きな影響はなかったと考えてよい。四月十八日には、桓武は藤原乙牟漏を立てて、皇后としている。乙牟漏は良継の娘であって、式家を出自としている。この日には立后を記念して、桓武は侍臣とともに宴飲し禄を賜っている。そして種継に二階昇叙の従三位を、葛井根主には従五位上、飛鳥戸弟見には外従五位下、命婦藤原綿手には従五位上の一階の昇叙をあたえている。これはたぶん乙牟漏につながる人たちであろう。種継は田麻呂亡きあと、皇后の出自である式家の代表者として、その立后に尽力したであろうし、その栄誉にもつらなったのであろうが、この二階昇叙の処遇自体は桓武の種継への信頼を示すものであり、それが三位への叙位で、先任の神王・大中臣子老はもちろんのこと名足・船守・家守をも超えるものであったことは、先述した桓武側近メンバーの中心的な存在となった大きい意味をもつものといえる。

それだけに左衛士督に加えて、七月の式部卿への就任は当然視されてよい。式部卿にいた是公が右大臣に昇ったのにともなうものであったが、大納言の継縄でもよかった。継縄は中務卿にあったから、中納言の家持でもよかったはずである。先任参議の小黒麻呂でも、家依でもよかった。それを種継をもって式部卿に任じたのは、桓武が式家と式部卿とのつながりを意識したこととともに、やはり八省卿の中心官司である式部省に種継をもって任ずるのがよいという政治的判断があったものと思われる。式部卿は、式家の始祖宇合が神亀元年より十七年という長きにわたって任じて、式家の名称にも由来する。また百川も任じるなど式家出自官人にとってはほかの官職とは違った意味あいをもつ。それのみではない。中務卿が徐々に地位を落していくのと反対に、浄御原令以来の伝統によって天平年間まで、大宝令規に相違して文官のみならず一部の武官人事をも掌っていた式部省の[102]、その長官の式部卿の権限はほかの七省卿とは比べものにならないほど政治的に重要であった。

またこの日には近江按察使にもなっている。近江守から近江按察使となったのには、どのような理由があったのであろう。藤原縄麻呂も天平神護二年三月に近江守となり、二年後の神護景雲二年二月に近江按察使となっている。種継も天応元年五月に近江守となって二年である。縄麻呂に倣ったわけでもあるまいが、これによって近江国内での国司の非違、百姓への侵漁による黜捗と徒罪以下の科罪の権利など権限が大きくなったものと思われる。

この七月十九日に是公が右大臣、継縄が大納言となり、家持が中納言に昇り、そして種継が式部卿となった人事による太政官構成が成立したことによって、ほぼ桓武の親政体制は確立したのではないだろうか。桓武は、この前の五月十一日には魚名の大和国への帰郷を許し、七月には鷹取と末茂[103]の入京を認めている。そして種継が式部卿に任じた日に、歿した魚名に対して絁、麻布、米塩を贈り、三十日には復官を認め、免官の詔勅類を破却させている。これは桓武の政治への自信がそうさせているのであるが、殁したとはいえ免官の詔勅類を破却させているのは、実は魚名の左降事件は無実であったことを物語っているのではないかとも思う。いずれにしてもこのあと、即位前は好んで行ったにもかかわらず、即位後には絶えて行わなかった交野での遊猟を行っているのは、先述のごとく、桓武の政治への自信の現れを裏付けていよう。

延暦三年になると、桓武の治政も三年近くを経て、安定をみせてきている。正月の叙位では、紀氏は鯖麻呂、家守、兄原、白麻呂四人の昇叙者をだしているのに対して、藤原氏は真作がただひとり従五位下になったのみである。新たに和氏の国守と三具足が従五位下になったのが目をひく。和氏は、桓武の母である和(高野)新笠をだしている氏族である。この叙位に桓武の恣意的な状況をみてとることができる。そして十六日には小黒麻呂と種継が中納言に任じられた。ますます種継は、桓武に重く用いられることとなった。参議の労四年である小黒麻呂に比べて、種継は二年と短い。すこぶる早い昇進といわねばなるまい。

五月十六日に種継は、小黒麻呂、佐伯今毛人、紀船守、大中臣子老、坂上苅田麻呂、佐伯久良麻呂らとともに山背国乙訓郡の長岡村に遣わされて、遷都のための調査をしている。六月十日には本格的な造営にうつるために造長岡宮使が任じられたが、そのメンバーは、種継に加えて今毛人、船守、石川垣守、海上三狩、大中臣諸魚、文室忍坂麻呂、日下部雄道、丈部大麻呂、丹比真浄らほか、六位官人を含めて十八人であり、そこには今毛人や忍坂麻呂のように造東大寺司や木工頭を再度経験しているなど造営に明るい官人が配されている。そのうち議政官クラスで地形を相したのと造宮使双方に任じたのは、種継と今毛人、船守の三人で、やはり桓武の信頼をよせる腹心の人々であって、ここに桓武の遷都への主体性をみることができるが(104)、中でも「薨伝」に「初め首として議を建てて、都を長岡に遷さんとす」とあるように、種継が最も積極的であったに相違ない(105)。種継は宝亀二年から四年半ほど山背守に在任したことがあり、秦・百済王氏との親交のあったことがより長岡への遷都を熱心にさせていたのである。[106]いずれにしても造長岡宮使の筆頭は種継であって、そのもとに都城造りが開始され、宮殿の営作がはじまったのである。

造営工事は急がれたようで、もうすでにこの年の調庸をはじめ工人・人夫の用度物を長岡宮に進上させるようにしている。そして造営使任命二週間後の二十三日には、新京での宅地造営のために諸国からの正税六十八万束を用いることを決めて、右大臣是公以下参議以上、内親王・夫人・尚侍などに班給している。そして二十八日には、新京の宮内にはいる百姓の私宅五十七町の代償として山背国の正税四万三千束を支払ったうえに、七月四日には長岡遷都にともない重要性が高まるとのことからであろう、[107]山崎橋の本格的な架橋工事がはじめられて、その料材の進上を阿波など三国に命じている。このように本格的に造営が進んでいるようであり、桓武も十月初旬になって長岡京への行幸のための御装束司と前後次第司を任命している。二十六日になって桓武はいよいよ平城京を離れるにあたって、人心の動揺と不測の事態に備えるためであろう、左右鎮京使を任命しているが、工事がはじまってから四か月、内裏などはある程度できあがっていたものと思われる。

十一月十一日、桓武は長岡宮に移った。残っていた中宮新笠や皇后乙牟漏も、和気清麻呂らにともなわれて二十四日には新京に入った。そして十二月二日には、桓武は造営に功労のあった官人に位を授けている。種継には正三位、名足、船守には従三位など造長岡宮使にそれぞれ一階の叙位を授け、また主典以上と諸司の工人などにも位階を進めているが、これは長岡宮の第一次の造営が終了したものと考えてよいであろう。翌四年正月元旦には桓武は大極殿に出御して、常のとおりの朝賀の儀式を受けたとあるから、すでに大極殿も完成していたということになる。造宮使が任命されてから半年にすぎない。平城宮では造宮卿が任命されてから一年九か月、恭仁宮はなかなかできなかったことを思うと、半年で大極殿が完成したということは早いといわざるをえない。これは難波宮のそれを移築したことによるとの見解[108]もあるが、「種継薨伝」にも「匠手役夫、日夜に兼作す。(中略)炬を照らして催検する」とみえるように種継自身も昼夜兼行で造作を指揮していたからであり、このように桓武の期待に応えようとした種継以下の造宮使の働きによるところも大きいのではないかと思う。

しかし長岡京造営が完了したのではない。四年七月癸丑条には、造営に使役する人夫に功賃を支払うことを決め、諸国から三十一万四千人を雇用したことがみえていることからすると、その造営工事の大規模なことをしることができるが、その二か月後の九月二十三日になって種継は暗殺されることになるのである。

おわりに

種継の暗殺については、『続日本紀』延暦四年九月乙卯(二十三日)・丙辰(二十四日)両条にもみえるが、それよりは『日本紀略』同日両条にみえるのが詳細で、また『続日本紀』にはみえない庚申(二十八日)条には、桓武の詔文とその後の経過もみえる。このように『日本紀略』が詳細なのは、事件に関与したとして廃太子にされ、憤死した早良親王の祟りを恐れた桓武が、『続日本紀』完成上奏後にこの条文を削ることを命じたものの、次代の平城朝になって種継の子女仲成・薬子兄妹の求めによって復活し、これはさらに嵯峨によって再び削除されたものの(現行の『続日本紀』はこの嵯峨朝以降の削除本である)、『日本紀略』は当初の、または平城朝の復活本の『続日本紀』から引いていることによる。この両書を参考とした種継暗殺のことについては、「付　種継暗殺と早良廃太子の政治的背景」に詳述しているので、これを参照していただきたいと思う。

（1）木本『藤原仲麻呂政権の研究』（みつわ、一九八一年）。木本『藤原仲麻呂政権の基礎的考察』（高科書店、一九九三年）。木本『大伴旅人・家持とその時代』（桜楓社、一九九三年）など。

（2）木本「藤原四子体制と宇合」（『古代文化』四十四巻一号掲載、のち『奈良朝政治と皇位継承』所収、高科書店、一九九五年）。

（3）木本「藤原広嗣の乱について」（『山形県立米沢女子短期大学紀要』二十八号掲載、のち『奈良朝政治と皇位継承』所収、高科書店、一九九五年）。

（4）木本「石上宅嗣と藤原式家―宅嗣と藤原良継・百川兄弟―」（『政治経済史学』三四四号掲載、一九九五年）。

（5）木本「藤原緒嗣の蝦夷政策」（『古代の東北―歴史と民俗―』所収、高科書店、一九八九年）。

（6）北山茂夫「藤原種継事件の前後」（『日本古代政治史の研究』所収、岩波書店、一九五九年）。ほか田中正日子「奈良末・平安初期の政治上の問題―中央官人の動向をめぐって―」（『日本史研究』四十二号掲載、一九五九年）などもある。

（7）佐伯有清「長岡・平安遷都事情新考―その建議者達を中心として―」（『日本歴史』一二五号掲載、一九五八年）。福山敏男・中山修一・高橋徹・浪貝毅『長岡京発掘』（日本放送出版協会、一九六八年）。福山敏男・中山修一・高橋徹『新版長岡京発掘』（日本放送出版協会、一九八四年）など。

（8）佐藤宗諄「藤原種継暗殺事件以後―桓武朝における官人構成の基礎的考察―」（『滋賀大学教育学部紀要』十九号掲載、一九六九年）。栄原永遠男「藤原種継暗殺事件後の任官人事」（『長岡京古文化論叢』所収、同朋社出版、一九八六年）。

（9）村尾次郎氏は、清成は後の改名であると思われるから、藤原四家のどれに属するかわからない浜足・真従・浄弁の三人のうちのひとりが清成であったかもしれないとする（『桓武天皇』、吉川弘文館、一九六三年）。しかし、浜足は京家の麻呂の子であり、真従は南家の仲麻呂の一男、浄弁も真従の弟訓儒麻呂のことであり、村尾氏のいわれることはあたらない。

(10)『続日本紀』延暦二年三月丙申条。

(11)『続日本紀』宝亀八年九月丙寅条。

(12)橋本政良氏は「秦忌寸朝元について」(『続日本紀研究』二〇〇号掲載、一九七八年)において、「喜田貞吉氏(『帝都』)と関晃氏(『帰化人』)は、朝元の娘を種継の母としておられるが、この説に従ってよいように思われる」とするが、具体的な論拠をあげない。中村修也「秦朝元小考」(『史聚』二十七号掲載、一九九三年)。

(13)林陸朗『長岡京の謎』(新人物往来社、一九七二年)。

(14)『続日本紀』霊亀二年八月癸亥条。

(15)『続日本紀』養老二年十月庚辰条。

(16)『懐風藻』。

(17)『続日本紀』養老三年四月丁卯条。

(18)中川収氏は、「仲麻呂政権下にあって必ずしも優遇されたとはいえない状態にあった。したがって反仲麻呂的姿勢が強く、乱時には征討軍に積極的に参加、その後の情勢に幸をもたらすことになった」とする(「称徳・道鏡政権下の藤原氏」『奈良朝政治史の研究』所収、髙科書店、一九九一年)。

(19)中川収氏は、称徳・道鏡政権の成立を天平宝字八年九月二十日の道鏡の「大臣禅師」任命時に、その確立を天平神護元年閏十月二日の「太政大臣禅師」任命時と考えておられる(「称徳・道鏡政権の形成過程」『奈良朝政治史の研究』所収、髙科書店、一九九一年)。また道鏡の法王就任によって政権構造が変化し、これより「後期政権と称することができる」とする(「称徳・道鏡政権の構造とその展開」『奈良朝政治史の研究』所収、髙科書店、一九九一年)。

(20)『公卿補任』に「大臣之男独託美朝臣」とある。
(21)『続日本紀』宝亀四年正月癸未条。
(22)『続日本紀』神護景雲二年二月癸巳条。
(23)本書、第四章。
(24)佐伯国益は、『続日本紀』神護景雲二年閏六月乙卯条と年月不詳だが同三年十月頃以後のものと思われる『正倉院文書』「仏事捧物歴名」(『大日本古文書』五巻七〇八頁)に「近衛少将」在任のことがみえるから、ひきつづいてこの職にあったものと思う。
(25)『続日本紀』宝亀元年八月丁巳条には、紀船守がすでに近衛少将に在任して、紀伊守を兼任したことがみえるが、これは員外少将のことであろう。
(26)木本註(23)前掲論文。亀田隆之氏は、良継の内臣就任について「藤原魚名左降事件」(『関西学院大学創立百周年文学部記念論文集』所収、一九八九年)で、天武系と絶縁して新しい血統による王権の確立、それによる天皇の権威・権力の拡大を意図とする光仁は、一面において藤原百川のような有能な官僚貴族を腹心として選び、然るべき位置に配しながら、他面自己の政策の実施のための協力者として、上述の二面の原理をもつ貴族の代表的存在として良継を選んで、内臣の地位を与え、国老的性格をもつ右大臣の大中臣清麻呂とともに政治に当たらせたのだとする。瀧浪貞子氏は、「桓武天皇の皇統意識」(『日本古代宮廷社会の研究』所収、思文閣出版、一九九一年)で、褒奨の一面をもつと同じに良継の立場を限定・抑制する意味もあったとする。また二宮正彦氏は「内臣・内大臣考—藤原魚名を主題として—」(『続日本紀研究』九巻一号掲載、一九六二年)で、鎌足・房前の先例とは全く異なるのであり、内臣の特殊性を逆用することにより、自己の権勢を強化し、さらに藤原氏の惣領権の象徴として内臣就任を求めたとする。さらに中川収氏は「光仁朝政治の構造と志向」(『奈良朝政治史の研究』所収、高科書店、一九九一年)で、良継が藤原宗家的位置と大納言を越える大臣に準じられる地位を望んだからだとする。

(27)『続日本紀』宝亀七年三月癸巳条。
(28)柴田利雄「長岡遷都の推進力について―光仁・桓武朝堂『淀川水系グループ』の形成を視点として―」(『史学』五十号掲載、一九八〇年)。林註(13)前掲書。
(29)赤羽洋輔「奈良後期政治史に於ける藤原式家について(下)―宝亀年間を中心に―」(『政治経済史学』四十一号掲載、一九六六年)。
(30)中村註(12)前掲論文。
(31)長岡京への遷都について、その推進者が種継であったとする旧説に対し、現在は瀧川政次郎氏の「革命思想と長岡遷都」(『京制並に都城制の研究』所収、角川書店、一九六七年)以降、桓武主体説が主張されてきている。
(32)『続日本紀』宝亀五年九月辛酉条。
(33)福山他註(7)前掲書。
(34)角田文衞「宝亀三年の廃后廃太子事件」(『律令国家の展開』所収、法蔵館、一九八五年)。
(35)福井俊彦「山部親王の立太子と官人」(『史観』一〇六号掲載、一九八二年)。
(36)『大日本古文書』二十二巻三七一~三七二頁。
(37)山田英雄「早良親王と東大寺」(『南都仏教』十二号掲載、一九六二年)。
(38)高田淳「早良親王と長岡遷都―遷都事情の再検討―」(『日本古代の政治と制度』所収、続群書類従完成会、一九八五年)。
(39)栄原永遠男「奉写一切経所の写経事業―奈良時代末期の一切経書写―」(『追手門学院大学文学部紀要』十一号掲載、一九七七年)。
(40)『続日本紀』宝亀六年七月壬辰条。
(41)中川収「光仁朝の成立と井上皇后事件」(『日本歴史』二二七号掲載、一九六七年)。

（42）　註（24）前掲。
（43）　『続日本紀』宝亀二年三月壬申条。
（44）　『続日本紀』宝亀八年九月乙丑条。
（45）　『続日本紀』宝亀八年七月乙丑条。
（46）　瀧浪氏は、註（26）前掲論文で、良継の内大臣就任は良継よりも期待していた魚名の加階とだきあわせであった可能性が強くあるとする。
（47）　中川註（26）前掲論文。
（48）　『続日本紀』宝亀八年十一月己酉条。
（49）　『続日本紀』宝亀八年十二月壬寅条。
（50）　この頃政情不安であったことは、阿部猛「天応二年の氷上川継事件」（『平安前期政治史の研究　新訂版』所収、高科書店、一九九三年）に詳しい。
（51）　木本註（4）前掲論文。林陸朗「桓武朝廟堂の構成とその特徴」（『桓武朝論』所収、雄山閣出版、一九九四年）。大野孝夫「光仁朝の政界における石上宅嗣」（『中央大学大学院論究』十三巻一号掲載、一九八一年）。本位田菊士「先代旧事本紀の成立（上）─物部氏研究序説─」（『神道史研究』十三巻二号掲載、一九六五年）。
（52）　中川収「光仁天皇の譲位」（『奈良朝政治史の研究』所収、高科書店、一九九一年）。
（53）　大中臣清麻呂について、林陸朗氏は光仁の信任を受け、良継や魚名も一目も二目もおかざるをえない人物で、台閣の首班としてあったとする（「桓武朝の太政官符をめぐって」『日本古代の政治と制度』所収、続群書類従完成会、一九八五年）。
（54）　亀田氏は、宝亀十年八月二十五日付官符から天応元年四月十日付官符までの十通をみると、二通の清麻呂に比べて八通の宣者が魚名であることから、その主導性を認めて太政官の実質的代表の地位を確保していたとする（註

(26)前掲論文)。

(55) 瀧浪貞子氏は「藤原永手と藤原百川―称徳女帝の『遺宣』をめぐって―」(『日本古代宮廷社会の研究』所収、思文閣出版、一九九一年)で、光仁の擁立に関わったのは永手であるとする。

(56) 亀田註(26)前掲論文。

(57) これらは二十八日に井上内親王の墳墓を改葬し、守戸一烟をおくなどしているから、井上の祟りと考えられていたようである。それでも病状は一向に好転をみせず、年が明けても「枕席不安」をもって廃朝となっていることから相当に重いものであったと推察できる。そこで正月二十日になって、壹志濃王・石川垣守らを遣わして井上の墳墓をさらに改葬せしめ、くわえて井上の母である県犬養広刀自につながるものであろう、无位県犬養安提女に従五位下を授けるなど苦慮している。

(58) 北山註(6)前掲論文。

(59) 『続日本紀』宝亀九年三月庚午条。

(60) 『続日本紀』宝亀九年三月癸酉条。

(61) 宝亀九年十月二十五日に伊勢に向かっているので、この頃ほぼ十か月ぶりに小康状態を保っていたのであろう。

(62) 『続日本紀』宝亀十年七月丙子条。

(63) 山口博「藤原浜成論(上)」(『古代文化』二十七巻十二号掲載、一九七五年)。

(64) 佐藤信「藤原浜成とその時代」(『歌経標式―注釈と研究―』所収、桜楓社、一九九三年)。林陸朗「奈良朝後期宮廷の暗雲」(『上代政治社会の研究』所収、吉川弘文館、一九六九年)。野村忠夫「藤原京家―麻呂と浜成―」(『奈良朝の政治と藤原氏』所収、吉川弘文館、一九九五年)。

(65) 『水鏡』には、光仁は酒人内親王を立てんとしたとある。この光仁の行動について、中川氏は註(26)前掲論文で、百川の山部擁立、浜成の稗田擁立に挟まれてどっちともつかなかったからだとする。

(66) 中川収氏は、「桓武朝政権の成立(上)」(『日本歴史』二八八号掲載、一九七二年)で、桓武即位の時点においても反体制的な勢力が存在したとする。中川収「左大臣藤原魚名の左降事件」(『国学院雑誌』八十巻十一号掲載、一九七九年)も参照。
(67) 二宮氏は註(26)前掲論文で、祖父(曾祖父か―筆者注)鎌足、父房前、兄永手の天皇への忠誠をあらわし、以て北家の惣領権の再認識と権勢の強化を図ったものとされる。
(68) 『続日本紀』宝亀十年七月丙子条。
(69) 『続日本紀』宝亀十年八月壬子条。
(70) 赤羽氏は註(29)前掲論文で、官人に対する報奨・懐柔の策がこめられていたとする。亀田註(26)前掲論文、中山薫「光仁朝の二・三の問題点」(『岡山史学』二十号掲載、一九六七年)、山本幸男「宝亀六年八月庚辰格の発効と停止」(『続日本紀研究』二二〇号掲載、一九八二年)など参照。
(71) 亀田註(26)前掲論文。
(72) 『続日本紀』宝亀十年閏五月丙申条。
(73) 亀田註(26)前掲論文。
(74) 亀田註(26)前掲論文。
(75) 『続日本紀』宝亀十一年三月壬午条。
(76) 『続日本紀』宝亀十一年十二月辛丑条。
(77) 『続日本紀』天応元年正月丙子条。
(78) 『続日本紀』天応元年四月癸卯条。
(79) 高嶋正人「奈良時代中後期の式・京両家」(『奈良時代諸氏族の研究』所収、吉川弘文館、一九八三年)。
(80) 宝亀十年二月には国守を中心とした補任が行われたが、その補任に預かった二十三人のうち、藤原氏六人、紀氏五人、諸氏諸王十二人ということからみて、紀氏出自官人が藤原氏に拮抗していることが注目される。このことには紀橡姫を母とする光仁の意志も働いていたと考えてよいであろう。

(81) 山本信吉「内臣考」(『国学院雑誌』六十二巻九号掲載、一九六一年)。
(82) 村尾註(9)前掲書。
(83) 高嶋註(79)前掲論文。
(84) 山田英雄「続紀の重複記事」(『続日本紀研究』一巻五号掲載、一九五四年)。
(85) 中山註(70)前掲論文。
(86) 野村註(64)前掲論文。
(87) 高島註(79)前掲論文。
(88) 山口博「藤原浜成論(下)」(『古代文化』二十八巻一号掲載、一九七六年)。
(89) 佐藤註(64)前掲論文。また伊藤善允氏は、京家の没落であり、藤原氏による公卿席次上位を占める他氏族の排斥を意図とした政変と呼ぶべきものであろうとする(「天応元年六月政変の史的意義」『政治経済史学』七十四・七十五号掲載、一九六九年)。
(90) 阿部註(50)前掲論文。
(91) 中川収「桓武朝政権の成立(下)」(『日本歴史』二八九号掲載、一九七二年)。
(92) 北山註(6)前掲論文。
(93) 佐藤註(8)前掲論文。
(94) 中川註(91)前掲論文。
(95) 中川収「左大臣藤原魚名の左降事件」(『国学院雑誌』八十巻十一号掲載、一九七九年)。
(96) 田中註(6)前掲論文。

(97) 亀田註(26)前掲論文。
(98) 野村註(64)前掲論文。
(99) 船守の娘若子は桓武の後宮に入っている(栄原註(8)前掲論文)。
(100) 林陸朗氏は、「桓武朝論」(『桓武朝論』所収、雄山閣出版、一九九四年)で、桓武は中納言級を筆頭に中小氏族出自官僚を指揮して政治を指導していたとする。
(101) 『平安遺文』八巻三一八八頁(四二八一号文書)。
(102) 渡辺晃宏「兵部省の武官人事権の確立と考選制度―平城宮東区朝堂院南方官衙の発掘調査の成果をめぐって―」(奈良国立文化財研究所創立四十周年記念論文集『文化財論叢』Ⅱ所収、同朋社出版、一九九五年)。
(103) 末茂はのちに再び日向介に左降される。山埼架橋への非協力を理由とする見解もあるが、魚名左降事件が尾を引いていたといえよう。
(104) 遷都事情については、高田註(38)前掲論文が詳しい。
(105) 佐伯註(7)前掲論文。
(106) 中村註(12)前掲論文。
(107) 直木孝次郎他『続日本紀』四(平凡社、一九九二年)。
(108) 直木註(107)前掲書。

付　種継の兄弟・子女

――出生順の検討を中心として――

はじめに

「藤原四子体制と宇合」[1]を書いたのを契機として、近年藤原式家について興味をもって考察[2]を進めてきている。そして、本書でも藤原種継のことを発表[3]しているが、該論文では種継の政治的なことに焦点をあわせて論述しているので、その兄弟・子女についてはあまり触れてはいない。しかし、考えてみれば種継という人物をものがたるうえにおいては、その考察も看過できない必要なことであることは勿論である。よって、ここでは種継の兄弟・子女について述べ、諸先学のご示教をえたい思う。

一　種継の兄弟

まず種継の兄弟・子女の検討にはいるまえに、『尊卑分脈』[4]にみえる系譜を簡略にして掲げておく。

系譜1（『尊卑分脈』）

清成―┬種継
　　　└山人

├安継
├湿麿
├薬子
└女子（正子）

├仲成
├藤生
├縵麿
├世嗣
└女子（薬子）

掲げた系譜にみえるように、種継の弟妹として、右大臣継綱の娘を母とする従五位下周防守安継と佐美丸の娘を母として従四位上越後守・大蔵卿を歴任した湿麿、そして薬子と桓武天皇女御の正子の四人がみえている。薬子が種継の妹ともなっていることからして、これらについてはすこぶる疑わしい。

安継は、『日本後紀』によると大同三年（八〇八）五月には従五位下で雅楽助、[5]つづいて左大舎人助から大舎人助に任じたが、[6]弘仁元年（八一〇）九月には薩摩権守に左降されている。[7]これは薬子の事件直後の処分であることからすると、安継はこれに連坐したものと思われる。安継の母は、右大臣継綱の娘とあるが、この「継綱」なる人物は明確ではない。「綱継」なら存在するが、この人物は天平宝字七年（七六三）生まれであり、種継の弟の母となる娘をもつことの可能性はない。そこで藤原「縄」麻呂を「綱」麻呂と表記するようなこともあるので、[8]「継綱」は「継縄」であるとも考えられる。そのように考えると、継縄は延暦九年（七九〇）に「右大臣」となっているから可能性はある。継縄は南家豊成の第二子で、神亀四年（七二七）に生まれているから、継縄の娘が種継の父清成に添うことはありうる。

清成は『尊卑分脉』には、宝亀八年（七七七）九月十一日に六十二歳で歿したとみえている。そうすると霊亀二年（七一六）の生まれである。継縄は神亀四年の生まれであるから、その娘は継縄二十歳前後、天平十八・十九年頃の生まれとして、清成に嫁したときを十六歳〜十七歳とすると、天平宝字末年頃(七六二〜七六四前後)以降に安継が生まれたことになる。清成は別稿でも論じたように[9]、その歿去年月は、『続日本紀』の「薨伝」[10]にみえる兄良継のそれと年月から享年まで同じであるから、それと混同しているものと思われる。よって清成の生年は霊亀二年以降、すぐ下の弟田麻呂の生年、養老六年(七二二)までのあいだの生まれとすべきであろうが[11]、それにしてもそこらあたりを勘案して、たとえば四歳くりさげて養老四年生まれと仮定しても、継縄よりも八歳も、そしてその娘で安継の母に比定される女性よりもおおよそ三十歳近くも年長となって、詳細はあとで検討するとして、安継が生まれたと思われる天平宝字末年以降には四十歳を越していてどうも納得しがたい。また清成は無位無官で終わった人物であることからすると、そのような人物に継縄が娘をめあわすか疑念があるし、兄弟の良継・田麻呂・蔵下麻呂・百川たちはいずれも南家とは婚姻を結んではいない。

そうすると、安継は『尊卑分脉』に、「或云はく、種継の男、世嗣の弟なり」ともみえているごとく、清成の子とするよりは、種継の子と考えたほうがよいように思われるので、詳細はのちの「子女」の項で考えてみようと思う。

もうひとりの湿麻呂は正史にはみえない。その母の「佐美丸女」も、種継の息子とみえている縵麻呂の母が、「鴈高佐美麻呂女」であるから、新訂増補国史大系本の鼇頭が「湿麿、恐らくは種継の子縵麿と同人」と記すように、それと混同している可能性が高く、実在したか疑わしいし、正子についても同様に理解するべきであろう。

二　種継の子女

次に種継の子女についてである。『尊卑分脉』は、山人・仲成・藤生・縵麻呂・世嗣の五人の息子と薬子をあげている。このなかで藤生なる人物については、正史をはじめこれにあたる人物の存在を明確に示すものはみあたらない。

それでは仲成からみていこう。『続日本紀』弘仁元年九月戊申条に「仲成は、参議正三位宇合の曽孫、贈太政大臣正一位種継の長子なり」とみえて、種継の長子であったことがしられる。仲成の誕生については、九条本『公卿補任』に三十七歳にて歿したとあるのをみて一般的には宝亀五年としているのが多いが、黛弘道氏は『尊卑分脉』の四十七歳説をとってであろう、射殺された弘仁元年より逆算して天平宝字八年の誕生としている[12]。

そののち橋本義彦氏は黛氏の理解をうけて、「卅七」は「卌七」の誤記の可能性を指摘し、まず歿年三十七歳説をとると、延暦四年十一月の安殿親王立太子にともなう正六位上から従五位下への昇叙時が十二歳、初叙はさらにそれ以前となって若年すぎ、『義解選叙令』に規定する出身年齢二十五歳以上、蔭による二十一歳以上とかけはなれること、また妹である薬子の経歴とも齟齬して説明できなくなること、それに対して四十七歳説、天平宝字八年出生説をとると、延暦四年に二十二歳となって、種継の嫡子として蔭より出身し、この年に従五位下に昇叙したと理解すれば、ほぼ令規にも合致するとの三点から、黛説を支持して、仲成の天平宝字八年出生説を説かれる[13]。首肯できるものと思う。

仲成の母は、『尊卑分脉』によると粟田道麻呂の娘であったとある。山人の母は山口中宗の娘、縵麻呂の母は鴈高沙弥麻呂の娘で、ともに下級官人氏族を出自とする女性であるから、仲成の母が嫡妻的立場にあったということになろう[14]。道麻呂は天平宝字年間の藤原仲麻呂政権下ではめだった官人ではなかったが、末年になると授刀大尉となって仲麻呂の乱に活躍したらしく、乱後には一挙に外従五位下から従四位下、授刀中将、そして式部大輔・勅旨員外大輔に任じられて、称徳・道鏡政権の中枢に位置した。しかし、翌年天平神護元年(七六五)八月には和気王の謀反に与したとして飛驒員外介に左降、そののち妻とともに幽閉され歿している。[15] 幽閉後に歿去した者の娘を娶ることはまず考えられないから、仲成の宝亀五年出生説はこのことからしても肯せられない。道麻呂左降の天平神護元年八月以前である天平宝字八年の出生と考える傍証がここにもある。そうすると種継が、『続日本紀』延暦四年九月丙辰条の「薨伝」によって、天平九年(七三七)生まれであることがわかるから、二十八歳で仲成をもうけたことになる。次子とされる縵麻呂が神護景雲二年(七六八)生まれで、三十二歳のときであるから、縵麻呂の兄としての仲成との年齢、四歳差は妥当だと思う。

さて、つづいては縵麻呂である。縵麻呂は、『続日本紀』『日本後紀』によると延暦四年十一月に授爵し、[16] 皇后宮大進から相模介・相模守[17]をへて、同十六年二月には刑部大判事に因幡守を兼任し、[18] そののち二十三年正月に正五位下から正五位上に昇り、[19] 豊前守、従四位下で右大舎人頭、兼美濃守・大舎人頭を歴任したとある。[20]『類聚国史』巻六十六、人部、薨卒四位は、『日本後紀』弘仁十二年九月甲寅条をひいて「卒伝」をあげ、「性となるに愚鈍にして、書記に便ならず。鼎食の胤を以てす。職を内外に歴るも、名を成すところなし。ただ酒色を好む。さらに餘慮することなし」と厳しく評し、「種継の第二男なり」として、五十四歳で卒したことを伝えている。とすると縵麻呂の生まれたのは、さきにもいったが神護景雲二年ということになる。『尊卑分脈』にみえる外祖父の鷹《マヽ》高宿祢佐美麿は、延暦四年五月に鴈高宿祢氏を賜った百済系渡来人の昆解宿祢沙弥麻呂[21]のことであろう。

縵麻呂が正史にはじめて姿を現したのは、仲成と同じ延暦四年十一月二十五日、安殿の立太子にともなう臨時の叙位で、正六位上から従五位下に昇叙したときであったが、この縵麻呂の叙位には疑問がある。さきに考察したように『類聚国史』の記事を信じるならば、縵麻呂は神護景雲二年の生まれである。延暦四年には十八歳ということになる。このとき正六位上から昇ったのであるから、これ以前から官位を帯びていたことになる。さきにも記したように『義解選叙令』は蔭による場合は二十一歳以上での出身を規定している。縵麻呂の場合は内舎人としてそれ以前から出身していたのかもしれない。内舎人は十八歳頃から選限にはいって、慶雲三年格制の内長上扱いの四考をへて、二十二歳の七月にその蔭階を授けられることになっていたらしいが、[22] この格制も養老令施行とともに廃止されている。

よって縵麻呂が神護景雲二年の生まれであるとすると、延暦七年に種継の蔭位で蔭叙せられたはずである。しかし、前述のように『続日本紀』延暦四年十一月丁巳条には、すでに正六位上から従五位下に昇叙したことがみえている。享年について『日本後紀』か、これを引いた『類聚国史』の誤謬か、その伝写過程での誤写かとも思うが、そこは桓武天皇の種継遺子への特別な配慮があったのかもしれない。たとえば数少ないケースであるが、藤原緒嗣は、『続日本後紀』承和十年七月庚戌条にみえる「薨伝」によると、延暦七年春に亡父百川の即位への殊功によって桓武より十五歳で加冠にあずかり、祖蔭(宇合)の正七位上、父蔭の正六位下よりも上階の正六位上を特授され、内舎人に補任されたという。縵麻呂もまた緒嗣と同じようなケースとして種継の殊功によって、種継の暗殺直後であろう、正六位上を特授されていたのではなかろうかと思う。

世嗣は、大学頭、侍従・兼宮内卿・兼右少弁、[23] そして従五位上となり兼下総介などを歴任したが、[24] 次兄の縵麻呂とは違って『類聚国史』同部には「弱冠にして遊博、(中略)才華の乏しきを知り、下聞を恥じず。恭謹して衆に接し、造次を忘ることなし。出でて伊勢国に宰たりしが、毀誉を聞かず」とあり、その評価は縵麻呂ほど悪くはない。また同条文には「種継の第四子なり」とあり、天長八年(八三一)三月に五十三歳で卒したとみえる。よって世嗣は宝亀十年、種継が四十三歳のときの生まれとなり、第三子をおいているとはいえ第二子の縵麻呂の一回りも年下であることがわかる。

こうして第一子は仲成、第二子は縵麻呂、第四子は世嗣ということが正史のうえからも確かめられた。そこで残された問題は、第三子は誰かということになる。黛氏は官位・官歴からみて山人であろうとする。[25] 高嶋正人氏も同様の見解をとる。[26] 山人は、『尊卑分脈』によれば山口中宗の娘を母として、刑部大輔・刑部卿を歴任したらしいが、そのいずれも正史にはみえない。今の『日本後紀』には延暦二十三年正月庚子条に従五位下で越中権介に補任されたのを初見として、主馬権助・雅楽頭、[27] 従五位上に昇り伊豫守をへて、[28] 弘仁元年九月には駿河守に任じられたこと[29] などがみえる。駿河守への補任は薬子の事件後の遷任であるから、何かしらこれに関係あるものとは思う。先の安継のように薩摩権守に降されたようなことでもないから、仲成・薬子とはある程度の距離をおいていたのかもしれないが、大同三年十一月「従五位上」に昇っているにもかかわらず、このときの官位の表記が「従五位下」と『日本後紀』にあるのは事件の影響かもしれないし、『日本後紀』[30] 該条の誤記とも考えられる。

この山人を第三子にあてる黛説を否定するつもりはないが、第二子縵麻呂が『続日本紀』に初見する延暦四年から、山人が『日本後紀』に初見する延暦二十三年まで二十年をへだてている。この二十年が第二子と第三子兄弟の実際の年齢差だとは思わないが、かといって簡単に看過できる年数でもない。

そこで想起されるのが『続日本紀』延暦六年九月丁丑条にみえる湯守の存在である。同条には「是より先、贈左大臣藤原朝臣種継の男湯守過ありて籍を除す。是に至りて姓を井手宿祢と賜ふ」とあり、種継の男湯守が除籍となったことがみえている。黛氏は一族や家族と協調できない狷介な人物であったのかもしれないとするが、どうであろうか。延暦六年というと、仲成・縵麻呂が従五位下に叙され正史に初見したわずか二年後であって、山人のそれの延暦二十三年まで十七年もある。「過ありて籍を除す」とあり、「姓を井手宿祢と賜」っているからには、湯守はすでに出身年齢の二十一歳か、内舎人として仕える十八歳に近い年齢に達していたと考えてよく、神護景雲二年から宝亀十年までのあいだに生まれた第三子と理解し、そして世嗣が第四子、それにつづいて山人は第五子と推察してよいと思う。ただ山人を第三子として、湯守を第一子とする考え方もある。湯守は除籍されたので、仲成が第一子として扱われた。ゆえに仲成は第二子などに多い「仲」の字が名に用いられているという解釈(31)であるが、ここでは一応さきのとおりとしておく。

また世嗣の「卒伝」には、さきに引いたのにつづいて「百里を兄の喪に奔り、月を経ずして相尋いで卒す」とみえている。仲成は弘仁元年、縵麻呂は弘仁十二年にそれぞれすでに卒去しているから、世嗣が百里を奔走するがごとくであった兄の喪とは、すなわち湯守のそれに相違ない。よって湯守は天長八年二月末頃に歿したのであろう。

これ以外にさきに考察した安継の存在がある。安継は『日本後紀』大同三年五月庚寅条に従五位下で雅楽助に補任されたのを初見とする。明確な材料とはならないが、従五位下として初見するのが山人から四年ほど遅れているから第六子と理解して大過ないように思える。

種継の女子としては二人が史料にみえている。ひとりは薬子である。黛氏は薬子の母は、仲成との密接な間柄や夫の縄主の母が粟田馬養の娘であることから、仲成と同母の粟田道麿の娘とされている。可能性は高いと思う。薬子の事跡については、黛・橋本両氏の研究(32)に詳しいのでそれに譲るとして、その出生年について黛氏はいちおう仲成の三歳年下とされ、橋本氏もそれを踏襲されている。『続日本紀』天平宝字四年正月丙寅条には、女孺として無位から従五位下に叙せられたことがみえているが、もしこれが本当だとすると、天平九年生まれの種継の二十歳のときの生まれだとして、このとき薬子はだいたい五歳前後となる。やはり女性といえども蔭叙は生年に達することが普通であったろうから、天平宝字四年当時を二十一歳と仮定すると、薬子の生まれは天平十二年となり種継の四歳のとき、十五歳とみても十歳年下となって、これは妹と解せざるをえなくなる。冒頭にあげた『尊卑分脈』が薬子を種継の妹ともするのも(33)、このあたりに原因があるのかもしれない。

しかし、『日本後紀』弘仁元年九月丁未条にも「またその兄仲成、己が妹の勢ひを恃み」とあるから、薬子が種継の娘であることは動かせない。もちろん仲成の生まれた天平宝字八年以降である。あまり確説をえられる方法ではないが、薬子の長女の年齢から推察してみたいと思う。長女が皇太子安殿のもとにはいったのはいつのことであろう。黛氏は延暦十七年頃とされている。しかし、父の縄主が春宮大夫となったのが延暦十八年四月(34)であることを思えば、それ以降のことであろう。娘が春宮のもとにはいったから父が春宮大夫となったのではなく、父が春宮大夫であったから娘が春宮のもとにはいることになったものと考えるのが普通である。春宮は二十六歳、長女は延暦元年〜三年くらいの生まれであろう。薬子が十六歳〜十八歳で長女を生んだとすると、薬子の生年は天平神護二年をはさんで二年ほど前後かと推量される。つまり、薬子は仲成よりも二歳年下、次子縵麻呂よりも二歳年長となり、偶然にも黛氏と同じ結論をえることになった。あたらずとも遠からずであって、たぶん真実もここらあたりにあるものと思う。

もうひとりは、桓武とのあいだに甘南備内親王をもうけた女性である。『日本紀略』弘仁八年二月辛亥条によると、内親王は桓武の第十二女で、母は種継の娘であったという。『本朝皇胤紹運録』は名前を東子とするが、それ以外のことは記さない。『日本紀略』には内親王は十八歳で薨じたとあるから、延暦十九年が生年である。これよりもいくぶん前に父の種継と同齢の桓武のもとにはいったのであろう。そうすると東子は延暦元年前後の出生と考えられるから、種継の晩年、四十歳半ばのころに生まれた末娘となる。

おわりに

以上のように、なにひとつ明確な結論をうることができなかったが、最後にいままで述べてきたことをまとめる意味もかねて、簡略な系譜にして掲げることにする。

系譜2（私案）

清成——種継
- 仲成（天平宝字八年生・四十七歳、母は粟田道麻呂女）
- 縵麻呂（神護景雲二年生・五十四歳、母は鴈高沙弥麻呂女）
- 湯守（のち除籍、天長八年二月歿）
- 世嗣（宝亀十年生・五十三歳）
- 山人（母は山口中宗女）
- 安継（母は藤原継縄女）
- 藤生
- 薬子（天平神護二年頃生）
- 東子（延暦元年頃生）

（1）　木本「藤原四子体制と宇合」（『古代文化』四十四巻一号掲載、のち改題「藤原武智麻呂政権と宇合」として『奈良朝政治と皇位継承』所収、高科書店、一九九五年）。

(2) 木本「藤原広嗣の乱について」(『山形県立米沢女子短期大学紀要』二十八号掲載、のち『奈良朝政治と皇位継承』所収、高科書店、一九九五年)。
(3) 本書、第五章。
(4) 『尊卑分脉』宇合卿孫。
(5) 『日本後紀』大同三年五月庚寅条。
(6) 『日本後紀』大同三年五月己酉条、大同三年八月壬子条。
(7) 『日本後紀』弘仁元年九月丁未条。
(8) 『続日本紀』天平宝字七年正月壬子条。
(9) 本書、第五章。
(10) 『続日本紀』宝亀八年九月丙寅条。
(11) 『続日本紀』延暦二年三月丙申条。
(12) 黛弘道「藤原薬子」(『古代史を彩る女人像』所収、講談社、一九八五年)。
(13) 橋本義彦「〝薬子の変〟私考」(『奈良平安時代史論集』下巻所収、吉川弘文館、一九八四年)。
(14) 安継の母は右大臣継縄の女であるが、遅くはいったか、早く歿したかなどのことがあって嫡妻とはならなかったのであろう。
(15) 『続日本紀』天平神護元年八月庚申条。
(16) 『続日本紀』延暦四年十一月丁巳条。
(17) 『続日本紀』延暦五年正月己未条、延暦七年二月甲申条、延暦十年正月癸未条。
(18) 『日本後紀』延暦十六年二月乙丑条。
(19) 『日本後紀』延暦二十三年正月丁亥条。

(20)『日本後紀』延暦二十三年正月庚子条、大同三年五月壬寅条、大同三年六月丙子条、弘仁二年五月丁未条。
(21)『続日本紀』延暦四年五月戊戌条。
(22)野村忠夫『律令官人制の研究』(吉川弘文館、一九六七年)。早川庄八『日本古代の文書と典籍』(吉川弘文館、一九九七年)。
(23)『日本後紀』大同三年五月壬寅条、弘仁二年七月乙卯条。
(24)『日本後紀』弘仁三年正月丙寅条、弘仁四年正月甲子条。
(25)黛註(12)前掲論文。
(26)高嶋正人「奈良時代中後期の式・京両家」(『奈良時代諸氏族の研究』所収、吉川弘文館、一九八三年)。
(27)『日本後紀』大同元年四月辛亥条、大同三年五月己酉条。
(28)『日本後紀』大同三年十一月甲午条、大同三年十一月甲辰条。
(29)『日本後紀』弘仁元年九月丁未条。
(30)『日本後紀』大同三年十一月甲午条。
(31)黛註(12)前掲論文。
(32)黛註(12)・橋本註(13)前掲論文。
(33)直木孝次郎氏の御示教によれば、早い出仕でも十五歳〜十六歳くらいであろうとする。
(34)『日本後紀』延暦十八年四月乙酉条。

付　種継の近衛員外少将・紀伊守補任について

一

『続日本紀』宝亀元年八月丁巳(二十八日)条には、

近衛少将従五位下紀朝臣船守を兼紀伊守となす。

という補任記事がみえている。先学の中には、この条文の字句の誤謬を指摘するものもあり、どうやらその見解が認められつつあるようである。しかし、考えようによっては、この見解にもまったく疑義がないわけではない。以下、該条の検討から派生して船守だけではなく、藤原種継の近衛員外少将・紀伊守補任についての政治的背景なども併せて考えてみようと思う。

二

では、該条を検討するまえに関連する『続日本紀』の記事を列記してみる。便に冒頭に数字を付し、以下①～⑨条文として記述する。

①神護景雲三年三月十日　近衛将監従五位下紀朝臣船守を兼紀伊介となす。
②宝亀元年八月二十八日　近衛少将従五位下紀朝臣船守を兼紀伊守となす。
③宝亀二年閏三月一日　近衛将監従五位下紀朝臣船守を兼(但馬)介となす。
④〃二年閏三月一日　近衛少将従五位下藤原朝臣種継を兼紀伊守となす。
⑤〃二年九月十六日　近衛少将従五位下藤原朝臣種継を兼山背守となす。
⑥〃六年九月二十七日　従五位上藤原朝臣種継を近衛少将となす。山背守故の如し。
⑦〃六年九月二十七日　従五位上紀朝臣船守を員外少将となす。紀伊守故の如し。
⑧〃八年正月二十五日　近衛少将従五位上紀朝臣船守を兼土左守となす。
⑨〃九年二月二十三日　従五位上紀朝臣船守を近衛少将となす。内厩助・土左守故の如し。

まず前掲の②条文について検討してみよう。ご覧のように②条文は、①③条文をも併考するとき、船守の官歴が近衛将監→近衛(員外)少将→近衛将監となって矛盾するようにもみえる。これについて山田英雄氏は何らかの脱漏があるとするが、(1)どのような脱漏が想定されるかは具体的には示されない。「近衛少将」は、正しくは「近衛員外少将」(2)であろうが、『続日本紀』にはよくあることで、また『続日本紀』はかならずしも補任記事のすべてを採っているわけではないから、山田氏のいうようにこれを脱漏として、簡単に割りきることはできないと思う。

脱漏以外にも、このような解釈も可能であろうと思う。実は②の条文は、⑦の条文、つまり船守が、近衛員外少将となった宝亀六年(七七五)九月以降のものであって、『続日本紀』が「正官」「員外官」を区別しない場合もあり、その編纂の際に間違って同元年八月の補任記事中に混入したものではないか、との解釈である。

しかし、それはないであろう。②の条文に注目されたい。「近衛少将従五位下紀朝臣船守を兼紀伊守となす」とある。船守が「従五位下」から「従五位上」に昇叙したのは、同二年十一月のことである。[3] ⑦条文の同六年九月以降、たぶん紀伊守兼任のことからして土左守になる同八年正月以前までの記事が混入したのであれば、②の条文のそれは正確には「近衛員外少将従五位上紀朝臣船守を兼紀伊守となす」、前述のように『続日本紀』にはよくみられるが「員外」を落したとしても「近衛少将従五位上紀朝臣船守を兼紀伊守となす」となければならない。ただ、②の条文の「従五位下」は、『続日本紀』の編纂、または伝写の過程で間違えたのであって、本来は「従五位上」であったはずだ、といわれれば、のちの混入も考えられようが、国史大系本、新日本古典文学大系本や朝日本も「従五位下」の字句に写本による異同のあることを記さないから、その可能性も少ない。

また混入したのではない理由として、以下のことがあげられると思う。船守は①条文にみえるように、神護景雲三年(七六九)三月十日に紀伊介になったことがわかるが、当時の紀伊守は、天平神護二年(七六六)七月二十二日に任官して以来の賀茂浄名であったことがわかっている。その浄名は、船守が紀伊守となった宝亀元年八月二十八日、同じ日に員外少納言に補任されている。すなわち宝亀元年八月二十八日に、紀伊守の浄名が員外少納言に遷じ、その後任として介の船守が守に転じたということである。つまり、この日に船守が紀伊守に任じられたことの事実が、②条文以外からも間接的ではあるが確認されるわけであるから、この②条文が同六年九月(⑦条文)以降、同八年正月(⑧条文)以前の期間のできごとからの混入ということはありえないと思う。

つづいて①~③の『続日本紀』条文にみえる船守の官歴の矛盾を解決するものとして、もうひとつ松崎英一氏にはじまる見解がある。これがいちばん素直で単純なものであろうと思う。松崎英一氏は、②の条文の「近衛少将」は「近衛将監」の誤記と理解するのである。[4] 古典文庫本『完訳注釈続日本紀』第五分冊も、「注巻三十、三十一頁六」で、「紀船守は景雲3310および宝亀2閏3朔両条に近衛将監に在任しているので本条(②条文、筆者注)も近衛将監の誤りではないか」[5]とし、また新日本古典文学大系本『続日本紀』四も、「補注30―四六」の「紀朝臣船守と近衛少将」なる項目で「近衛少将は近衛将監の誤りであろう」[6]と同様の見解を示しておられる。なるほど、編纂・伝写過程での誤記とすることも可能性とすればあり、今回の場合もそれが妥当であるかのようにも思うが、しかしこの見解にも問題がないわけではない。以下に、そのところを兼官の紀伊守のことから考えてみることにする。

前述のように同元年八月に紀伊守に補任した船守(②条文)は、その後同二年閏三月に種継が紀伊守に任じた(④条文)ことにより、その任から追われ、同日に但馬介に左降され(③条文)、同年九月に種継が山背守に遷じたあと(⑤条文)、紀伊守に再任する(⑦条文)という[7]、いささか複雑なプロセスを経ていることがわかる。②条文の「紀朝臣船守を兼紀伊守となす」は、「紀朝臣船守を兼紀伊介となす」の誤記でないことは、①条文にすでに介となった記述がみえるうえに、先に検討したように賀茂浄名の紀伊守から員外少納言への遷任時の考察から、また①条文の存在から「紀朝臣船守を兼紀伊守となす」でなければ、②条文そのものがここに掲記される必然性がなくなる、などのことから実証できる。つまり、船守の紀伊介→(紀伊介)→但馬介→紀伊守ということはありえず、紀伊介→紀伊守→但馬介→紀伊守という官歴が確認できる。

そうすると船守がなぜ、紀伊守から但馬介に左降されたのかが気になる。②条文は保留するとして、この頃には④⑦条文にみられるように「近衛員外少将」に「紀伊守」の兼任は、ペアーになっていたわけで、船守の紀伊介→紀伊守→但馬介→紀伊守と一時の左降のあったことを理解しようとすれば、②条文の「近衛(員外)少将」を「近衛将監」の誤記と解釈して、近衛将監→(近衛将監)→近衛将監→近衛員外少将→近衛少将とするのはおかしく、『続日本紀』の記述どおりに近衛将監→近衛(員外)少将→近衛将監→近衛員外少将→近衛少将と兼官職に左降のあったことに対応させて理解したほうがよいように思う。船守は兼帯する紀伊守の官職を種継に奪われて但馬介になり、種継が紀伊守を去ってそれに再任することができたのである。

そうすると、近衛府の補任の場合も、同元年九月十六日に種継が員外少将（④⑤条文にみえるごとく「少将」ではなく、「員外少将」であったことについては後述する）に任じたことによって[8]、船守がこの官職を奪われて将監に格下げされ、同六年九月に種継が正官の少将に昇格してから、同日にその空いた員外少将に再任することができたと考えた方が整合的なのではないだろうか。

三

では、近衛員外少将といい、紀伊守といい、それほどまでして船守を押しのけて種継を擢用したのは、なぜかということが問題となるが、これには宝亀元年八月（二十八日）という時期における政治的な状況が強く反映しているものと思う。

つまり、この月の四日には称徳女帝が崩御し[9]、同日に白壁王が皇太子として擁立されたものの、その即位は十月一日まで待たなければならない政治的に微妙な状況にあった。そのような不安定な政治状況下にあって、皇太子白壁王を守り、即位させ、その政治体制下に政治権力を扶殖させていくことが、白壁王を擁立した式家の良継・百川らの最大の目的であった。その目的のために軍事枢職を占有し、軍事力を掌中にすることが一番求められていたわけであって、その中で行政職とはいえ軍事職を管轄する兵部卿は、式家にとっても重視する官職であった。そこで式家中でも軍事に経験の豊富な近衛大将の蔵下麻呂に兵部卿をも管掌させ、その一方で兼官によっての近衛大将としての蔵下麻呂[10]の近衛府内での影響力の低下を恐れ、その掌握を確実なものにしようとしたのが、種継の近衛員外少将への強引ともいえる補任ではなかったかと思う。

それでは紀伊守の場合はどうであったかということになる。宝亀二年閏三月一日に船守を除くかたちで種継を補任させたにもかかわらず、もう九月十六日には山背守に遷じさせている。半年間の帯任というのは短かすぎるような気もする。白壁王の即位後には、式家の良継を中心とする政治体制下での新しい官人構成が行われていたことから、国守の交替も頻繁であっても不思議ではないが、これには何か理由があるのではないかと思う。そこで想起されるのが、直木孝次郎氏の、政治の重要な局面を担うものとして即位した天皇、または際会した天皇は、即位の年か、その翌年の九月または十月、大嘗祭の一・二か月前に先立って紀伊へ行幸し、身の安全と皇統の安泰を紀伊の神に祈ることがあり、それは多くの官人に知られていたという指摘である(11)。

光仁の大嘗祭は、同二年十一月二十一日に挙行されている。そうすると紀伊行幸が行われたとすると、九月か十月頃であったことになる。『続日本紀』には、九月、十月ともに光仁の紀伊行幸の記事はないが、九月十七日には无位の紀伊保と紀牛養の本位への復位のことがみえている。光仁朝では復位のことが多くみえるが、この日に紀朝臣氏の二人のみがこの処遇にあっているのは、光仁の紀伊行幸後の恩遇とも考えられはしないか。また前日の十六日に種継が紀伊守から去っているのも時期が不思議と重なる。

しかし、種継への行幸後の臨時叙位が無いことからして穿ちすぎた見方かもしれない。ただ天武皇統に代わって立ったことからしても、天智皇統の光仁が、直木氏のいう政治の重要な局面を担う天皇にあてはまることは明らかで、即位直後から二年十一月の大嘗祭をひかえて、当然のごとく紀伊行幸のことは官人間で考慮されていたものと思われる。ことに光仁を擁立した式家の人々は、天智皇統である光仁が身の安全と皇統の安泰を紀伊の神に祈ることを望んだのであるまいか。このようなことを前提として、光仁の紀伊行幸の準備・遂行のため、良継らが船守を追い、甥である種継を紀伊守に就けたのであろうと思う。しかし、何らかの事情で光仁の行幸は実現しなかった。そこで直ちに紀伊守から、翌年三月の井上・他戸廃后太子をひかえて、この両人と関係深い南山背での政治的混乱を抑えるために山背守に遷任させたのかもしれない。これについては、「付　種継と南山背」に詳述した。

このようにしてみてくると、なぜに船守が式家の政治的都合で左降され、この両職を追われなければならなかったのか疑問である。かならずしも左降でなくともよかったはずであるが、それは船守が式家の良継や百川らとの政治的関係がよくなかったからではないかと思う。仲麻呂の乱に際しては、その発端となった仲麻呂側との鈴印争奪に活躍し、また検校兵庫軍監に任ずるなどして称徳朝には厚遇されていた船守が、式家が政治を主導する宝亀年間には従五位下から従五位上になるのに七年を費やし、それからさらに七年余叙位に預からない不遇を被っている。しかし、良継・百川らが薨じた直後の宝亀十年正月の叙位には二階昇って正五位上に、翌年十月には従四位下に、翌々年天応元年（七八一）四月には従四位上となり、同年六月には参議にまで昇任するなど順調すぎるほどの官途を徴証するとき、船守と式家とはよい関係ではなかったことが実証できる。

こう考えてくると、船守が良継・百川主導政権下に近衛員外少将→近衛将監、紀伊守→但馬介と左降されたこともべつに不思議なことではなく、かえって筆者のいうところに蓋然性があるように思うのである。そのことは、種継・船守双方の員外少将・紀伊守への補任・去任の日時も齟齬することがなく、整合的であることからも納得できる。松崎英一氏・古典文庫本・新日本古典文学大系本のいうように「近衛少将」が「近衛将監」の誤記であるという理解は難しいのではないかと思う。

四

最後に、種継の近衛員外少将補任について気づいたことを述べてみよう。関連条文のうち、種継について④⑤条文では既に近衛少将に在任していたことがみえているが、⑥条文では近衛少将に任官したとみえる。これについては高嶋正人氏のいうように、宝亀二年閏三月から九月頃に近衛少将を帯任していたが、その後去任して再び同六年九月に近衛少将に任じたとも解しうるが[12]、同四年十二月十四日付の『正倉院文書』「藤原種嗣校生貢進啓」[13]に、「近衛員外少将藤原朝臣『種嗣』」と自署していることがみえることから考えると、前述のように「正官」「員外官」を区別していないケースとして、『続日本紀』④⑤条文の記述するところは、実は「近衛少将」ではなく、「近衛員外少将」であったものと推断される。つまり宝亀元年九月に近衛員外少将に任じ、五年後の同六年九月に正官に転じた(⑥条文)ものと理解すべきであろう。

(1) 山田英雄「続紀の重複記事」(『続日本紀研究』一巻五号掲載、一九五四年)。

(2) この時の近衛少将の任には、佐伯国益がいたものと思われる。国益は、『続日本紀』神護景雲二年閏六月乙卯条と年月不詳だが同三年十月頃以後のものと思われる『正倉院文書』「仏事捧物歴名」(『大日本古文書』五巻七〇八頁)に「近衛少将」在任のことがみえるから、ひきつづいてこの職にあったものと思う。この頃の「少将」「員外少将」の定員はともに一名であった(古藤真平「中衛府・近衛府官員制度の再検討」『古代世界の諸相』所収、晃洋書房、一九九三年参照)ことからして、船守は近衛員外少将であったと思う。

(3)『続日本紀』宝亀二年十一月丁未条。
(4) 松崎英一「続紀官職記事の誤謬・矛盾」(『古代文化』二十九巻五号掲載、一九七七年)。
(5) 林陸朗『完訳注釈続日本紀』第五分冊(現代思潮社、一九八八年)。
(6) 新日本古典文学大系本『続日本紀』四(岩波書店、一九九五年)。
(7) 船守の紀伊守再任がいつのことか『続日本紀』には明確ではない。しかし、宝亀五年三月甲辰(五日)条には、藤原刷雄が新たに但馬介に補任されたことがみえるから、この時に船守が再任された可能性が高い。
(8) 種継の近衛員外少将への補任日時については『続日本紀』には明確ではない。ただその前職は、美作守であった(『続日本紀』神護景雲二年二月癸巳条)。『続日本紀』宝亀元年九月乙亥条には、藤原乙縄が美作守に補任されたことがみえるので、種継はこの時に近衛員外少将に遷じたものと推測される。
(9) この間の事情については、瀧浪貞子「藤原永手と藤原百川—称徳女帝の『遺宣』をめぐって—」(『日本古代宮廷社会の研究』所収、思文閣出版、一九九一年)、林陸朗「奈良朝後期宮廷の暗雲」(『上代政治社会の研究』所収、吉川弘文館、一九六九年)、中川収「光仁朝の成立と井上皇后事件」(『奈良朝政治史の研究』所収、高科書店、一九九一年)、本書、第三章など参照。
(10) 蔵下麻呂の近衛大将在任期間については、本書、第四章に詳しい。蔵下麻呂が近衛大将の任から去ったのは、宝亀二年正月のことと思われる。この後任には誰が就いたかわからないが、中将道嶋嶋足、少将佐伯国益の中にあって、蔵下麻呂に代わって、近衛府内における種継の果たすべき役割はさらに大きなものとなっていたに違いない。
(11) 直木孝次郎「万葉貴族と玉津嶋・和歌の浦」(『東アジアの古代文化』六十四号掲載、一九九〇年)。
(12) 高嶋正人「奈良時代中後期の式・京両家」(『奈良時代諸氏族の研究』所収、吉川弘文館、一九八三年)。
(13)『大日本古文書』二十二巻三七一〜三七二頁。

付　種継暗殺と早良廃太子の政治的背景
――早良・大伴家持の関与と桓武・乙牟漏の真意――

一

延暦四年(七八五)九月二十三日深夜、時の天皇桓武の信頼があつく、長岡京造営の中心人物であった式家出身の藤原種継が暗殺された。これについては『続日本紀』延暦四年九月乙卯(二十三日)・丙辰(二十四日)条や『日本紀略』同日両条にもみえている。両書を参考に、種継暗殺の概略を以下に記してみる。

「中納言・春宮大夫大伴家持、左少弁大伴継人、春宮少進佐伯高成らは、種継を除こうとして、さらに大伴真麿・大伴夫子・大伴竹良らも加わえて策謀し、その計画を皇太子早良親王に啓した後に実行することとした。そこで桓武が平城京に行幸していた二十三日夜、中衛の牡鹿木積麿らを遣わして種継を襲撃、殺害させた。急遽戻った桓武は、継人・高成・真麿・竹良・湊麿、春宮主書首の多治比浜人、木積麿らを斬刑とし、右兵衛督五百枝王は伊予国へ、大蔵卿藤原雄依と春宮亮紀白麿、家持の息子である永主らは隠岐へ、東宮学士・造東大寺次官林稲麿は伊豆への流刑とした。早良は十日あまり絶食し、淡路に移送されるうち亡くなったが、屍はそのまま淡路へと運ばれ葬られた。事件の二十六日前にすでに歿していた家持も官位を追奪、除籍となったうえで、屍も葬られなかった」。これが事件の内容である。

二

この事件は、桓武の留守に実行されたことや事前に弓のたくみな近衛・中衛の兵士[1]を実行者として決めていたことからも思いつきから起こった事件ではなく、周到な計画のもとに行われた政治的な背景をもった事件であったと思われる。[2]関与した人物をみると、ふたとおりの人間関係が指摘される。ひとつは大伴氏の人が中心となっているということ、もうひとつは春宮職の官人が多く関係しているということである。[3]このことを考えると、このふたつの条件を具備している家持の存在は重要視されるものと思う。

そこで家持の事件への関与についてどうかというと、角田文衛氏は、家持は延暦四年夏には帰京していて、継人らに援助を求められ賛成したとされるが、[4]北山茂夫氏は、家持は首謀者に仕立てられ、関知しない事件との見解をとり、[5]笹山晴生氏は、家持はなくなる直前には蝦夷征討のために陸奥に赴いていたし、つねに慎重に一族の軽挙をたしなめてきたから、この事件に関係したとは考えにくいとされる。[6]また佐伯有清氏も、家持は反対派の中心的地位にいたが、「とにかく家持は種継暗殺事件には直接関与していなかったとみるのがただしい」[7]といわれる。

しかし、そういうことはないと思う。森田悌氏も「春宮坊大夫家持を中心とした派閥が自ずと形成されるようになり、種継ないしその一派と反目するような事態が想定される」[8]といい、上述のように直接の関与を否定される佐伯氏さえも、家持は反対派の中心的地位にいて蹶起計画に参加していたことは認めてよい[9]というように、大伴氏出自官人と春宮坊官人とを結びつけ、そのグループの中心にあって種継暗殺への主的な働きをしたのは、大伴氏の氏長であり、かつ春宮坊長官の大夫であった家持以外には考えられない。

家持は、橘奈良麻呂の変・氷上川継の謀反と過去にもこのような事件に関係することがあった。やはりこれは家持の中に藤原氏への反駁心というものが終生変わらずにあったということであろう。しかし、どうして大伴氏と春宮坊官人とがむすびついたかというと、これは家持をとおしての人間関係によるところのものだけではないように思われる。

元来、大伴氏には藤原氏への対抗心があり、「薨伝」にも「天皇甚だこれを委任して、中外の事皆決を取る」[10]とみえているように、桓武の信任をもとに台頭してきた種継に対して、家持には種継も陰謀に加わった浜成の左降事件に連坐して一時であるにせよ解任された怨みもある。家持にとっては種継は好ましい人物ではなかった。このように家持には、桓武の意図を体して積極的に長岡京の造営をつづける種継に対して、平城京を離れがたい思い[11]とともに、この造営を成功させると益々桓武の信頼をえて種継の発言力がたかまり、大伴氏がもう対抗できなくなるという政治的な危機感があったのではなかろうか。

しかし、家持が種継暗殺を企んだのは、これだけの理由ではない。家持が春宮大夫として近侍する早良皇太子の存在も深く関わっていたのではないかと思われる。

早良の関与について、林陸朗氏は不詳とするが[12]、北山氏はやはり家持と同じように謀反の企てに直接の関係はなかったとする[13]。笹山氏も「親王がみずから飲食を断って絶命するまでにその無実を主張しているように、ほんとうに事件に関係があったのか、問題である」[14]と関与を否定する。森田氏も北山説を首肯し、「廃太子は冤罪であることが濃厚である」[15]とする。

これに対して山田英雄氏は、早良が立太子以前に「親王禅師」として東大寺に影響力のあったときの造東大寺司官人のうち、稲麿・夫子などが立太子にともない春宮坊に遷ってきており、また東大寺からの働きかけもあり、早良を含めてこれら春宮坊官人も遷都に反対であって、そこで遷都を阻止しようとして種継を暗殺したのではないかと憶測され、間接的に早良の関与を認める。(16)またこの山田説は、その後に高田淳氏によって発展的に継承されてきている。(17)

山田氏の説くところが正鵠を射ているか否かは別として、北山氏のいうように早良が種継の暗殺にかかわらなかった、ということはまずないものと思う。『日本紀略』条文にも「家持は種継を殺害することを早良に啓したのちに実行にうつした」(18)とみえている。また種継と早良が不仲な関係にあったことも『日本後紀』弘仁元年九月丁未条や『今鏡』によってしられることから、ありうることだと思う。そして、その不仲の原因が山田氏のいうように遷都のことであったかもしれない。しかし、わたしにはそれよりもほかに皇位継承問題が絡んで、もっと別の理由が考えられるように思われる。

三

種継は、述べてきたように、桓武の信頼があつく、寵用されてもいた。しかし種継にはこれをさらに確固たるものにしたいという気持ちがあったのではなかろうか。ことに春宮坊を中心として大伴・佐伯氏らを背後勢力にもつ皇太子早良の存在は不仲であるだけに、種継にとっては看過できないものであったように思われる。

そこで早良、大伴・佐伯氏に対抗するために種継がとった方策は、同じく式家を出自とする伯父良継の娘で、桓武皇后となっていた従妹乙牟漏の生んだ安殿親王を立太子させることであったのではないだろうか。

当時の式家は、延暦二年三月に右大臣職にあった田麻呂を喪って以来、種継が代表者であったが、その時の官職は正四位下で参議・左衛士督・近江守にすぎず、桓武には寵用されてはいたものの、他者に抜きんでた存在ではなかった。このことは、たとえば桓武即位直後の叙位で、種継と同じ従四位上に昇った石川名足・藤原雄依・大中臣子老・藤原鷹取・紀船守六人のうち、名足・子老・船守らが種継よりも早く参議に就任していることからも類推することができる。

その種継がめだって栄進するきっかけとなったのは、一挙に二階昇って従三位となった延暦二年四月の乙牟漏立后にともなう叙位であった(19)。この従三位への昇叙が、先任参議の神王・大中臣子老・石川名足・紀船守・紀家守をも超任しての、翌年正月の中納言昇任への契機ともなったのである。これにはもちろん桓武の信頼があったものとは思うが、それよりも皇后乙牟漏やその意図をうけた乙牟漏の母である阿倍古美奈の意志がより桓武に強くはたらいていたのではないかと思う。古美奈はこのとき、尚侍兼尚蔵として後宮の最高実力者であった(20)。

田麻呂亡きあと、種継は乙牟漏の出自である式家の代表者として、その立后に尽力したことであろうし、また笹山氏もいわれるように、式家の立場を強めようと長岡宮造営を機会に乙牟漏の地位の確立をはかったものと思われる(21)。そして自分の栄達をその乙牟漏の誘掖にたよろうとしたのではないか。乙牟漏もまた皇后とはなったものの、伊予親王を生んだ南家右大臣是公の娘吉子(22)もおり、その地位の保全(23)と十歳となった息子安殿のためにも、背後勢力としての種継ら式家の政治力拡大を望んだことであろう。ことに乙牟漏には、わが子安殿の立太子への強い願望があったものと思う。

また桓武も、即位したときには実子安殿がいまだ幼少で、父光仁の要望であったこともあり、実弟早良を皇太子とした(24)ものの、光仁亡きいま、安殿を皇嗣としたい気持ちがだんだん強くなってきていたものと思われる。春宮傅の田麻呂が逝去して後、桓武がその後任を任命しなかったのも、この事情からであろう。

このような桓武・乙牟漏の意図をうけた種継の言動が、早良に不安感を抱かせ、その関係を悪化させていたのではないか。また春宮大夫家持らの春宮坊官人と大伴・佐伯氏の反発をかっていたのではないか。つまり種継暗殺の背景には、桓武と乙牟漏を背後に自己政治力拡大のために安殿の立太子を画策する種継と、それに対抗しようとする早良を中心とする大伴・佐伯氏との皇嗣をめぐる政治権力闘争があったということができよう。

ではなぜ、北山氏も笹山氏も「無実の証」だといわれるように[25]、早良が絶食までして無関係を示そうとしたのであろうか。その答えは二十八日の詔文「式部卿藤原朝臣を殺し、朝廷を傾け奉り、早良を君となさんと謀りけり」がヒントとなる。ここには種継の暗殺だけではなく「朝廷を傾け奉る」、つまり桓武をも殺害して早良自身が皇位に就こうとしたとある。しかし早良は、皇太子の地位を脅かす言動をとる種継の暗殺は容認した[26]ものの、家持らも含めて桓武の殺害はもちろん考えてはいなかった[27]。早良はこれについての無実を証明しようとして絶食してまで訴えたのではなかろうか。

しかし、このような早良の訴えは桓武にはとどかなかった。桓武には前述のように光仁の立てた皇太弟早良を退け、実子の安殿を立てんとする密かではあるが確固たる願いがあった。種継の安殿立太子への言動も桓武の腹心ならではのものであった。種継の暗殺は、桓武にとっては早良排除の絶好の機会となったのである。

（1）栄原永遠男「藤原種継暗殺事件後の任官人事」（『長岡京古文化論叢』所収、同朋社出版、一九八六年）。

（2）佐伯有清氏は『新撰姓氏録の研究（研究篇）』（吉川弘文館、一九六三年）で、暗殺事件の前駆的な動きはすでに前年の延暦三年に存在していたと述べておられる。

（3）林陸朗『長岡京の謎』（新人物往来社、一九七二年）。

（4）角田文衛『佐伯今毛人』（吉川弘文館、一九六三年）。
（5）北山茂夫「藤原種継事件の前後」（『日本古代政治史の研究』所収、岩波書店、一九五九年）。北山茂夫『大伴家持』（平凡社、一九七一年）。
（6）笹山晴生『平安の朝廷―その光と影―』（吉川弘文館、一九九二年）。目崎徳衛氏も『平安王朝』（講談社、一九七五年）で同様に理解する。
（7）佐伯註（2）前掲書。
（8）森田悌「早良親王―御霊信仰を生んだ冤死―」（『歴史読本』三十四巻七号掲載、一九八九年）。
（9）佐伯註（2）前掲書。
（10）『続日本紀』延暦四年九月丙辰条。
（11）林註（3）前掲書。
（12）林陸朗「早良親王の忿死」（『エッセイで楽しむ日本歴史』上巻所収、文芸春秋、一九九三年）。
（13）北山註（5）前掲論文。
（14）笹山註（6）前掲書。
（15）森田註（8）前掲論文。
（16）山田英雄「早良親王と東大寺」（『南都仏教』十二号掲載、一九六二年）。
（17）高田淳「早良親王と長岡遷都―遷都事情の再検討―」（『日本古代の政治と制度』所収、続群書類従完成会、一九八五年）。
（18）『日本紀略』延暦四年九月丙辰条。
（19）中川収「桓武朝政権の成立（下）」（『日本歴史』二八九号掲載、一九七二年）。
（20）林陸朗「桓武天皇の後宮」（『国学院雑誌』七十七巻三号掲載、一九七六年）、同「桓武朝後宮の構成とその特徴」

(『桓武朝論』所収、雄山閣出版、一九九七年)。

(21) 笹山註(6)前掲書。

(22) 乙牟漏と吉子は、「夫人」には同時になっているから、かならずしも吉子に比べて乙牟漏が優位であったともいえない。中川収氏は、藤原良継の娘という出自に加えて安殿という第一皇子を生んだことが、乙牟漏立后の大きな要因になったといわれる(「光仁天皇の譲位」『政治経済史学』一八四号掲載、のち『奈良朝政治史の研究』所収、高科書店、一九九一年)。

(23) 笹山晴生氏は「平安初期の政治改革」(新版岩波講座『日本歴史』三、古代三所収、岩波書店、一九七六年)で、この年五月に新宮の皇后宮殿に赤雀の祥瑞があったが、これは乙牟漏の地位確立をはかる意図であったとされる。

(24) 高田淳氏は註(17)前掲論文で、桓武は自分に皇権が集中できることからも幼少である安殿の立太子を望んだが、光仁が譲位後もある程度の影響力を保持するために早良を立てて、桓武を牽制させたとする。

(25) 北山註(5)前掲論文、笹山註(6)前掲書。

(26) 栄原氏も註(1)前掲論文で、暗殺計画者たちは種継個人の打倒を目標としていたとする。

(27) 田中正日子氏は「奈良末・平安初期の政治上の問題―中央官人の動向をめぐって―」(『日本史研究』四十二号掲載、一九五九年)で、家持が早良をこの政争に引きだしてきたのは、桓武の退位を要求していたからだとする。

付　種継と南山背

――種継の基盤地づくり――

一

『延喜諸陵寮式』によると、藤原南家の武智麻呂の墓は大和国宇智郡にあり、[1]その次子仲麻呂は父の菩提を弔うため宇智郡に栄山寺を造作し、長子豊成は宇智郡の畠を栄山寺に施入している。[2]一方北家の房前・清河親子はともに摂津国嶋上郡に野地をもっていたこと、永手は「長岡大臣」とよばれ、山背国相楽郡出水郷に山をもって、魚名も「川辺大臣」とよばれて山背国葛野郡川辺に関係深く、また摂津にも別業をもっていたことがしられている。[3]これらのことをもって、直木孝次郎氏は、南家は紀ノ川・紀伊に、北家は淀川水系、摂津・山背に勢力をもつという対立関係があったとしておられる。[4]

それでは式家はどうかというと、宇合の次子良継の墓は『延喜諸陵寮式』には宇智郡にあるとみえている。そして、良継の甥種継は宝亀二年(七七一)閏三月に紀伊守になったが、[5]その半年後の九月には山背守に遷って、[6]同七年三月まで四年半在任している。[7]直木氏は、式家のうち良継は南家に、種継は南家の方向か北家の方向かで悩んだ時期があり、結局は北家に従っていくことになるが、紀伊守から山背守への遷任はこれを裏付けているのではないかともいわれる。[8]

直木氏のいうとおりであるとすると、その後種継は山背のどこに、どのようにして勢力を伸ばしていったのであろうか。検証してみようと思う。

二

その徴証として、まず『続日本紀』延暦六年九月丁丑条をあげるが、そこには、

是より先、贈左大臣藤原朝臣種継の男湯守過ありて籍を除す。是に至りて姓を井手宿祢と賜ふ。

とみえる。ここにいう「井手宿祢」なる姓は、山背国綴喜郡井手の地名に因んだものであろう。よって種継か湯守自身、そして湯守の母という場合も考慮に入れずばなるまいが、少なくとも種継を中心とした式家が南山背の綴喜郡あたりに何かしらのつながりのあったことがしられる。

また『日本後紀』延暦十六年二月丁巳条には、

山城国相楽郡の田二町六段を賜ひ、贈右大臣従二位藤原朝臣百川の墓地となす。

との記事もみえる。『延喜諸陵寮式』にも「相楽墓。贈太政大臣正一位藤原朝臣百川、淳和太上天皇の外祖父、山城国相楽郡にあり。兆域は東西三町、南北二町、守戸一烟」とあって確認できる。

これは百川の長子で、当時「従五位下、内廐頭」(9)の官職にあった緒嗣が願って田を賜ったものであろう。緒嗣は桓武天皇の恩遇をえて、この年の七月には従四位下、内蔵頭から衛門督(10)へと急激な栄進を歩むようになる。百川は宝亀十年(七七九)七月に薨去しているから十八年を経ている。「田二町六段を賜ひ」とあることからして、新たに相楽郡に移して改葬したものとみえる。

それでは改葬前の百川の墓地はどこにあったのかということになるが、どうもそのことははっきりとはわからない。『続日本紀』宝亀十年七月丙子条の「百川薨伝」には、「葬事に須るところは官より給し、并びに左右京の夫を充つ」と墓の造作に「左右京の夫」をもって充てることがみえているが、京内は『喪葬令』皇都条にもあるように埋葬は許されていなかったから、京に近い周辺に営まれていたのではないかと思う。緒嗣は父百川の功績によって桓武から予想外の恩寵を蒙ったことから、桓武に改葬を請うて許されたものであろう。

井手は今は綴喜郡だが、当時は百川の墓のある同じ相楽郡に属し[11]、木津川をはさんで南北対岸に五〜六キロメートルくらいの距離で思いのほか近い。元来、このあたりは高麗寺跡があることからもしられるように高麗(狛)氏の勢力地でもあったが、やがて聖武朝になると橘諸兄が相楽別業を構え[12]、この地に恭仁京を造営することを進めるなどした[13]。また諸兄は氏寺として井手寺を建立し[14]、寺内に氏神梅宮神社の前身である椋本神社をも創祀したことでもしられる[15]。そのためでもあろう、『尊卑分脈』には諸兄のことを「井手左大臣」とも号したとみえている。そして孫の清友の墓も近く、木津川を挟んですぐ南の加勢山にある[16]。

また聖武と、諸兄の同族県犬養広刀自とのあいだに生まれた安積親王は、恭仁京から東にはいった和束に別宅を営んでいたことが『万葉集』にみえる。安積は脚病で薨去したのち和束に葬られた[17]。このようなことを考えあわせると、聖武朝のころには井手、恭仁、和束あたりは橘氏とその母族県犬養氏の勢力地になっていたことは確かなことであろうと思う。

三

では、このように奈良時代中期には橘諸兄を中心とする橘氏が勢力をもっていた南山背の相楽郡が、後期になるとなぜに式家と関係深くなるのであろうか。

話は少し変わるが、宝亀三年三月、光仁の皇后であった井上が巫蠱に坐して廃后となる事件があり、五月には他戸皇太子もまた廃太子となっている。この井上、他戸母子の廃后・廃太子は誰の陰謀によるものかについては別稿(18)に詳しいので、それを参照していただくとしても、『公卿補任』の百川の条に引く「本系」には「大臣もと心を桓武天皇に属し、龍潜の日に共に交情を結ぶ。宝亀天皇践祚の日に及びて、私に皇太子となさむことを計る。時に庶人他部《(マヽ)》儲弐の位にあり。公、しばしば奇計を出し、遂に他部《(マヽ)》を廃して、桓武天皇を太子となす」とあり、『続日本後紀』承和十年七月二十四日条にも、「緒嗣の父微りせば、予豈に帝位に践ること得むや」とあるのをみるとき、桓武を立てんと陰謀を企んだ首謀者は良継・百川兄弟であることは動かない。

井上の母は、聖武夫人県犬養広刀自である。つまり井上は安積の実姉にあたる。広刀自と諸兄の母県犬養橘三千代との関係は明確ではないが、聖武の皇后・夫人である光明、房前の娘、橘古那可智らはすべて三千代の娘・孫娘であり、その入内に三千代が主的な役割を果たしたことを思うと、同族として姪などの近い関係が想像できなくもない。諸兄は広刀自の生んだ安積の擁立を企み、藤原氏に対抗しようとした。

県犬養氏を出自とする井上・他戸が廃后廃太子となったことによって橘・県犬養氏の政治勢力拡大への方途は閉ざされた。宝亀元年九月から山背守となった橘綿裳が一年後の同二年九月に種継にとって代えられているのは、綿裳が国守に在任していては、井上・他戸の廃后廃太子事件の際にどのような政治的混乱が生じるかもしれない。これをおそれた良継・百川が事件を起こすに先立てて任じ、橘・県犬養氏の勢力地であった南山背地方での動揺を甥である種継に抑えさせようとしたものであったとみてよい。

井上と綿裳がいかなる関係であるかをしる史料とてないが、綿裳は『尊卑分脈』には諸兄の弟佐為の子とある。橘奈良麻呂の事件直後の天平宝字元年(七五七)閏八月にははばかって橘氏をすてて広岡朝臣の姓を賜っている。[19]この時に同じく広岡朝臣の姓を賜ったのに、佐為の娘古那可智・真都我姉妹がみえているので、『尊卑分脈』のいうとおりに綿裳も佐為の息子の可能性が高い。綿裳はこのとき従五位上中務少輔兼山背守の官職にあり、橘氏の中心官人であったから、井上にとっても頼るべき人物であったと思う。良継・百川にとっては除外の対象とすべき存在であったに相違ない。

井上・他戸の廃后廃太子事件以後、綿裳が山背守にくわえて中務少輔も解任されるなどしたように、橘・県犬養氏は政治的にもふるうことなく弱体化していくが、それと対称的に山背守となった種継は四年半のうちに橘・県犬養氏にとって代わって南山背地方に勢力を伸長させていくことになったのではないか。種継は秦朝元の娘を母として生まれたといわれており、[20]東漢氏系の山口忌寸氏、百済系の鴈高宿祢氏などを出自とする渡来人の娘を娶っている。[21]秦氏は、山背国葛野郡・愛宕郡を本拠地とし、さらに南の宇治郡・紀伊郡にも縁がある。[22]また秦氏は一方では淀川を下り、河内国茨田郡[23]・摂津国豊嶋郡[24]などにも一大基盤地を築いている。宇治・紀伊両郡は、久世郡をはさんで綴喜郡のすぐ北にあたり、秦氏が平城京を指して木津川を上って、交通の一大要衝地でもあったこの地方に進出してきていたとしても不思議ではあるまい。また諸兄との関係から、彼の主導する恭仁京造営に多くの秦氏の氏人が動員されたのが契機となって、住みつくようになっていたことも考えられよう。

天平十五年(七四三)、秦井手乙麻呂は正六位上から外従五位下を授けられて相模守にもなったが、[25]この姓「秦井手」は秦氏の中下層の氏人集団が開拓のために移住して、井手に蟠踞していたことを傍証しているのではないか。[26]新日本古典文学大系本『続日本紀』二に岡田隆夫氏は注を付して「秦井手は橘諸兄建立の伝承をもつ井手寺や別業のある山背国綴喜郡に蟠踞していた秦氏か」という。秦氏には、山背国内についても「秦物集」「秦川辺」「秦高椅」「秦倉人」など秦氏の一字を共有する傍系氏族がみえる。(27)「秦倉人」などは秦氏の職掌に因んだものであろうが、「秦川辺」「秦高椅」のように地名によったのもある。(29)「秦井手」氏は、岡田氏のいうように井手に蟠踞していた秦氏の傍流一族であろう。

また奈良麻呂が天平宝字元年に兵を起こすに際して秦氏を雇ったことがみえているが、(30)この秦氏は橘氏基盤地である相楽郡にすでに居住して橘氏と何らかのつながりをもっていたものたちではなかったかと思う。

四

種継は、橘諸兄・奈良麻呂父子以降、宝亀年間に伯叔父たち、良継・百川による井上・他戸の廃后廃太子事件を契機として勢力を急激に衰えさせた橘氏に代わって、山背守となって血族的関係のあった秦氏やその傍流の秦井手氏らの協力のもとに相楽郡を中心とした南山背に勢力を築いていったのである。その過程でさらなる秦氏の進出もあったことであろう。種継逝去から約五十年後の承和三年(八三六)二月、相楽郡賀茂郷に居住する戸主秦黒人の戸口秦広野が葛野郡高田郷の土地を沽却したことがみえている。(31)たぶん黒人や広野らは、前述のような状況下で秦氏本来の本拠地葛野郡から相楽郡賀茂郷に移居してきたものたちであろう。

延暦四年(七八五)になって、種継が暗殺されたのちも種継の築いたこの勢力地は、式家の基盤地として、種継に代わって式家の代表者となった緒嗣にうけつがれていったのであり、ゆえにそこに百川の墓地が営まれたのであろう。

（1）『大日本古文書』五巻五三一〜五三三頁。
（2）『平安遺文』二巻四六九頁（三三三号文書）。
（3）『類聚国史』巻一八二、仏道部九、寺田地。『続日本紀』宝亀元年十二月乙未条、延暦二年七月庚子条。
（4）直木孝次郎、栄山寺シンポジウム、一九九五年。
（5）『続日本紀』宝亀二年閏三月戊子条。
（6）『続日本紀』宝亀二年九月己亥条。
（7）『続日本紀』宝亀七年三月癸巳条に、大中臣継麻呂が山背守に補任されたことがみえている。
（8）直木註（4）前掲。
（9）『公卿補任』延暦二十一年条。
（10）註（9）前掲書。
（11）『山城志』綴喜郡古蹟条に「本は相楽郡、今は当郡に入る」とある。
（12）『続日本紀』天平十二年五月乙未条。
（13）今井啓一「橘諸兄恭仁宮経略の一考察」（『皇学館論叢』一巻三号掲載、一九六八年）。
（14）胡口靖夫「橘氏の氏寺について─伝橘諸兄建立の井手寺を中心として─」（『古代文化』二十九巻八号掲載、一九七七年）。
（15）胡口靖夫「橘氏の氏神梅宮神社の創祀者と遷座地─橘三千代と橘諸兄をめぐって─」（『国学院雑誌』七十八巻八号掲載、一九七七年）。義江明子「橘氏の成立と氏神の形成」（『日本史研究』二四八号掲載、一九八三年）。
（16）『延喜諸陵寮式』。
（17）岸俊男氏は、「県犬養橘宿祢三千代をめぐる臆説」（『宮都と木簡』所収、吉川弘文館、一九七七年）で、河内国古市郡が県犬養氏の基盤地であるとされる。

(18) 本書、第三章。

(19) 『続日本紀』天平宝字元年閏八月癸亥条。

(20) 『公卿補任』天応二年条。中村修也「秦朝元小考」(『史聚』二十七号掲載、一九九三年)。

(21) 『尊卑分脈』宇合卿孫。

(22) 『日本書紀』欽明天皇即位前紀に、秦大津父と紀伊郡深草里のことがみえる。

(23) 茨田郡に幡多郷のあったことがみえる。直木孝次郎「茨田—茨田郡と茨田堤を中心に—」(『大阪春秋』八十九号掲載、一九九七年)。

(24) 豊島郡に秦上郷・秦下郷のあったことがみえる。

(25) 『続日本紀』天平十五年五月癸卯条、天平十五年六月丁酉条。

(26) 『続日本紀』神護景雲三年五月己丑条には、摂津国豊島郡の人、井手小足ら十五人が秦井手の姓を賜ったとみえる。豊島郡は秦氏の基盤地でもあるが、小足らは移住でもして井手を意識するあまりに請うて秦井手の姓を賜ったのではないか。また越前国足羽郡利苅郷にも秦井手月麿の名がみえる(『大日本古文書』五巻五八三頁)。

(27) 直木孝次郎「複姓の研究」(『日本古代国家の構造』所収、青木書店、一九五八年)。

(28) 平野邦雄「秦氏の研究(一)—その文明的特徴をめぐって—」(『史学雑誌』七十編四号掲載、一九六一年)。直木孝次郎「秦氏と大蔵」(『日本古代国家の成立』所収、社会思想社、一九八七年)。

(29) 和田萃「山背秦氏の一考察」(『嵯峨野の古墳時代』所収、京都大学、一九七一年)。

(30) 『続日本紀』天平宝字元年八月庚辰条。

(31) 藤本孝一「新出・承和三年附山城国葛野郡高田郷長解小考」(『古代学研究所研究紀要』一輯掲載、一九九〇年)。

成稿一覧

第一章　藤原宇合
「藤原四子体制と宇合」と題して、『古代文化』四十四巻一号（一九九二年）に掲載したものを改稿。

付　宇合の生年について
——行年五十四歳・四十四歳説の検討——
新稿

第二章　藤原田麻呂
「藤原田麻呂について（上・下）」と題して、『山形県立米沢女子短期大学付属生活文化研究所報告』二十三・二十四号（一九九七・一九九八年）に掲載。

第三章　藤原百川
「藤原百川について」と題して、『米沢史学』十一号（一九九五年）に掲載。

第四章　藤原蔵下麻呂
「藤原蔵下麻呂について」と題して、『山形県立米沢女子短期大学紀要』三十二号（一九九七年）に掲載。

第五章　藤原種継
「藤原種継について（1～3）」と題して、『山形県立米沢女子短期大学紀要』二十九～三十一号（一九九四～一九九六年）に掲載。

付　種継の兄弟・子女
——出生順の検討を中心として——
同題で、『政治経済史学』三七〇号（一九九七年）に掲載。

付　種継の近衛員外少将・紀伊守補任について
「紀船守・藤原種継の近衛員外少将・紀伊守補任について」と題して、『古代文化』四十八巻七号（一九九六年）に掲載。

付　種継暗殺と早良廃太子の政治的背景
——早良・大伴家持の関与と桓武・乙牟漏の真意——
同題で、『米沢史学』十三号（一九九七年）に掲載。

付　種継と南山背
——種継の基盤地づくり——
「藤原式家と南山背」と題して、『古代文化』四十九巻七号（一九九七年）に掲載。

あとがき

奈良・平安時代の政治史を考えると、結局のところは藤原氏を考えざるをえないことになる。藤原氏といっても、一様に「藤原氏」ということばでひとくくりにできるものではないし、ときの推移によっても多様に変遷している。

藤原不比等の登場によって、大宝律令の完成と施行をへて、平城京が造営され、律令国家の時代ともいいかえてよい奈良時代がはじまる。長屋王による皇親政治をはさんで、やがて不比等の子武智麻呂を中心にその弟宇合を協力者として南家「武智麻呂政権」が成立し、そして武智麻呂の次男「仲麻呂の専権時代」を迎える。仲麻呂伏誅後、一時期「称徳・道鏡政権」という異形な仏教政治も現出するが、結局は式家の良継と百川らを中心とする四兄弟による「式家主導体制」のもとで、白壁王・山部親王が擁立され、時は平安時代へと、所は平安京へと移っていく。そこでは、北家の良房・基経によって新しく「摂関政治」が開始され、やがてそれは栄華を迎え、不比等以来の藤原氏のめざしていた政治体制が完成することになる。

このように概観してくると、藤原氏は、南家、式家、北家とその時々の政治を領導してきたようにみうけられる。ことに式家は、その始祖宇合の存在感が強く子孫にまで影響して、古代最大の転換ともいうべき草壁皇統（天武皇統）から天智皇統への、そして奈良時代から平安時代へのうつりかわりを演出した家系である。

その式家については、さきに赤羽洋輔氏の「奈良朝後期政治史に於ける藤原式家について—(上・中・下)—」(『政治経済史学』三十九・四十・四十一号掲載、一九六六年)や高島正人氏の「奈良時代中後期の式・京両家」(『奈良時代諸氏族の研究』所収、吉川弘文館、一九八三年)、野村忠夫氏の「藤原式家—宇合の子息たち—」(『奈良朝の政治と藤原氏』所収、吉川弘文館、一九九五年)などの研究があるが、これなどは式家出自官人の叙位と補任状況を中心に考察しただけの、いわば定点観測的なものにすぎないものとなっている。

そこで本書は、式家出自官人の中でも、宇合にはじまって、奈良時代末期、その政治を領導し「式家の時代」を現出させた田麻呂、百川、蔵下麻呂らの次世代と、その余光にあずかった種継という三世代目の官人に注視し、それぞれその官人としての足跡を詳細にたどり、その時代の政治状況の中での行動を個々にみつめることによって、その中から宇合以来の式家の果たした前述のごとき政治的役割というべきものを考えようとしたものである。この目的を達したものになっているかどうか自信はないが、著者のこのような意図を念頭にご高覧賜れれば、これにすぎる幸甚はない。

最後に、今回もまた直木孝次郎先生にお願いして「序」を賜ることができた。ご多忙の中、ゲラ刷りをすべてご高覧のうえ、「序」を書いて下さった先生のご厚情に心より御礼を申し上げたいと思う。私は毎年春秋二回、奈良にゼミ旅行を行っているが、今春四月四日には、先生が特に私どものために黒塚古墳などをご案内して下さった。本当に有意義かつ楽しい一日であった。先生は前日にも近鉄大福駅から吉備池廃寺跡・藤原宮大極殿跡などを経て、畝傍御陵前駅まで歩いておられたが、この日もすこぶるお元気で私どもがおいていかれるくらいの早足であった。先生の学問に一歩でも近づくことを畢生の目標としているのは、ひとり私のみではないが、このお元気さもまた見倣わなければならないと思う。

また、いつものことながら私の無理をきいて、本書の公刊を快く引きうけて下さった高科書店社長高科栄次郎氏のご高配にも衷心より御礼を申し上げたいと思う。

一九九八年六月

著　者

新装復刊にあたって

本書は、一九九八年九月に高科書店より刊行した『藤原式家官人の考察』を新装復刊したものである。初版の刊行から、もうすでに二〇年も経った。隔世の感がある。高科書店から刊行したのには、社長の高科栄次郎氏が独立する以前の国書刊行会の編集者時代からの知友であったからで、すでに『奈良朝政治と皇位継承』（一九九五年四月）や、大島幸雄・細谷勘資両氏とともに『親経卿記』（一九九四年七月）を高科書店から刊行しているご縁があったからでもある。その後、残念なことに高科書店は出版活動をやめ、高科氏とも連絡がつかない。

「序」を執筆してくださった直木孝次郎先生は、今年二月に一〇〇歳を迎えられて旅だって逝かれた。すでに、『大伴旅人・家持とその時代』（おうふう・一九九三年二月）や先の『奈良朝政治と皇位継承』に序文をいただいていたので、三度の序文をお願いした。しかし、わたくしも五〇歳近くだったので、直木先生は「すでに何冊か本をもっている者に序文などを書くことは…」と、一旦は断られたが、重ねてお願いして再校ゲラをご一覧のうえ、巻頭に掲載の「序」をくださったが、その時に「私は、君の専属序文書きかね」とおっしゃったことは、今も忘れられない。本当にありがたいことであった。

本書旧版の「あとがき」にも書いたが、奈良時代政治史を考えようとすると、結局のところは藤原氏を考えざるをえなくなるが、その藤原氏も南家・北家・式家・京家と、その時々にそれぞれの政治的な動向をみせていることから、各家出自官人に焦点をあわせて、奈良時代政治史を解明することも一つの方法ではないかと考えているからである。もちろん、藤原氏出自官人の考察のみで奈良時代政治史が解明されるわけでないことは十分に承知している。藤原氏出自官人のなかでも個人的な事情が複雑に絡みあい、また諸王らや石川・石上・大伴・佐伯氏に代表される旧氏族、多治比・橘氏のような皇親氏族らの動向とも密接に影響しあっているから、このような視点についても留意した考察を心がけている。

このような理解のもとに、一九九二～一九九七年頃に関心をもった藤原宇合をはじめ田麻呂・百川・種継ら式家出自官人の一連の考察成果を一書としてまとめたのが、この『藤原式家官人の考察』であった。その後、二〇〇八年一〇月になって畏敬する研究者の一人である中川收氏にお逢いした際に、「式家官人だけでなく、南家・北家や京家官人にも視野を広げて同様の考察をすすめて、結果として「奈良時代藤原氏官人の研究」のようなものを考えてみたらとのご示教をいただいたことがあった。その結果が、『藤原北家・京家官人の考察』（岩田書院・二〇一五年八月）となり、引きつづいて『藤原南家・北家官人の考察』（岩田書院・二〇一九年八月）につながったのである。これが、中川氏のご示教に応えたものであるか心許ないが、ご高覧いただきたいと願う。

さて、この『藤原式家官人の考察』、ネットで検索しても古書として流通していないようである。そこで『藤原南家・北家官人の考察』刊行に際して、復刊を岩田書院の岩田博氏に諮ったところ、快くお引き受けくださった。今回、復刊にあたってあらためて通読してみると忸怩たるものがあるが、ただ昨今の考えるところと大きく異るところはない。部分的には、補遺・修正を加えるべきところもないわけではないが、復刊ということでもあるので誤字・脱字の訂正のみにとどめ、また人名索引は削除した。ご寛恕を乞う次第である。

所収した論文は、前述のように二〇年以上も前に書いたものである。その後、この分野の研究は随分と進展している。ただ、本書で論述した宝亀年間の藤原良継・田麻呂・百川・蔵下麻呂の式家四兄弟を中心とする政治体制を称した「藤原式家主導体制」が認識され、藤原種継の暗殺事件の理由についても、長岡京への遷都問題とするのを排して、安殿親王（平城天皇）への継承を目的とした皇嗣問題を要因とするなどの主張が、以降通説化したことは（倉本一宏『藤原氏の研究』雄山閣・二〇一七年など）、本書の刊行がそれなりに意味あることであったのではないかと考えている。

これで、著者の「藤原南・北・式・京」四家出自官人の考察の三冊が揃ったことになる。このことは著者にとって、とても嬉しいことである。このことを叶えてくださった岩田氏に対して衷心よりお礼を申し上げる次第である。

木本 好信

二〇一九年八月

著者略歴

木本　好信（きもと　よしのぶ）

1950年12月　兵庫県生まれ
1978年３月　駒澤大学大学院人文科学研究科日本史学専攻博士後期課程単位修得満期退学
1978年４月　明治大学大学院文学研究科史学専攻研究生
2003年３月　博士(学術)
山形県立米沢女子短期大学教授、甲子園短期大学学長を歴任
現在、龍谷大学文学部特任教授

単編著書
『江記逸文集成』、国書刊行会、1985年
『平安朝日記と逸文の研究』、桜楓社、1987年
『奈良朝典籍所載仏書解説索引』、国書刊行会、1989年
『古代の東北』、高科書店、1989年
『大伴旅人・家持とその時代』、桜楓社、1993年
『藤原仲麻呂政権の基礎的考察』、高科書店、1993年
『奈良朝政治と皇位継承』、高科書店、1995年
『藤原式家官人の考察』、高科書店、1998年
『平安朝日記と記録の研究』、おうふう、2000年
『律令貴族と政争』、塙書房、2001年
『奈良時代の人びとと政争』、おうふう、2003年
『奈良時代の藤原氏と諸氏族』、おうふう、2004年
『万葉時代の人びとと政争』、おうふう、2008年
『平城京時代の人びとと政争』、つばら、2010年
『藤原仲麻呂』、ミネルヴァ書房、2011年
『奈良時代の政争と皇位継承』、吉川弘文館、2012年
『藤原仲麻呂政権とその時代』、岩田書院、2013年
『藤原四子』、ミネルヴァ書房、2013年
『藤原種継』、ミネルヴァ書房、2015年、
『藤原北家・京家官人の考察』、岩田書院、2015年
『奈良平安時代の人びとの諸相』、おうふう、2016年
『藤原南家・北家官人の考察』、岩田書院、2019年

共編書
『朝野群載総索引』、国書刊行会、1982年（大島幸雄・菅原邦彦両氏と）
『政事要略総索引』、国書刊行会、1982年（大島幸雄氏と）
『親経卿記』、高科書店、1994年（細谷勘資・大島幸雄両氏と）
『朔旦冬至部類』、武蔵野書院、2017年（樋口健太郎氏と）
『時範記逸文集成』、岩田書院、2018年（樋口健太郎・中丸貴史両氏と）

藤原式家《ふじわらしきけ》官人《かんじん》の考察《こうさつ》

2019年(令和元年)9月　第1刷　100部発行　定価[本体5900円+税]

著　者　木本　好信

発行所　有限会社 岩田書院　代表：岩田　博　http：//www.iwata-shoin.co.jp

〒157-0062 東京都世田谷区南烏山4-25-6-103　電話03-3326-3757 FAX03-3326-6788

印刷・製本：朋栄ロジスティック

ISBN978-4-86602-080-8 C3021　￥5900E

古代史研究叢書

①	森田　　悌	日本古代の駅伝と交通	5400円	2000.02
②	長谷部将司	日本古代の地方出身氏族	品切れ	2004.11
③	小林　茂文	天皇制創出期のイデオロギー	8900円	2006.12
④	関口　功一	東国の古代氏族	品切れ	2007.06
⑤	中野　高行	日本古代の外交制度史	品切れ	2008.06
⑥	垣内　和孝	郡と集落の古代地域史	5900円	2008.09
⑦	前之園亮一	「王賜」銘鉄剣と五世紀の日本	9500円	2013.02
⑧	宮原　武夫	古代東国の調庸と農民	5900円	2014.08
⑨	関口　功一	日本古代地域編成史序説	9900円	2015.02
⑩	根津　明義	古代越中の律令機構と荘園・交通	4800円	2015.03
⑪	**木本　好信**	**藤原北家・京家官人の考察**	6200円	2015.07
⑫	大島　幸雄	平安後期散逸日記の研究	6800円	2017.01
⑬	**木本　好信**	**藤原南家・北家官人の考察**	4900円	2019.08